Bibliothèque Cosmopolite

Fred Uhlman

# Il fait beau à Paris aujourd'hui

récit

Traduction de l'anglais
de Leo Lack

Stock

TITRE ORIGINAL

The Making of an Englishman
(Victor Gollanez Ltd. Londres)

# 1

# Antécédents

Je ne sais pas grand-chose des origines de ma famille. Elle vient de Freudenthal, un petit village proche de Stuttgart. Je crois qu'avant le XVIIIe siècle les Juifs allemands ne portaient pas de nom de famille. Il n'y avait qu'environ cinq cents Juifs dans tout le Wurtemberg; ils étaient exclus des grandes villes et dépendaient entièrement du bon vouloir du duc, qui pouvait les expulser à tout moment et ne les gardait qu'aussi longtemps qu'il en tirait quelque bénéfice. Connus sous le nom de *Schutzjuden*, «Juifs protégés», ils devaient payer cette «protection», qui consistait en un «droit d'admission», plus un impôt annuel. Le droit d'admission était ainsi établi :

| | |
|---|---|
| Un Juif né au Wurtemberg | 15 florins |
| Un Juif étranger | 15 florins |
| Une Juive étrangère | 25 florins |
| Un enfant de Juif étranger | 5 florins |

À Freudenthal, l'impôt annuel était de quinze florins, mais ce n'était pas tout. Il fallait payer en outre deux florins par an à l'orphelinat de Freudenthal et deux ou trois florins d'impôt communal. Jusqu'en 1804, un Juif qui partait en voyage devait payer trois kreutzers par mille cinq cents mètres jusqu'à trois kilomètres au-delà de la ville et quarante-deux kreutzers après (pour un Juif mort, la taxe était de deux florins). En 1812, un décret abolit l'impôt local qui, en plus des impôts perçus par le duc et des lourdes taxes que devaient payer aussi les chrétiens, consistait en taxes sur des denrées telles que le sucre, les oies, le foie d'oie, la langue de bœuf et la viande, sans parler des présents du jour de l'an pour le prêtre, de la nourriture pour la meute du châtelain, etc.

La vie devait être pour les Juifs allemands une constante et indescriptible misère. Haïs et méprisés par les chrétiens, toujours en danger d'être expulsés ou rossés, exclus de tout contact social hors de leur propre communauté, sans le moindre espoir d'améliorer leur situation, ils supportaient leur sort avec un admirable courage. Une faible indication est donnée par une plainte publiée dans la gazette du gouvernement bavarois contre le village de Hürben qui, en deux mois, avait accueilli plus de deux cents Juifs avec femmes et enfants « dans un état des plus misérables et tous atteints de maladies infectieuses ».

Les Juifs du Wurtemberg n'étaient pas autorisés à commercer librement, sauf en ce qui concerne le bétail, et les jours de marché seulement. La protection du duc ne s'étendait qu'aux bénéficiaires de cette concession et à leurs femmes, mais non à leurs enfants qui devaient à leur tour l'acheter, sans jamais savoir si elle ne leur serait pas retirée sans raison.

Un petit groupe de Juifs, une cinquantaine, y compris leurs serviteurs, avait toutefois acquis des droits spéciaux. Ces Juifs étaient connus sous le nom de *Hofjuden,* Juifs de Cour, *Hofschutzjuden,* Juifs protégés par la Cour, et *Hoffactors.* (Le plus connu d'entre eux était le Juif Süss.) Dans la seconde moitié du XVII^e siècle, les ducs de Wurtemberg avaient commencé à conclure des marchés avec des Juifs étrangers, qui les fournissaient en bijoux, en uniformes, en thé et en savon (le premier *Hoffactor* fut nommé en 1697). Le duc Eberhardt-Ludwig les autorisa à s'installer dans le pays. Ils appartenaient à la Cour et aux fournisseurs de la Cour et on leur avait accordé le droit de commercer librement mais il leur était interdit de prêter de l'argent avec intérêt. En plus de l'impôt normal, il leur fallait payer deux ou trois florins d'or par an et, pour le titre de Juif de Cour ou d'agent commercial, un droit d'admission supplémentaire de quatre ou six florins d'or.

En 1721, il y avait sept Juifs de Cour à Stuttgart et là, pour la première fois, apparaît le nom de David Uhlmann, qui devait s'installer plus tard à Freudenthal comme «Juif de Cour protégé». Il existe le texte d'une patente qui lui a été accordée le 12 juin 1727 et lui donne «le droit de commercer avec quiconque, d'acheter et de revendre, d'échanger, d'aller et venir jour et nuit, accompagné de ses serviteurs, avec de l'argent, de l'or et des bijoux, et d'être salué par les officiers et les soldats à cheval et à pied et d'être traité amicalement, favorablement et gracieusement». Il mourut en 1782 après cinquante-cinq ans de service à la Cour de Wurtemberg, ce qui lui valut le titre de *Hoffactor*. C'est tout ce que je sais de lui, mais il est certain qu'il dut être un homme capable.

Il y eut des Ullmann ou Ulman à Freudenthal au moins jusqu'au milieu du XIXe siècle, après quoi la plupart d'entre eux décidèrent d'émigrer en Amérique. Je ne sais pas ce qu'ils devinrent. Mon grand-père, Simon, émigra en 1855. On m'a raconté que, lorsqu'il arriva en Amérique, il découvrit, cousue dans la doublure de son veston, une pièce d'or, qu'il renvoya aussitôt à sa famille. Il revint des États-Unis en 1868, citoyen américain, ayant servi, pendant la guerre civile, dans le Pittsburgh Regiment, et assez riche pour demander la main de Lina Elsas, ma grand-mère.

Or le niveau social et intellectuel des Elsas était beaucoup plus élevé que celui des Uhlman. Le premier Elsas, mon arrière-arrière-grand-père, venait d'Alsace, ainsi que l'indique son nom, et il est enterré à Hochberg. Sa tombe porte cette inscription : « Ici repose Isak, le Français d'Aldingen. Sa vie a été très dure. »

Son fils, le père de ma grand-mère, apprit tout seul à lire et à écrire, fonda une filature à Stuttgart, se rendit à Londres pendant l'Exposition de 1851 et importa au Wurtemberg le premier métier à tisser mécanique. J'ai de lui un daguerréotype qui témoigne d'une forte ressemblance avec moi et mon fils. La plupart des Elsas étaient doués. L'un d'eux, Fritz Elsas, fut pour peu de temps maire de Berlin. Il eut deux fils, le peintre Paul Elsas, qui vit à Paris, et Hans Elsas, avocat et dramaturge.

(Par les Elsas, je suis apparenté aux Strauss et aux Heilner, deux importantes familles souabes d'industriels avant la venue de Hitler au pouvoir.)

Ma grand-mère me racontait souvent comment on l'avait fiancée. Un jour, en 1868, son père, qu'elle avait toujours aimé et admiré, lui dit qu'il désirait lui parler :

« Te souviens-tu de cet Américain qui a dansé avec toi il y a quelques jours ? demanda-t-il.

– Oui, je crois, dit ma grand-mère. Portait-il un veston de velours marron ?

– Oui, mon enfant. J'ai une offre très honorable à te communiquer. Herr Uhlman m'a demandé ta main. Bien entendu, j'ai pris des informations. Il a de l'argent et vient d'une bonne famille. C'est un honnête homme et non un *Kravattendreher* » (littéralement quelqu'un qui vous serre le cou avec sa cravate, ce qui signifie probablement un homme qui vous étrangle par une pratique commerciale douteuse).

Ma grand-mère se mit à pleurer, disant qu'elle ne le connaissait pas, qu'elle ne l'aimait pas et qu'elle préférait épouser un homme pauvre. « Pauvre ! s'exclama son père.

Dans une étable sans foin, les chevaux se mettent à ruer. Tu es bien trop jeune pour connaître la vie. Grâce à Dieu, tes parents la connaissent, eux, et pour ce qui est de l'amour, il vient avec le mariage et les enfants. »

Et c'est ainsi qu'elle se maria. Elle eut trois fils : Ludwig, Oscar et Richard, ainsi qu'une fille morte en bas âge. Sa vie conjugale fut très malheureuse, mais elle n'en rejeta jamais le blâme sur ses parents.

Mon grand-père n'avait que deux intérêts dans l'existence : ses affaires et sa famille. Il ne dépensait rien pour lui-même. Comme beaucoup de Juifs, il croyait que la boisson et le jeu étaient des vices typiques des chrétiens, qui ne pouvaient s'en prendre qu'à eux s'ils ne faisaient jamais fortune. Lui, qui détestait débourser un sou, était prêt à payer des milliers de marks lorsqu'un de ses frères était en danger de faire faillite, situation inadmissible pour un Uhlman ou un Elsas. Le sang était plus fort que l'argent, cet argent qu'il avait accumulé sou à sou, avec patience, pendant des années de travail épuisant, en renonçant à presque tous les plaisirs.

Il était honnête, d'esprit étroit, parfois violent. Il gardait toujours un fer chaud à portée de la main pour repasser les enveloppes et les lettres d'affaires froissées. Comme la plupart des Juifs, il était charitable et allait à la synagogue pour le nouvel an et le Grand Pardon ; il jeûnait alors toute la journée. Il tentait de forcer son fils à en faire autant, mais celui-ci – mon père – s'éclipsait pendant le service, avalait un repas copieux et, lorsqu'il rentrait à la maison, feignait de mourir de faim.

Un dimanche après-midi, toute la famille et quelques amis étaient assis à la terrasse d'un café. Mon père avait alors dix-sept ou dix-huit ans. Il demanda à son père s'il pouvait fumer une cigarette :

« Aussi longtemps que tes jambes seront sous ma table, tu ne fumeras pas, dit mon grand-père avec emphase.

– Mais une cigarette ne coûte que deux sous, répondit mon père.

– Deux sous comptent autant que cent marks, répondit mon grand-père.

– Je fumerai tout de même », dit mon père.

Là-dessus, mon grand-père bondit, parapluie au poing, et se mit à frapper son fils avec tant de fureur qu'il aurait pu le tuer si les autres n'étaient pas intervenus.

Comment ma grand-mère a pu le supporter passe mon entendement. Elle était intelligente et entretenait à elle seule un semblant d'unité dans la famille. Une fois par semaine, le dimanche matin, tous les Uhlman se retrouvaient chez elle. Ses fils, qui venaient directement de leur bureau – même le dimanche, il leur fallait voir s'il y avait des lettres d'affaires –, s'asseyaient dans trois coins différents de la pièce sans presque s'adresser la parole. Deux de ses trois brus discutaient bien entre elles, mais surtout à propos des domestiques, du coiffeur, de l'opéra et, bien entendu, des petits-enfants. C'était pour eux que ma grand-mère vivait : ils étaient son espoir, ils étaient l'avenir. Et ils ne l'auraient pas tout à fait déçue. Ma jolie cousine Marianne a épousé un professeur de l'université de Princeton. Mon cousin Rudolph est un avocat distingué de New York et je crois qu'elle ne m'aurait pas complètement désavoué.

À plus de soixante-dix ans, elle s'était mise à lire – non sans difficulté – *Untergang des Abendlandes* (*Le Déclin de l'Occident*) de Spengler, pour être au niveau de la jeunesse qui discutait alors passionnément de ce livre.

Je lui dois beaucoup. Sans elle, mon enfance aurait été presque insupportable.

Si le dimanche matin appartenait à ma grand-mère Uhlman à Stuttgart, l'après-midi était consacré à mon arrière-grand-mère Elsas à Cannstadt, une banlieue de Stuttgart.

On retrouvait là tous les Elsas, qui étaient tisserands. Les Uhlman, eux, étaient marchands de coton. Mon père, ses frères Richard et Oscar étaient associés et propriétaires de la firme Gebrüder Uhlman, fondée par mon grand-père, la plus importante du Wurtemberg.

La compétition était considérable chez les tisserands, surtout avant 1914, et le bénéfice ne dépassait peut-être pas le quart ou la moitié d'un sou par mètre, de sorte que, pour faire de grands profits, un énorme chiffre d'affaires était nécessaire. Bien entendu, la firme employait un certain nombre de voyageurs de commerce, mais le principal était mon père qui connaissait personnellement la moindre boutique du Rhineland et de Westphalie. Il avait une mémoire phénoménale des détails. Il savait qui avait épousé qui, ce qui était arrivé aux enfants de X, à combien s'élevait la dot de Mlle Z. Il se rappelait, par exemple, que David Goldsmith, de Duisbourg, avait épousé une Silberman de Wuppertal, qui avait reçu cinquante mille marks de son père, lui-même marié à Rachel Blum de Hildesheim, apparentée aux Samuel de Hagen. Le fils de David Goldsmith, Siegfried, était marié à une fille de Jacob Falk, d'Eberfeld, qui lui avait donné une dot de vingt-cinq mille marks, mais la fille de

David, Elsa, âgée de quarante et un ans, était encore célibataire, et ainsi de suite.

Mon père n'était pas seulement un homme d'affaires, mais une sorte d'ami de la famille dont la visite était attendue avec plaisir et qui donnerait des conseils, apporterait des nouvelles, raconterait des histoires et, éventuellement, vendrait du coton. Gare à celui qui tenterait de le supplanter. Même si les marchandises des autres paraissaient un peu moins chères, les clients préféraient attendre l'arrivée de mon père.

Il était retenu hors de chez lui de six à huit mois sur douze et menait une vie très dure. Il employait généralement un portefaix pour transporter sa lourde valise remplie d'échantillons. De temps à autre, il louait une voiture, mais je soupçonne que ses deux frères considéraient cela comme une extravagance. Il connaissait tous les hôtels et probablement tous les commis voyageurs sur son itinéraire. Lorsqu'il rentrait après un mois ou deux d'absence, il se rendait à son bureau avant de regagner la maison.

Son frère Oscar faisait exactement la même chose, mais parcourait une autre partie de l'Allemagne. Richard, le troisième frère, était, selon mon père, le plus mauvais représentant qui fût, il s'occupait de la partie administrative de l'entreprise. C'était en fait le plus intelligent des trois et le seul qui eût réussi à se dégager de notre milieu étroit. Sa femme, née Alice Kaufman, ma tante préférée, était une femme d'une grande douceur, pleine de charme et d'une inépuisable bonté. Elle s'intéressait aux livres et à la musique et avait des antécédents absolument différents (les Kaufman était apparentés à Albert Einstein). La sœur d'Alice, Thekla, avait été membre du Parlement du Wurtemberg. Thekla appréciait Richard et, le moment venu, se joignit à Alice pour l'aider à s'échapper du cercle familial. Elle avait de nombreux amis politiciens, dont Reinhold Maier, président du Wurtemberg après la guerre, et Theodor Heuss, souabe lui aussi, futur président de l'Allemagne fédérale.

Ma vie aurait été vraiment différente si j'avais vu plus souvent les autres Uhlman. Mais, hélas, à cause de quelque obscure querelle à la suite de quoi Richard avait interdit à ma mère l'entrée de sa maison, ce monde de respect mutuel et d'harmonie me fut fermé. De fait, après la Première Guerre mondiale, mon père se disputa violemment avec Oscar et Richard pour des raisons qui me sont inconnues. Pour une somme importante, il céda à ses frères sa part de l'affaire familiale et reçut d'eux une rente annuelle lui permettant de vivre à l'aise. À combien s'élevait-elle, je n'en ai aucune idée. Mon père ne me parlait jamais ni de son capital ni de ses investissements et je ne l'interrogeais jamais là-dessus, certain que ma curiosité l'eût offensé.

À deux reprises, au cours des années vingt, mon père tenta de fonder seul une entreprise, mais, chaque fois, ce fut un désastre. En ces deux occasions, il demanda l'avis de Richard, avec lequel il s'était querellé, mais qu'il admirait, et, pour autant que je le sache, Richard ne lui refusa jamais son aide. La voix du sang était plus forte que la rancune.

# 2

# Mes parents et ma sœur

Pendant dix ans, j'ai commencé et recommencé ce chapitre, puis déchiré tout ce que j'avais écrit. Je me suis demandé si je pouvais éviter de l'écrire, mais n'en vois pas la possibilité parce qu'il est la clé de ma personnalité. C'est l'histoire de mes parents et de ma sœur, qui ont disparu dans l'holocauste avec des millions d'autres êtres humains et aux âmes desquels je dois respect, justice, piété… et pitié.

Et comment pourrais-je ne rien écrire sur mes parents, mon père surtout, lorsque je vois que tous les actes de ma vie sont une réaction contre eux ? Mon père était désordonné. J'essaie désespérément d'avoir de l'ordre et de me discipliner. Ce désir d'ordre se manifeste presque risiblement dans ma passion pour les classeurs et les casiers, dans mon impossibilité à me mettre à peindre sans pinceaux propres, un atelier rangé et les couleurs disposées en bon ordre, comme des soldats à la parade.

Mon père était négligent, et je déteste la négligence. Il ne payait ses factures qu'après d'incessants rappels et menaces des fournisseurs. Je paie mes factures quelques jours après les avoir reçues et réponds généralement aux lettres par retour du courrier. Il buvait de la bière ; il forçait parfois la dose, mais n'était jamais ivre. Je ne bois pas de bière. Il négligeait complètement son apparence. Je prends soin d'être bien habillé. Peu lui importait de blesser les gens. Je suis terrifié à l'idée d'offenser quelqu'un et extrêmement sensible à l'impression que l'on a de moi. Il restait dans un hôtel pendant plusieurs semaines et partait sans laisser de pourboire au personnel. J'ai tendance à donner de trop gros pourboires.

Quand j'étais jeune, il me méprisait, ce qui a eu pour résultat de me rendre très ambitieux. Je voulais lui montrer que j'étais « quelqu'un ». Après sa mort, je donnai à mon grand-père, qui me méprisait lui aussi, inconsciemment sa place.

Je commencerai par déclarer aussi calmement et aussi sincèrement qu'il est humainement possible de le faire que, de tous les mariages malheureux que j'ai connus dans ma vie, celui de mes parents a été le pire.

Mon père avait épousé ma mère pour son argent, dont il avait besoin pour rembourser son père, qui refusait de lui laisser sa succession car il était persuadé que ses fils le ruineraient, sa firme et lui, avec leurs idées nouvelles.

À travers les âges, des millions de mariages ont eu pour motif l'argent et, quoi qu'en puissent dire les Églises, Dieu n'a rien à voir là-dedans. Dans de nombreux cas, ils ont réussi aussi bien, sinon mieux, que les mariages d'amour. Jusque vers 1920, ils étaient fréquents à Stuttgart, plus peut-être dans les cercles juifs que chez les non-Juifs. Plus tard, lorsqu'il devint tellement plus facile aux jeunes gens de se rencontrer, les parents attendaient quelques années dans l'espoir que leur fille trouverait l'homme qui lui convenait, mais, si cela ne se produisait pas, ils considéraient qu'il était de leur devoir d'intervenir. Ils emmenaient alors la jeune fille à Wildbad ou à Saint-Moritz et, à la surprise de tous, un jeune homme, le fils d'une vieille relation d'affaires, qui s'y trouvait également, rencontrait la jeune fille «par hasard», «en tombait amoureux» et l'épousait sans qu'elle sût jamais que tout avait été arrangé d'avance.

Dans le cas de mes parents, cet arrangement ne marcha pas du tout. Ce fut un désastre et, étant donné leur personnalité, la chose était inévitable.

Cela ne signifie pas que, si mon père avait épousé une femme plus intelligente et plus raisonnable, la même chose se fût produite. Au contraire, je suis convaincu qu'il aurait connu une vie bien meilleure avec une femme lui convenant mieux. Et ma mère aurait été heureuse avec un autre mari, voilà tout. Tout ce que je puis dire, c'est que le mariage de Ludwig Uhlman et de Johanna Grombacher n'avait au départ aucune chance de succès.

Mon père était âgé d'une trentaine d'années lorsqu'il se maria et ma mère de vingt ans. Il mesurait un mètre soixante-dix, était très large d'épaules et, bien qu'il ne prît pas d'exercice, fort comme un bœuf. Par contraste, ma mère était presque naine (je ne mesure moi-même qu'un mètre cinquante-huit et elle m'arrivait au menton). Elle était faible et se plaignait toujours de maux réels ou imaginaires.

Lorsqu'il était irrité ou offensé, mon père se comportait parfois avec une violence extrême. Un jour, alors qu'il était assis au café avec l'un de ses anciens officiers, quelqu'un remarqua à voix haute : « Il est absolument incroyable qu'un officier allemand soit assis à la même table qu'un Juif. » Mon père demanda à l'officier de partir, puis assena à l'homme qui avait parlé un coup si violent qu'il dut passer plusieurs semaines à l'hôpital. Une autre fois, ma mère et lui arrivèrent au théâtre alors que la représentation avait déjà commencé. Quelqu'un dit : « C'est quand même extraordinaire, ce sont toujours les Juifs qui sont en retard. » Mon père attendit la fin de l'acte et, dès que les feux de la rampe furent éteints, devant toute la salle, il gifla l'homme de toutes ses forces. La police intervint. S'il y en eut, je ne sais quelles furent les conséquences de cet incident.

Je ne l'ai jamais vu malade et il supportait la douleur avec une grande indifférence. Par une froide soirée d'hiver, il glissa et se cassa le bras. Il se releva, le tâta, se rendit compte qu'il était brisé, alla au café comme à l'ordinaire, prit quelques consommations sans rien dire à personne, puis se rendit à l'hôpital, où l'on décela une fracture multiple. Deux jours plus tard, il se leva tout seul, s'habilla – Dieu sait comment – et rentra à la maison. Avec son bras en écharpe, il avait l'air, disait-il, d'un poteau indicateur.

Je ne l'ai jamais vu lire un livre, ni même un journal illustré. L'art n'existait pas pour lui et les artistes n'étaient que de « pauvres diables ». Il divisait le monde en deux catégories : les gens qui ont de l'argent et ceux qui n'en ont pas, faisant toujours une distinction entre « Il n'a pas d'argent », ce qui signifiait que quelqu'un n'était pas riche, et « Il n'a pas du tout d'argent », ce qui signifiait qu'il était vraiment pauvre. Si un mendiant tendait la main, il lui donnait toujours quelque chose. Il disait simplement : « Il ne sera jamais millionnaire » en lui tendant un shilling.

C'était un excellent conteur, mais ses histoires étaient plutôt du genre « commis voyageur » (il ne racontait jamais d'histoire leste devant ses enfants). Il pouvait manquer incroyablement de tact. Il traitait ma mère de façon abominable, mais il faut dire qu'elle l'irritait d'intolérable façon. Ainsi, au lieu de se taire lorsqu'il était furieux, elle vociférait à son tour. Je l'implorais de laisser passer l'orage, mais elle ne pouvait jamais tenir sa langue. Elle lui répondait par des clameurs. S'il l'insultait, elle découvrait une insulte plus violente encore et cela se poursuivait sans honte ni réserve près de la fenêtre ouverte, dans des lieux publics, des cafés, des hôtels, des restaurants.

Il y eut un moment dans ma vie où je les haïssais, et où j'étais dans un tel désespoir que j'espérais les trouver morts tous deux en rentrant de l'école.

Heureusement, nous ne voyions guère notre père, car il était absent plusieurs mois de l'année. Notre éducation était entre les mains de ma mère et celles de gouvernantes qui venaient et partaient en un défilé sans fin. Mon père me battait rarement, une ou deux fois, je crois, mais il me fit beaucoup plus souffrir par son indifférence, et parfois sa cruauté lorsque j'étais jeune et avais le plus besoin de lui. Je suis certain qu'il n'a jamais eu l'intention d'être cruel ; il souhaitait être fier de moi et, après l'échec de son mariage, il croyait que son fils serait, lui aussi, un échec. Il n'était pas assez intelligent et sensé pour juger au-delà des bulletins scolaires : mauvais, voilà la preuve que son fils était mauvais, lui aussi, et il n'y avait qu'une façon de l'« améliorer », vociférer contre lui et l'humilier.

Je me rappelle encore un terrible dimanche après-midi où ma famille et celle de S. allèrent en promenade. Les S. avaient un fils de mon âge, qui était toujours dans les dix premiers de la classe. (Un de ces élèves qui pensent avec leur derrière : un travail acharné et rien d'autre.) Mon père avait l'habitude de discourir sans fin devant ses enfants et, devant le jeune S. « si brillant », il s'écria que les S. devaient être heureux avec un tel enfant et quelle malchance c'était d'avoir pour fils un *Stinkbock* aussi paresseux que moi, jusqu'à ce que je me misse à pleurer si désespérément que les S. eux-mêmes sentirent qu'il était temps de mettre fin à leur triomphe et à mon humiliation.

Plus tard, lorsque à son étonnement je « réussis », à ses yeux du moins, il changea complètement. Plus tard encore, quand j'étais réfugié à l'étranger, il risqua sa vie pour me faire parvenir de l'argent, et – insondable cœur humain ! – refusa de quitter le pays sans ma mère parce que, disait-il, « sans moi, que deviendrait-elle, la pauvre ? ».

Je n'éprouve aujourd'hui pour lui que la plus profonde pitié. Sa vie fut un échec et je suis certain qu'il en était conscient. Dans ses dernières années, il s'abrutit à force de boisson et de somnifères, mais je ne l'ai jamais vu ivre. Il s'était lui-même créé un enfer, mais je suis convaincu que c'était un homme profondément malheureux qui m'aimait, ainsi que ma sœur, pour laquelle il dépensa jusqu'à son dernier sou, de cette façon fantasque qui lui était habituelle. En dépit de sa vigueur physique ainsi que de sa force et de sa brutalité apparentes, c'était, au fond, un faible qui avait besoin d'affection et une femme intelligente aurait pu le mener par le bout du nez. Lorsqu'il fut frappé par le désastre, je le vis plein de bonté et de douceur, pauvre et réduit à l'impuissance.

Quelque chose avait dû le bouleverser lorsqu'il était enfant et j'ai toute raison de croire que son père l'avait traité plus mal encore qu'il ne m'a traité quand j'étais jeune. Mais, plus tard, il fit plus que compenser son comportement envers moi et je lui ai pardonné.

Le fait qu'elle ait grandi sans père explique peut-être le caractère de ma mère. Elle n'a jamais prononcé son nom, et m'a seulement dit qu'au bout d'un an de mariage sa mère avait divorcé. Son père avait émigré en Amérique et on n'avait jamais plus entendu parler de lui. Quelles qu'en aient été les raisons, l'affaire, si l'on tient compte de l'époque (1878 ou 1879), avait dû être très sérieuse et, bien qu'il y fût fait allusion de temps à autre, je n'ai jamais découvert la vérité et je doute que ma mère elle-même en sût grand-chose.

C'est ainsi qu'elle grandit, enfant unique et sans père, dans la petite ville provinciale de Bayreuth. Ce dont je suis certain, c'est que ma mère était profondément attachée à la sienne, femme inoffensive et bonne, peu brillante, aux mœurs provinciales, détestée sans raison par mon père. Il lui reprochait d'avoir mal élevé sa fille et la tenait pour responsable du mariage malheureux qui en était résulté, reproche absolument immérité parce que je suis sûr que ma grand-mère avait fait de son mieux, dans des circonstances extrêmement difficiles, pour élever sa fille aussi bien que possible. Il n'est pas douteux qu'étant enfant unique ma mère ait été gâtée. Ma grand-mère Uhlman m'a dit qu'au début de son mariage ma mère exigeait des distractions, que mon père essayait vraiment de lui faire plaisir, mais qu'elle n'en avait jamais assez : il ne pouvait jamais satisfaire son insatiable soif d'opéra, de théâtre et de danse. Elle finit bientôt par exaspérer les Uhlman, surtout mon grand-père, qui la trouvait frivole, et j'imagine aisément combien elle avait dû les irriter par ses propos déraisonnables et sans tact. Il y avait des torts des deux côtés, mais il ne faut pas oublier que les deux frères de mon père étaient heureusement mariés et que seul le mariage de mon père était un tel désastre. Mes deux tantes étaient assez intelligentes pour s'adapter, ce que ma mère ne put jamais faire.

Ma mère jouait très bien du piano. Elle passait des heures à jouer du Chopin et à improviser. Elle avait une voix charmante et, quand j'étais enfant, je l'écoutais avec ravissement. Hélas, de tels dons étaient complètement perdus pour mon père et je me dis que, si ma mère avait épousé un homme qui, aimant la musique et ayant la douceur d'un saint, l'aurait traitée comme une enfant et non comme une adulte, elle aurait été heureuse avec lui.

Son point faible était d'être complètement écervelée. Elle était convaincue qu'on ne pouvait la blâmer en quoi que ce fût et que, si tout le monde l'évitait et si elle n'avait pas une seule amie au monde, c'était parce que mon père avait de l'argent et de l'autorité et qu'elle était pauvre. « Tu n'y peux rien, me disait-elle si je ne prenais pas son parti dans certains cas, tu es corrompu par l'argent. Je le regrette pour toi, mon pauvre enfant, mais tu dois faire ce que dit ton père parce qu'il est riche. Le monde entier est corrompu par l'argent et c'est pourquoi je suis pauvre, seule et malheureuse », ajoutait-elle mystérieusement, et elle se mettait à pleurer à chaudes larmes.

Puis elle me regardait, moi qui n'avais que dix ans, et me disait : « *Du bist halt nur ein Erbschleicher* » (« Tu n'es qu'un coureur d'héritages »).

Elle se querellait avec tout le monde. Chez nous, les servantes se succédaient en un défilé sans fin. Il dut y en avoir des douzaines : des Emma, des Paula, des Maria, des Bertha, des Louise, des Anna. Sa réputation devint finalement si mauvaise que les servantes arrivaient sans bagages, expliquant qu'elles en avaient tant entendu sur ma mère qu'elles ne voulaient pas risquer la dépense d'un taxi. Elles resteraient quelques jours pour voir si c'était aussi détestable qu'on le leur avait dit.

Il ne s'agissait pas là de mauvais traitement intentionnel, mais de simple stupidité. Par exemple, si ma mère trouvait de la poussière sur le dessus d'une cheminée, elle y traçait le mot « cochon » et, une demi-heure plus tard, elle faisait de la coupable ou de la cuisinière sa confidente, lui racontait en pleurant combien elle était maltraitée, comme elle était toute seule, elle si bonne et innocente, et comme tous les autres étaient mauvais, y compris son fils, le « coureur d'héritages ».

Des années plus tard, alors que j'étais avocat, je recevais régulièrement des appels téléphoniques du Grand Rabbin, d'amis ou d'hommes d'affaires. C'était toujours la même histoire : ma mère était allée les voir pour se plaindre de mon père et de moi, elle si seule, faible et pauvre.

Comme mon père, elle était malheureuse. Et, comme mon père, elle avait les meilleures intentions du monde. J'ai la conviction que, lorsque nous étions petits, on s'occupait de nous avec le plus grand dévouement. Nous avions tout pour être heureux : un bel appartement dans une maison qui appartenait à mon père et où il y avait le chauffage central, un jet d'eau dans le hall, un monte-charge, un aspirateur moderne, tout ce que l'argent peut acheter. Avant Noël, ma mère passait des jours et des nuits à décorer l'arbre et à confectionner les gâteaux les plus merveilleux. Le jour de Noël, elle s'asseyait au piano, entourée de ses enfants et de ses servantes, et jouait *Stille Nacht, heilige Nacht* et *O Tannenbaum* et c'était une telle joie que je me rappelle encore ces soirées avec nostalgie et gratitude.

Comme mon père, elle fut déportée à Theresienstadt, où elle mourut « dans les circonstances habituelles ». Elle avait fait de sa vie et de celle de mon père un échec complet. Elle avait également gâché la mienne et celle de ma sœur.

Je me souviens assez peu de ma sœur Erna, de trois ans plus jeune que moi. Elle était de petite taille, assez jolie, avec de grands yeux bleus. Nous avons grandi dans la même maison, mais n'avions presque rien en commun. Je vivais complètement plongé dans des rêves où j'étais un héros et un conquérant et elle se bornait à jouer à la poupée. Mais deux raisons sérieuses semblent nous avoir séparés de bonne heure. La première était qu'elle prenait toujours le parti de ma mère contre mon père et croyait chaque mot de ce que ma mère disait contre lui, alors que j'étais enclin à être du côté de mon père, qui montrait au moins quelque autorité et était un homme et non un paquet de nerfs. En second lieu, après une dispute, elle avait la vilaine habitude d'aller tranquillement jusqu'à la chambre de ma mère et, une fois là, avec le plus grand sang-froid, se mettait à verser de telles larmes et poussait de tels cris de douleur que ma mère se précipitait comme une tigresse et, sans poser la moindre question, s'attaquait à moi pour avoir osé toucher à son petit trésor qui comprenait si bien sa maman et n'était pas une coureuse d'héritages.

Tout comme ma mère, ma sœur s'intéressait surtout aux vêtements, aux chaussures et aux histoires d'amour. À vingt et un ans, elle épousa secrètement un employé de banque au chômage qu'elle avait rencontré à une leçon de danse et mit mon père devant le fait accompli quelques semaines plus tard. Mon père enragea pendant des journées entières ; il maudissait ma mère, qui était au courant et avait encouragé la chose. Il pleurait et s'écriait que, s'il avait élevé sa fille religieusement, elle ne lui aurait jamais fait une chose pareille. Il avait quelque raison d'être furieux : le jeune homme était charmant et bien de sa personne, mais n'avait pas un sou et, semblait-il, aucun avenir. Le fait que c'était un chrétien lui importait peu, mais mon père était exaspéré à l'idée d'avoir à entretenir le jeune couple, pendant des années peut-être. Par contre, ma mère rayonnait de joie : tout cela était merveilleusement romanesque, c'était l'AMOUR, l'AMOUR, et une chose aussi sordide que l'argent ne comptait pas. Elle avait été, elle, épousée pour son argent et voyez le résultat ! Maintenant, la chose la plus importante était de trouver une maison pour le jeune couple. Son mari paierait et elle s'occuperait de la meubler pour les enfants, de sorte que le petit nid serait prêt pour les amoureux au retour de leur lune de miel.

Au bout d'une ou deux semaines, mon père se calma un peu. On entendait encore « ma fille, mes ducats », mais il comprenait qu'il n'y pouvait rien. Il décida d'annoncer dans les journaux les « fiançailles » de sa fille Erna à Otto Dietz. Des visiteurs venaient ostensiblement présenter leurs félicitations, mais en réalité pour jeter un coup d'œil sur le *fiancé* et savourer la gêne de mon père. Quant à ma mère, elle était radieuse : c'était le triomphe de l'amour pur sur Mammon. Le mariage fut annoncé et le jeune couple alla passer en Italie une lune de miel tardive.

Ma sœur et moi ne nous voyions pas souvent. Son mari et elle vivaient dans un cercle absolument différent du mien. Otto trouva un emploi mal payé dans une petite banque de province et, pendant de nombreuses années, mon père, qui aimait sa fille, contribua généreusement et sans murmurer aux dépenses du ménage.

Lorsque Hitler vint au pouvoir, la banque informa mon beau-frère qu'il lui fallait choisir entre son emploi et la « Juive ». Bien à contrecœur, mais sagement, à mon avis, il choisit son emploi et divorça selon les lois raciales de Nuremberg.

Quelques mois avant la guerre, j'appris qu'Erna désirait aussi venir en Angleterre. Ma femme Diana et moi signâmes une déclaration qui nous engageait à assurer son entretien et, au bout de quelques jours, j'obtins pour elle un visa d'entrée. Au lieu de venir aussitôt, elle hésita. Elle ne pouvait partir sans ses meubles, ses robes, ses chaussures… Et la guerre éclata.

Quelques mois plus tard, au cours de la « drôle de guerre », je reçus un télégramme d'un Américain, avec qui elle avait vécu après son divorce, qui me demandait d'envoyer à ma sœur un billet pour se rendre de Rotterdam à New York. Il semblait tout à fait improbable qu'on pût acheter un billet pour un ressortissant d'un pays ennemi en temps de guerre. Je reçus cependant l'autorisation de le faire et Erna fut informée qu'un billet l'attendait. Peu de temps après arriva une lettre me demandant de bien vouloir payer immédiatement une somme importante pour l'expédition en Amérique de son mobilier qui se trouvait entreposé à Rotterdam. Je répondis assez vertement qu'une guerre existait entre l'Allemagne et l'Angleterre et que je ne pouvais demander au Trésor anglais de payer pour le mobilier d'un ennemi, que c'était folie d'attendre et de risquer sa vie pour de telles bagatelles et qu'il était absurde de nous demander pour cela une énorme somme.

Je ne me rappelle pas si j'ai reçu une réponse. Je crois que non parce que, entre-temps, Hitler avait résolu le problème : il bombarda Rotterdam et la moitié de la ville, y compris les lits, les fauteuils, les rideaux, le linge et les chaussures de ma sœur, qui disparurent dans les flammes.

Près de six mois plus tard, alors que j'étais interné, je reçus un mystérieux télégramme : « Veuillez payer passage Yokohama-San Francisco. » Et j'imaginai qu'Erna espérait s'échapper par la Russie et le Japon.

Il m'était impossible de faire quoi que ce fût, il était irrémédiablement trop tard.

La seule information que j'aie jamais reçue est que, vers la fin de 1944, Erna se jeta avec son bébé sous un train en partance pour Auschwitz.

# 3

# L'école, la guerre, la révolution

À l'âge de cinq ans, je fus envoyé dans un jardin d'enfants et, de là, à l'école privée dirigée par Herr Stäbler, où je restai jusqu'à l'âge de huit ou neuf ans. J'étais le seul élève juif et mon père décida que payer un rabbin pour m'enseigner la religion était gaspiller de l'argent. «Jésus ne peut faire de mal», disait-il. Cest ainsi que, pendant trois ans, je reçus une éducation chrétienne. À l'encontre de mon père, Herr Stäbler était tout à fait sérieux en matière de religion. Tous les matins, il jouait de l'orgue et parlait de la Crucifixion avec une passion telle qu'il fit de moi un vrai petit antisémite.

J'ai toujours soupçonné que l'antisémitisme est dû, en grande partie, à l'influence de la famille et à l'enseignement religieux reçu dans la prime jeunesse, Herr Stäbler insistait sur le fait que «les Juifs avaient lapidé Notre-Seigneur», que «les Juifs avaient fouetté

Jésus-Christ» et que le Christ avait dit : «*Mein Blut soll über euch kommen*» («Mon sang retombera sur vous»).

Lorsqu'un jour un petit garçon juif me dit qu'après tout j'étais juif, moi aussi, je le plaquai contre le mur et lui criai que je n'avais rien à voir avec les meurtriers du Christ.

Je n'ai pas tellement de souvenirs d'enfance. Je me rappelle un jeune garçon, le comte Moy, fils de l'ambassadeur bavarois du Wurtemberg, ainsi que sa mère. Elle était si belle que je n'ai jamais oublié sa peau olivâtre et ses jolis vêtements. Avant son mariage, elle était, je crois, princesse Lichnowsky. Je me rappelle aussi le père. Il avait l'air si distingué que j'avais décidé de lui ressembler lorsque je serais grand. Tous trois venaient d'un monde différent et étaient les plus belles, les plus fabuleuses créatures que j'eusse jamais vues. J'accompagnais souvent le petit Moy jusque chez lui mais, bien entendu, il ne m'invitait jamais à entrer.

Il y eut aussi un incident qui fit sur moi une impression si profonde que même aujourd'hui, après cinquante ans, je me rappelle chaque détail. À cette époque, nous avions une gouvernante française qui nous emmenait en promenade. Un jour, mon père m'arrêta dans la rue. «N'aie pas peur, Fred, de me dire la vérité. Une dame vient de me dire qu'elle ne pouvait supporter plus longtemps de vous voir, ta sœur et toi, battus et bousculés par Mademoiselle. Allons, dis-moi, avez-vous jamais été battus et bousculés par elle ? »

Je ne répondis point, mais me mis à pleurer à chaudes larmes. Cependant, encore aujourd'hui, je me rappelle avoir éprouvé une étrange satisfaction, le pouvoir inconnu d'être à même d'accuser Mademoiselle. Je crois à présent que mes larmes n'étaient pas sincères, mais je puis, bien entendu, me tromper. Ces larmes étaient pour mon père une preuve suffisante. Elle était coupable. Elle avait maltraité ses enfants. Il se précipita dans sa chambre, l'insulta et lui dit de partir tout de suite. Elle protesta violemment. Il appela un agent de police et notre valet de chambre descendit ses bagages dans l'escalier, tout cela devant nous qui regardions cette scène dramatique avec une horrible fascination et, je le soupçonne, avec une joie secrète.

Il est possible que Mademoiselle nous ait battus, je n'en suis pas certain. Les enfants acceptent la bonté et la cruauté avec la même indifférence. Mais je crains bien qu'une injustice n'ait été commise et que le petit garçon que j'étais n'y ait pris une part active.

En Allemagne, les parents avaient un large choix entre différents types d'écoles. Le père qui désirait donner à son fils une éducation classique l'envoyait dans un *Humanitisches Gymnasium*, où le grec et le latin étaient les sujets principaux. S'il voulait pour son enfant une carrière plus scientifique ou commerciale, il choisissait un *Realgymnasium*, où l'on enseignait le latin et les langues modernes. S'il ne visait pas de carrière universitaire, il pouvait choisir entre une *Oberrealschule*, une *Realschule ou* une *Bürerschule*. Cette dernière était surtout destinée aux enfants des classes laborieuses qui devaient quitter l'école de bonne heure et auxquels on apprenait à lire, à écrire, l'arithmétique, mais, pour autant que je sache, pas grand-chose d'autre.

À l'âge de neuf ans, de l'école de Herr Stäbler j'allai au *Gymnasium* Eberhard-Ludwig. Il n'y avait là aucune distinction de classe. La plupart des élèves étaient des fils d'ecclésiastiques destinés à une carrière cléricale au *Stifi* de Tübingen. D'autres étaient des fils de commerçants, de fonctionnaires, d'industriels et d'aristocrates. Il y avait là Constantin von Neurath, dont le père, bien des années plus tard, fut ministre des Affaires étrangères sous Hitler et gouverneur de Tchécoslovaquie ; Rolf Pfander, mon plus vieux camarade d'école, dont le père possédait une fabrique de meubles ; von Groll, fils d'un officier ; Lothar Frank, qui venait d'une famille de banquiers et dont le frère, Bruno, devint un écrivain connu (sa comédie, *Une tempête dans une tasse à thé*, a, je crois, été jouée à Londres).

Deux autres garçons qui fréquentèrent cette école étaient les frères Stauffenberg, dont l'un réussit presque à tuer Hitler et fut exécuté. Il n'y avait pas de poseurs, ou ils étaient très rares. La seule distinction dont je me souvienne ne se produisit que plusieurs années plus tard, quand certains des élèves les plus brillants, qui écrivaient des pièces, des poèmes et des vers latins, et connus sous le nom de « caviar de la classe », formèrent un cercle exclusif, méprisant le *profanus vulgus.* Il n'y avait que peu ou pas d'antisémitisme. Qu'un élève juif se créât ou non des ennuis dépendait entièrement de son tact et de son comportement.

Dans ma classe, il y avait trois garçons juifs : Carlebach, Bach et moi. Carlebach, toujours à la tête de la classe et excellent sportif, était indubitablement populaire, mais Bach nous tapait sur les nerfs par sa conduite stupide qui irritait tout le monde. Par exemple, lorsque au début du trimestre le professeur demandait le nom et la religion des élèves, il se levait et criait : «Bach, juif» aussi fort que s'il avait eu l'intention de défier la chrétienté et les antisémites du monde entier. Pour ma part, je n'eus que très peu de persécutions à endurer à l'école du fait d'être juif.

J'étais au-dessus de la moyenne en sport et pouvais me défendre contre n'importe quel élève de ma classe. Mais en Allemagne, pour des raisons qu'ils ne comprenaient guère au début, les enfants juifs devaient faire face à des difficultés et à des préjugés, au mépris, et parfois même à la haine. L'antisémitisme est une étrange maladie qui germe dans les lieux les plus invraisemblables. Il est latent chez nombre de gens qui ignorent son existence et sont atterrés et honteux lorsqu'il s'empare d'eux. Un homme sera votre ami et vous invitera chez lui, mais il aimera mieux mourir que vous emmener à son club. Un autre, tout en disant du bien de ses nombreux amis juifs, affirmera que tous les autres Juifs font du marché noir. De mes propres expériences, j'ai gardé une certaine susceptibilité, une crainte d'être blessé. Tel un sismographe, je ressens la moindre secousse et ne me fais de nouveaux amis qu'avec la plus grande prudence.

Je n'eus d'ennuis à ce sujet que deux fois. Je découvris un jour qu'un élève de ma classe collait des slogans antisémites sur les murs des maisons et les réverbères et je dus le rosser. L'autre occasion s'était produite plus tôt, peu de temps après avoir quitté Herr Stäbler, qui avait instillé en moi tant de ferveur chrétienne.

Comme il y avait à mon école quelques élèves juifs, parmi lesquels je me trouvai soudain inclus, un rabbin vint nous instruire et, du torrent de la passion chrétienne de Herr Stäbler, je fus précipité dans l'eau tiède de l'initiation pondérée du rabbin au judaïsme. Un jour, deux petits garçons juifs vinrent me demander instamment de combattre pour Jéhovah, qui, à mon avis, aurait pu avoir un Israélite plus puissant que moi comme défenseur. Selon les deux héros, une brute bien connue avait dit : « Ton Dieu, c'est un salaud », et j'étais le seul, disaient-ils, qui pût venger cette insulte. Il n'y avait pas d'échappatoire. Ils me poussèrent dans la cour où se tenait le petit Goliath, entouré de tous les philistins. À peine pouvais-je bouger tant mes genoux tremblaient. Mais les deux petits démons veillèrent à ce que je ne pusse fuir. Dans ma terreur, je me précipitai vers Goliath et le criblai d'une telle averse de coups désespérés qu'il en oublia complètement de se défendre et fila en hurlant. C'était un triomphe et les philistins eux-mêmes m'applaudirent. C'est ainsi que, pendant de nombreuses années, ma réputation de défenseur des Juifs resta incontestée.

Hélas, ma réputation dans le domaine du travail était moins distinguée. À mon école, tout l'effort portait sur l'étude du latin et du grec. Si l'on était mauvais dans ces deux matières, on avait la plus grande difficulté à passer les examens et c'était mon cas. J'étais aussi absolument nul en mathématiques. Devant un problème, on eût dit qu'une sorte d'idiotie congénitale s'emparait de moi et m'emplissait de désespoir. Même aujourd'hui, trente-sept ans après avoir quitté l'école, je fais toujours le même rêve lorsque quelque complication survient dans ma vie. Je me retrouve en classe et je dois résoudre un problème. C'est en vain que je proteste, disant que je suis vieux et que j'ai passé tous mes examens. Il me faut présenter une feuille blanche, puis je m'éveille, transpirant et tremblant.

J'étais bon en français, très bon en littérature et en histoire, et j'aimais la poésie, mais cela ne servait pas à grand-chose. Il me fallait toujours me débattre pour me tirer d'affaire et, la plupart du temps, réussir de justesse à mes examens.

À l'âge de onze ans, je commençai à collectionner des «trésors» romains que j'achetais au petit B. Je fis l'acquisition d'une fibule romaine pour vingt pfennigs, d'une pointe de flèche pour quinze pfennigs et d'une pierre qui portait cette inscription «Legio XXI» pour trente pfennigs. Hélas, je ne possédais pas les cinquante pfennigs qu'il me demanda pour une molaire de mammouth et je le regrette encore aujourd'hui. Près de vingt ans plus tard, je rencontrai un archéologue allemand qui avait été professeur à Stuttgart. Il me dit que, bien des années auparavant, il avait déterré quelques poteries romaines dans le Wurtemberg en compagnie du père de B. et que le petit garçon de ce dernier avait chipé pour me les vendre plusieurs des objets qu'ils avaient trouvés.

Une fois par an, mes parents allaient en vacances dans un endroit à la mode et, parfois, emmenaient les enfants avec eux. Nous séjournâmes à Blankenberge, en Belgique, à Wildbad, dans la Forêt-Noire, et à Vulpera, en Suisse. Malheureusement, toutes ces vacances furent gâtées par quelque incident qui empoisonna mon plaisir. Je me souviens du moment merveilleux où, à Blankenberge, je vis la mer pour la première fois de ma vie. Mais tout aussi net est le souvenir du moment où, à cause de la conduite sans tact de mon père, nous fûmes chassés de la cathédrale de Cologne. Je me rappelle Wildbad, dans la Forêt-Noire, mais aussi la terrible scène de jalousie que fit ma mère, non sans raison, je le crains. En 1914, mes parents allèrent à Bad Gastein et nous autres enfants fûmes expédiés à Donaueschingen sous la surveillance de Miss Cope, institutrice anglaise au lycée de Stuttgart. Peu de temps avant notre départ, l'archiduc François-Ferdinand avait été assassiné à Sarajevo, les Autrichiens avaient envoyé un ultimatum et j'espérais ardemment que ces assassins de Serbes ne l'accepteraient pas. Il serait agréable d'avoir une autre guerre. Je me rappelais avec grand plaisir la passionnante guerre des Balkans de 1912 : le roi Nikita du Montenegro, la défense de Scutari par Essad Pacha, le siège d'Andrinople et la défense couronnée de succès de la ligne Tschatschaldja. J'étais alors follement pro-turc, surtout parce que les Turcs étaient commandés par le feld-marschall allemand von der Goltz.

Si tout allait bien, les Serbes refuseraient d'accepter l'ultimatum et les Autrichiens leur donneraient une bonne leçon. Malheureusement, les Russes intervinrent et, bien entendu, il nous fallut mobiliser. Tous les journaux disaient que nous ne pouvions abandonner notre allié, qui désirait seulement venger le meurtre de François-Ferdinand et de sa femme. Nous étions allemands, après tout, *treu wie die Nibelungen,* et non de misérables Italiens, dont la trahison ne serait jamais oubliée. (Un journal allemand suggéra, à juste titre, que nous devrions supprimer le mot spaghetti et le remplacer par *Treubruchnudeln,* les nouilles des lâcheurs.)

Tout cela était terriblement passionnant et m'empêchait presque de dormir. Tout le monde était las de la longue paix et tout le monde était heureux. Les soldats défilaient dans les rues, leur casque orné de fleurs, les femmes les suivaient, chantant et dansant. Les officiers semblaient ivres de joie. Je n'avais que treize ans, mais combien je les enviais! Puis nous envahîmes la Belgique. « Bien entendu, ce n'était pas correct », dit notre chancelier de fer, mais *Not kennt kein Gebot* (« Nécessité n'a pas de loi »). Pourquoi les Belges avaient-ils résisté ? Nous ne voulions pas occuper leur pays, nous ne voulions que le traverser. Et quelle cruauté de la part des Anglais de nous déclarer la guerre ! Évidemment, tout le monde savait qu'ils étaient jaloux de notre commerce, de notre flotte, et même de notre Kaiser. Mais qu'importe? *Viel Feind, viel Ehr* («Beaucoup d'ennemis, beaucoup d'honneur»).

Pauvre Miss Cope! Ce fut pour elle un terrible moment. Je me disais qu'elle avait honte d'être anglaise, surtout lorsque je lui fis part de la dernière et bonne nouvelle : notre U9 avait coulé trois croiseurs anglais et trois mille hommes étaient morts. Nos troupes étaient en vue de Paris, cent mille Russes – ou peut-être était-ce deux cent mille? – avaient été noyés en Prusse-Orientale. Des centaines et des milliers d'hommes étaient faits prisonniers à Tannenberg par Hinderburg et Ludendorff.

Nous quittâmes Donaueschingen vers la fin du mois d'août. Miss Cope fut rapatriée plus tard, mais, ainsi que je l'ai dit, elle a dû passer auprès de nous un terrible moment.

Quand je retournai à l'école, j'appris que la plupart des élèves les plus âgés s'étaient engagés dans l'armée et étaient partis[1]. Herr

1. Pendant la Première Guerre mondiale, cent quinze garçons de mon école furent tués, mais, dans la Seconde, près de quatre cents. Sur trois cents garçons qui avaient passé l'examen d'entrée à l'université, cent soixante-dix-neuf moururent.

Ströhle nous fit écrire un essai sur *Dulce et decorum est pro patria mori* et, pour célébrer la victoire de Tannenberg, il me fallut apprendre et réciter un poème dont je me rappelle encore le refrain :

*Der Sumpf ist Trumph*
*Der Sumpf ist Trumph*
*Er verschluckte die Russen*
*Mit Rumpf und Stumpf*

Herr Ströhle était très content de nous et de la façon dont la guerre se poursuivait. C'était, disait-il, *eine Lust zu leben* («une joie d'être vivant»). La guerre prendrait fin à Noël. Il l'avait lu dans la *Stuttgarter Zeitung* et les journaux allemands, contrairement aux journaux anglais, étaient toujours dignes de confiance. Selon lui, la pire de toutes les publications ennemies était l'agence Reuter et il nous suggéra d'employer l'expression «Vous mentez comme Reuter».

La guerre ne fut pas terminée pour Noël et était bien loin d'être *ein frisch-fröhlicher Krieg.* Comme les années passaient et que je grandissais, je me rendais compte que quelque chose n'allait pas. Mais nul d'entre nous ne doutait un seul instant que la victoire finale serait nôtre. Désormais, il n'y avait plus de fleurs pour les soldats qui partaient. Les départs avaient lieu le soir à une heure tenue secrète. Selon des rumeurs, il y avait eu de terribles scènes dans les gares. On racontait aussi que des hommes s'étaient coupé l'index de la main droite pour n'être pas appelés, et on parlait même d'histoires de mutineries.

Peu à peu, la nourriture, les vêtements, toutes les choses de première importance se raréfièrent et durent être rationnées. Et, avec la pénurie, des mots nouveaux que personne n'avait jamais encore entendus apparurent dans la presse : *Kriegsgewinnlers*, profiteurs du marché noir. Et le fait d'apprendre que les gens qui étaient restés chez eux faisaient fortune grâce à la guerre minait le moral de nos troupes. La plupart de nos jeunes professeurs furent appelés et ceux qui restaient étaient des hommes âgés et fatigués. Certains d'entre eux devaient maintenant nous donner des leçons sur des sujets dont ils ne savaient rien. Notre professeur de dessin, par exemple, fut soudain désigné pour nous enseigner la biologie. C'était un vieil homme charmant, mais un pauvre professeur de dessin et un impossible professeur de biologie. En matière de dessin, ses leçons consistaient principalement à mettre quelques pommes ou poires en plâtre sur une assiette et à nous dire de les peindre avec la plus grande fidélité. De temps à autre, il nous emmenait dans la cour et je me rappelle encore une chaude journée de juillet où le seul sujet qu'il jugea digne de notre pinceau fut l'une des fenêtres des toilettes de l'école que nous eûmes à dessiner brique à brique. Mais ce n'était rien en comparaison des leçons de biologie. Les notes qu'il utilisait devaient avoir été écrites lorsqu'il allait à l'école, quelque cinquante ans auparavant. Un jour où il les avait laissées traîner, j'en embrouillai les pages. Il en résulta que le pauvre homme, qui le découvrit trop tard, ne put continuer sa leçon et dut se retirer « parce qu'il ne se sentait pas bien ».

Je crains que nous n'ayons traité très méchamment le vieil homme. Je me suis souvent demandé pourquoi tant de jeunes garçons traitent les gens bienveillants et accommodants avec une si féroce cruauté. Un autre de nos professeurs, un homme d'une grande douceur, fut acculé par nous à la ruine et dut abandonner son poste. Je me souviens encore avec horreur et honte – je pris une part active à sa persécution – qu'un jour où nous nous moquions de lui en criant et en lui jetant des boulettes de papier mouillé il se mit à pleurer en s'exclamant :

« Que vous ai-je fait ? Que vous ai-je fait ? » D'autre part, nous étions facilement impressionnés et intimidés par toute démonstration de force. L'un de nos professeurs les plus incapables avait sur nous la plus complète autorité. Je me rappelle le jour où il apparut pour la première fois et comment il nous réduisit à une soumission totale. Personne ne l'avait vu auparavant et, lorsqu'il entra, quelque trente-cinq paires d'yeux l'observèrent avec attention pour découvrir quelle sorte d'homme il était. Il alla lentement jusqu'à son bureau, s'assit et nous regarda. Tout à coup, il souleva le couvercle de son pupitre, puis l'abattit si violemment que le bruit se répercuta dans toute la salle comme si on avait tiré un coup de canon. Puis, nous regardant fixement de ses yeux dénués d'expression, il dit : « Bien, bien, bien, je suis sûr que nous nous comprenons, à présent. À partir de maintenant, nous sommes de vieux amis, *nicht wahr* ? »

Peu à peu, tandis que la guerre continuait, nous étions employés de plus en plus souvent à des tâches telles que la moisson, la cueillette de feuilles vertes pour faire une sorte de fourrage pour les chevaux, le ramassage de déchets de cuivre, de laiton, d'étain et de fer, et nous étions de moins en moins occupés par nos leçons. Tout cela, ajouté au départ des professeurs et des pères, amena un changement étrange en nous.

Peu de temps après le début de la guerre, les garçons de ma rue creusèrent une tranchée et un abri devant un bâtiment vide en face de notre maison.

Nous fortifiâmes tout cet ensemble avec des fils barbelés. Quelques jours plus tard, quelque vingt ou trente garçons, âgés de douze à quatorze ans eux aussi mais plus endurcis – leur rue était habitée surtout par des ouvriers et la nôtre par des bourgeois –, attaquèrent notre tranchée, pour être repoussés par une pluie de pierres et le feu de nos fusils à air comprimé. Quelques jours plus tard, ils revinrent avec des renforts de Zuffenhausen, une banlieue de Stuttgart – les « renforts » pour la plupart étaient âgés de seize ans, forts et assez sauvages. Nous eûmes vent du raid imminent et obtînmes de l'aide de Korntal, autre district habité par la classe ouvrière, de sorte qu'un beau matin près de deux cents garçons s'affrontaient, armés de bâtons, dont certains étaient garnis de clous rouillés, des *Schreckschusspistolen* (quelque chose qui ressemblait à un pistolet de starter, inoffensif, sauf lorsqu'on le tirait en pleine figure), des fusils à air comprimé et même des *Terzerols* (petits pistolets qui pouvaient tirer une balle miniature).

Le bruit de la bataille était terrifiant. Dans un tintamarre de sonneries de trompettes et de détonations, les garçons se battaient avec une incroyable violence. L'extraordinaire était que nous n'étions pas de méchants petits bandits, mais des garçons complètement entraînés par notre imagination. Pour moi, c'était un vrai combat et je ne pouvais plus faire de distinction entre le fantasme et la réalité. Les autres étaient nos ennemis, nous avions été attaqués et devions nous défendre avec tous les moyens dont nous disposions.

À ce bruit incroyable, les fenêtres s'ouvrirent, les parents se précipitèrent hors des maisons pour tenter de nous séparer. Ma mère hurla mon nom, mais en vain, puis tout à coup, au milieu du vacarme, on entendit un bruit aigu de sifflets et des agents de police parurent arriver de toutes les directions. Un instant plus tard, la bataille avait pris fin. Tous les garçons s'enfuyaient. Un agent me poursuivit, mais je me jetai de côté et lui échappai. Je ne sais combien de combattants furent blessés ni ce qui advint de ceux qui avaient été arrêtés par la police. J'ai entendu parler de garçons emmenés à l'hôpital pour des blessures causées par des balles, mais peut-être avait-ce été exagéré. Ce fut en tout cas la fin de nos bagarres de rues. Notre tranchée, qui avait causé tout ce tumulte, s'emplit lentement d'eau, tout comme les tranchées des Flandres où tant de pères étaient morts et mouraient encore.

Ce qui se passait dans notre fameuse et vieille école était peut-être plus sérieux. Dans ma classe, il y avait un élève nommé Eisenwein, fils d'un pasteur, assez paresseux et à l'esprit obtus, qui était toujours le dernier de la classe. À cette époque, certains des bâtiments scolaires servaient de camp de transit pour les prisonniers de guerre français. Là, il y avait aussi une cantine pour les gardes, où nous pouvions acheter du chocolat, des bonbons, des saucisses et autres denrées. Or Eisenwein semblait toujours avoir beaucoup d'argent et, bientôt, tout un groupe d'élèves, y compris deux autres fils de pasteur, commencèrent à « vivre à ses dépens ». Tous les jours, il leur achetait des saucisses et du chocolat et il devint bientôt évident que certains de ces garçons avaient prise sur lui et l'obligeaient à leur acheter de plus en plus de choses. Personne ne savait d'où venait l'argent. Mais, à coup sûr, ces sommes relativement importantes ne pouvaient venir du salaire d'un pasteur.

Cela continua pendant un certain temps. J'étais certain que ce garçon était soumis à un chantage et décidai donc d'en parler à notre professeur. Mes motifs pour agir ainsi étaient mêlés, ainsi qu'il en est souvent dans la vie. D'une part, je sentais qu'il fallait faire quelque chose pour mettre fin à cette situation et, d'autre part, je soupçonne que je voulais impressionner mon professeur par ma vertu. Je parlai donc. Eisenwein disparut, certains des élèves furent probablement punis, mais on fit tout pour étouffer l'affaire de crainte d'un scandale. Je n'ai jamais découvert avec certitude d'où venait l'argent, mais le bruit courut plus tard qu'Eisenwein avait dévalisé le tronc des pauvres dans le temple de son père, ce qui paraît être une explication plausible.

Vers la fin de la guerre, il y eut dans ma classe des cas de marché noir. Quelques élèves commencèrent à faire, sur une assez grande échelle, des transactions sur des articles rares, tels le sucre, la saccharine, etc. Un garçon disparaissait de temps à autre sous le prétexte de « maladie persistante », mais nous découvrîmes plus tard qu'il avait *eine Goldankaufstelle*, où il achetait des déchets d'or et d'argent. C'était un spéculateur-né et, plus tard, il fit un vrai magot pendant l'inflation. Un autre petit spéculateur était Pazaurek – plus tard un chef nazi – qui faisait principalement commerce de fausses dents et de ferraille. Un jour, il m'arrêta et me demanda : « Aimerais-tu acheter une chambre à coucher rococo ou une eau-forte de Rembrandt ? » Lorsque je lui dis non, il reprit : « Ça ne fait rien. Un millier de robinets de cuivre t'intéresseraient-ils ? » Un jour, il vint en classe avec un petit paquet. Lorsqu'il l'ouvrit, il en sortit deux ou trois cents fausses dents qu'il avait achetées par erreur, croyant qu'elles contenaient du platine.

Seul un petit groupe d'élèves prit part à de telles activités et aucun d'entre eux n'était juif. Quelle indignation cela eût provoqué si un garçon juif avait été impliqué dans ces trafics !

Le nom de Pazaurek me remet en mémoire quelque chose qui se passa quelque dix ans plus tard. Le père de Pazaurek était le directeur du Landesgewerbe Museum de Stuttgart, qui contenait une très belle collection de meubles, de verrerie, de sculptures, de costumes, etc. Pazaurek, originaire de Prague, avait été conservateur des collections du comte Czernin et était considéré comme la plus grande autorité vivante en matière de cristal de Bohême. En guise de passe-temps, il se mit à collectionner du *Kitsch*. D'origine incertaine, ce mot est difficile à traduire. Il est souvent employé en Allemagne et a même pénétré en Angleterre. La meilleure traduction est probablement « pompier ». Nous avions l'habitude de parler de « *Kitsch* aigre » et de « *Kitsch* sucré ». Le *Kitsch* aigre, d'un ordre plus élevé, pouvait être n'importe quoi : une œuvre pompeuse, un pastiche, un film prétentieux, un objet baroque, une peinture quelconque. Le *Kitsch* sucré était cette sorte de pacotille qui n'est que trop familière dans tous les pays : des petits garçons en plâtre peint, les chiens de faïence que l'on voit derrière les fenêtres des maisons de banlieue, les affreuses poupées distribuées dans les champs de foire. Peu à peu, Pazaurek accumula de plus en plus d'horreurs. Il avait du papier hygiénique noir, blanc et rouge, où l'aigle allemande était imprimée, une résille à moustache et un portrait du Kaiser Wilhelm avec cette inscription : « C'est fini. » Il avait enfin collectionné tant d'objets qu'il décida de fonder un musée, le Stuttgarter Kitsch

Museum, qui devint célèbre dans le monde entier. Il a divisé le *Kitsch* en différentes catégories, telles que la matière inappropriée, la forme inadéquate, etc. Mais j'ai oublié comment il a classé le vase à fleurs fait de fonte et à col si étroit qu'on n'y pouvait glisser qu'une seule tige. Plus tard, son obsession de trouver des joyaux pour son musée l'entraîna si loin que, victime de son imagination, il se mit à en faire fabriquer spécialement. Un jour, son secrétaire me dit qu'il se sentait assez embarrassé parce que Pazaurek avait recueilli dans une boîte d'allumettes tous les ongles coupés de ses doigts et voulait qu'il en fît une fleur pour son musée. Chose plus macabre et hoffmannesque, il avait acquis le sein d'une morte et lui avait demandé d'en faire faire une bourse.

En 1928 ou 1929, quand j'étais avocat et que Pazaurek, pour lequel j'avais plaidé, me devait une somme considérable, somme, disait-il, qu'il ne pouvait me payer, il m'offrit, en guise d'honoraires, un buste rococo sculpté dans du bois de tilleul et que j'avais souvent admiré. C'était une pièce ravissante représentant une jeune fille avec des cheveux auburn, coiffée d'un chapeau de paille et peinte avec une grande délicatesse.

Quelques semaines plus tard, le directeur du Musée national de Stuttgart me demanda de lui montrer le buste et je le lui laissai pour quelques jours. Quand je vins le reprendre, il me félicita : c'était probablement l'œuvre d'un sculpteur français et elle représentait presque certainement Francisca de Hohenheim, la maîtresse du duc de Wurtemberg. J'étais enchanté. Mais quand je descendis pour reprendre possession de mon buste, je fus accueilli par un gardien fort embarrassé. Une chose terrible était arrivée, me dit-il. Le buste était fendu ! Il m'expliqua qu'il l'avait posé près du radiateur sans se rendre compte que c'était dangereux pour le bois. Horrifié, j'inspectai mon buste. Il était bien fendu, mais, chose étrange, la fissure s'étendait en droite ligne autour du front, juste au-dessus des yeux, descendait jusqu'aux oreilles et, de là, au cou. Je soulevai soigneusement le haut de la tête : il céda et l'intérieur était garni de coton. C'était un faux excellent. La partie inférieure était probablement authentique, sans doute le modèle d'un perruquier, mais le haut était complètement faux et, sans le radiateur, le buste serait peut-être encore dans un musée, très admiré et souvent photographié.

Je ne puis me souvenir de la date précise, mais je devais avoir seize ou dix-sept ans, lorsque ma mère décida qu'il était grand temps pour moi de connaître les réalités de la vie.

«Ludwig, dit-elle à mon père, il faut que tu aies un entretien avec ton fils. Il devrait connaître... les risques qui l'attendent.

– C'est l'affaire d'une mère», répondit mon père avec mauvaise humeur. Ma mère rougit et dit qu'elle ne pourrait à aucun prix faire une chose aussi affreuse. Elle n'était qu'une faible femme, n'ayant que peu d'expérience de la vie, et n'avait aucune idée de la façon dont elle pourrait parler à un garçon de mon âge.

Mon père se leva, prit son chapeau, claqua la porte et disparut. Ma mère me regarda d'un air désespéré et m'assura, les larmes aux yeux, que si j'avais grandi sans connaître les «risques» ce n'était pas sa faute. Elle n'était qu'une faible femme, et ainsi de suite.

Quelques jours plus tard, elle m'apporta trois livres qui lui avaient été chaudement recommandés comme devant convenir à un garçon de mon âge : *Vom Jüngling zum Mann* («De l'adolescence à l'âge viril»), *Halte deine*

*Jugend rein* («Gardez une saine jeunesse») et *Helmuth Haringa.*

Les deux premiers étaient pleins de détails sur les maladies vénériennes avec des images. *Helmuth Haringa* était différent, une sorte de conte moral. Un jour, Helmuth, fils d'une excellente famille et bien élevé, s'enivra, fit l'amour avec une vile créature, une serveuse de restaurant, si j'ai bonne mémoire, et découvrit bientôt qu'elle l'avait contaminé. Comprenant qu'il était perdu et honteux de ce qu'il avait fait, il alla jusqu'à une plage et nagea vers le soleil couchant... jusqu'à ce qu'il se noyât. On ne le revit jamais plus.

Ainsi m'instruisit ma mère et il ne me fallut pas longtemps pour oublier ce que j'avais vu et lu. Mais une œuvre d'une tout autre sorte et qui eut sur moi la plus grande influence fut un livre que, par pur hasard, je trouvai dans notre grenier. Il détruisit le peu de foi religieuse qui me restait, tout comme, plus tard, la nouvelle de la défaite de l'Allemagne détruisit notre confiance dans le monde des adultes. Ce livre était *Die Welträtsel,* de Haeckel («L'Énigme de l'univers»).

J'ai déjà dit n'avoir reçu chez moi aucune éducation religieuse et fort peu à l'école.

Mon père était convaincu que la religion était une absurdité, que prêtres et rabbins n'étaient que des charlatans, et il prenait un plaisir enfantin à fumer avec ostentation le jour du shabbat ou à prendre le tramway pour se rendre à son restaurant favori le jour du Grand Pardon, le plus saint des jours saints, alors que la plupart des Juifs libéraux eux-mêmes allaient à la synagogue et jeûnaient.

Ma mère parlait religion de façon très vague parce que ses sentiments à cet égard étaient eux-mêmes très vagues. Alors qu'elle avait plus de quatre-vingts ans, ma grand-mère exprima sa volonté : aucun rabbin ne prierait sur sa tombe mais, en revanche, je dirais quelques mots. Elle répétait souvent un poème de Heine :

*Keinen Kaddosh soll man singen,*
*Keine Messe soll man sagen*
*Nichts gesagt und nichts gesungen*
*Wird an meinen Sterbetagen.*

À l'école, deux professeurs nous enseignaient les Écritures. L'un d'eux, bienveillant mais faible, m'ennuyait à mourir pour la façon terne dont il parlait, et l'autre, à l'esprit lourd et intolérant, affirmait que l'Ancien

Testament, y compris des histoires telles que celle de Jonas et de la baleine, était littéralement vrai. Or j'étais prêt à avaler bien des choses, mais non la baleine, et je lui dis qu'à mon avis ce n'était là qu'un conte de fées, quelque chose pris dans les *Mille et Une Nuits*. Il se mit en colère et s'écria : « Que tu le veuilles ou non, le judaïsme durera à jamais ! »

Mais la pérennité du judaïsme m'intéressait moins que la recherche de la vérité. Je ne pouvais croire à Jéhovah, qui me paraissait être un Dieu jaloux et vengeur, ni au doux Jésus, né d'une vierge, dont les partisans avaient assassiné tant de Juifs et de chrétiens. Jésus était pour moi un être humain merveilleux, mais un Dieu, jamais !

C'est précisément à ce moment critique de doute que je découvris *Welträtsel*. C'était une œuvre ardue, mais qui me parut être le livre le plus courageux que l'on eût jamais écrit, une révélation, qui me libéra de mes doutes. À des questions que je n'avais pas pu discuter avec aucun des adultes de mon entourage, mais qui n'avaient jamais cessé de m'occuper l'esprit, il était répondu clairement et simplement. Il n'y avait pas de Dieu. Je l'avais toujours soupçonné, je l'avais craint. Maintenant, je savais enfin qu'il en était ainsi.

Combien de fois m'étais-je demandé comment il pouvait exister un Dieu clément et tout-puissant qui condamnait des millions d'êtres innocents à de terribles souffrances et à la mort ? S'Il était tout-puissant, pourquoi ne pouvait-Il nous créer avec un esprit parfait ? Pourquoi Lui fallait-il créer des fous et des épileptiques ? S'Il était responsable de la création d'un cerveau humain déficient, il Lui était certainement impossible d'échapper à cette responsabilité. Si, en perçant moi-même en quelque endroit un cerveau humain avec une aiguille, je pouvais rendre fou un homme sain d'esprit, ne Lui serait-il pas plus facile, étant tout-puissant, de ne créer que des êtres normaux ? Et si, ainsi que l'affirmaient toutes les Églises, rien ne se faisait sans Sa volonté, que le moindre moineau ne pouvait tomber du nid sans qu'Il le sût, ce terrible massacre qui se perpétrait en Europe était également Sa volonté. Comment pouvait-Il, ce Tout-Puissant, être absous de crimes aussi monstrueux qu'Il avait tolérés et, en un sens, suscités ?

Dès lors, il me faudrait vivre seul, sans aucune aide divine ni consolation. Il me faudrait essayer d'exister sans Lui. Mais mieux valait vivre seul et mourir seul que croire à un mensonge. Je pensai donc : « Mourir est inévitable et souffrir, plus ou moins, est inévitable aussi. Mais ce qui importe est de traverser cette vie avec dignité.»

C'était pour moi, qui souffrais tant de me sentir si peu chez moi dans ma famille, un terrible pas à franchir. Mais il n'y avait pas d'échappatoire. J'avais à résoudre le problème le plus important qui soit : comment vivre dans un monde dépourvu de sens. Il n'y avait, me semblait-il, qu'une seule réponse : il me fallait créer mon propre univers. Sinon la vie serait intolérable. Il me fallait vivre *comme si* la vie avait un sens, *comme si* Dieu existait et *comme si* réaliser ses aspirations importait. Voilà ce que je croyais quand j'avais dix-sept ans et c'est à peu près ainsi que je vois encore les choses. J'aurais alors accepté, tout comme à présent, ce que John Stuart Mill écrivit dans son essai sur la nature :

«Tout ce que commettent les hommes ou contre la vie ou contre la propriété est perpétré sur une plus grande échelle par les agents naturels. La nature connaît des inondations plus fatales que les noyades de Carrier; les explosions de grisou sont aussi destructrices que l'artillerie humaine; la peste et le choléra surpassent de beaucoup les coupes de poison des Borgia... Même dans la théorie du bien la plus saugrenue, la plus étriquée, qui fût jamais conçue par le fanatisme religieux ou philosophique, on ne saurait attribuer au régime de la nature la moindre ressemblance avec l'œuvre d'un être bon et omnipotent... Si la dixième partie de la peine dépensée à trouver dans toute la nature des adaptations clémentes avait été employée à recueillir des preuves pour noircir la réputation du Créateur, quelle mine de commentaires n'eût-on trouvée dans toute l'existence des animaux inférieurs, divisés, à de rares exceptions près, en dévorateurs et dévorés, et en proie à mille maux, alors qu'ils sont privés des facultés nécessaires pour s'en protéger. »

Combien de fois, fort avant dans la nuit, n'ai-je pas médité sur cette terrible révélation ! Tout agnostique ou athée est un fervent de Dieu déçu. Je L'avais aimé profondément, mais c'était Lui qui m'avait abandonné et non moi. Dès lors, d'une inexplicable façon, je sentis que ma vie avait changé pour le mieux, que j'étais seul, mais assez fort pour affronter mon destin avec fierté et un certain courage. Et le plus étrange de tout est que je sentais que, désormais, je pourrais aimer mes semblables avec plus de force et de pitié, parce qu'ils étaient aussi seuls que moi dans un monde sans fin et dépourvu de sens.

« Le dernier acte est sanglant, quelque belle que soit la comédie en tout le reste : on jette enfin de la terre sur la terre et en voilà pour jamais. » (Pascal.)

Les nouvelles des pourparlers d'armistice et de la défaite de notre « armée invincible » furent un coup écrasant et pour les professeurs et pour les élèves. Ce ne pouvait être vrai... ce n'était pas vrai parce que c'était impossible. Je me rappelle encore les sentiments que j'éprouvai alors : saisissement, horreur et une colère sauvage contre le gouvernement, le Kaiser et toute la vieille génération, parents et professeurs tout aussi bien, qui, je le sentais, nous avaient raconté des mensonges et étaient responsables de la guerre. Comme ma foi religieuse, ma foi dans l'honnêteté de l'homme résista mal au choc.

Lorsque je vis plus tard jouer *Die Wandlung*, qui rendit célèbre Ernst Toller, c'est avec des millions d'Allemands que je m'identifiai au soldat qui était parti pour la guerre en nationaliste agressif et en était revenu en hurlant : « Plus de guerre ! »

En ce temps-là, comme aujourd'hui, j'étais certain que toute la jeune génération ainsi que les soldats qui revenaient du front voulaient passionnément la paix et la réconciliation.

On entendait constamment cette phrase : *Wir müssen Brücken bauen* (« Nous devons construire des ponts »). Il est grand dommage qu'aucune main ne nous ait été tendue de l'autre côté et que, dans les mois et les années qui suivirent, notre espoir finît par s'éteindre avec le blocus et l'occupation de la Ruhr. Je crois encore que si, après la guerre, les Alliés avaient prêté le plus léger appui ou quelque encouragement à la jeune république, il n'y aurait pas eu de Hitler et, probablement, pas de Seconde Guerre mondiale. Rien ne fut fait ou, si quelque chose fut tenté, il était déjà trop tard.

Vers la fin d'octobre 1918, la situation militaire était critique. Peu de temps après, on nous annonça que, le 3 novembre, Dittman, le socialiste bien connu, prendrait la parole au cours d'un meeting à Stuttgart. Mon ami O.N. et moi décidâmes qu'il fallait y aller. Mais nous n'étions jamais encore allés à un meeting. Quelle sorte de gens s'y rendaient donc ? Sans doute n'étaient-ce que les révolutionnaires, les anarchistes et autres individus de cette espèce. Il était certainement dangereux pour nous, jeunes « bourgeois », d'y aller. Nous pensâmes qu'il serait plus sûr de nous y rendre déguisés. O.N. décida d'être un menuisier et moi un forgeron. J'empruntai un pantalon de mon père dans lequel je disparaissais presque, noircis mon visage et arborai un marteau et un ciseau. O.N. se costuma, lui aussi. Il prit une scie pour que tout le monde pût voir qu'il était menuisier.

À notre arrivée, la séance était déjà ouverte et nous restâmes dans l'ombre de crainte d'être reconnus. À notre étonnement, tous les assistants paraissaient absolument normaux. Inutile de dire que rien de fâcheux ne nous arriva ce soir-là, et la seule raison pour laquelle je mentionne cet incident est qu'il semble bien étrange que deux jeunes gens âgés de près de dix-huit ans, qui auraient été appelés quelques semaines plus tard si la guerre n'avait soudainement pris fin, puissent avoir été si incroyablement naïfs et *weilfremd*. Chez nous ou à l'école, personne ne nous parlait jamais de la classe ouvrière et des conditions dans lesquelles elle vivait. Nous savions tout de la Grèce et de Rome, de Platon et de Sophocle, d'Horace et de Virgile, mais notre programme d'études ne ménageait pas de place à des millions d'hommes qui avaient souffert avec tant de courage dans cette horrible guerre et étaient morts pour nous tous par centaines et par milliers.

Lorsque après la révolution nous élûmes un *Schülerrat*, je me levai au cours d'un meeting et suggérai qu'il était temps que l'on nous parlât de notre Constitution, et même de Karl Marx, dont tout le monde discutait. Les professeurs me regardèrent avec des sourires amusés, d'un air ironique, et certains d'entre eux, me sembla-t-il, avec mépris.

Quelques jours plus tard, le 8 novembre, les principaux journaux de Stuttgart laissaient entendre que le lendemain, 9 novembre, à 11 heures, la Révolution allait commencer. On ne s'étendait pas là-dessus et l'on ne disait rien de précis, mais il était facile de lire entre les lignes : le 9 novembre, à 11 heures, la population de la classe ouvrière se réunirait à la Schlossplatz pour choisir un nouveau gouvernement, le calme était chose essentielle et le sang versé inutile. Je me rendis à la Schlossplatz. Il y avait là une foule énorme, des drapeaux rouges, des orateurs partout et tout le monde criait : « Hourra ! » Mais aucun coup ne fut tiré. Ensuite, tout sembla arriver à la fois : le roi abdiqua, le gouvernement en fit autant, le Wurtemberg fut déclaré république, un président fut élu, les soldats brisèrent leurs fusils et rentrèrent dans leurs foyers, les officiers disparurent et restèrent invisibles pendant des mois. Le major Mohl, que tous les soldats voulaient lyncher, réussit malheureusement à s'échapper et alla se cacher près de Sahlem. Des marins d'extrême gauche, de Kiel, surgirent, fortement armés. Peu de temps après, les spartakistes tentèrent de s'emparer du pouvoir et occupèrent les bureaux des journaux et de la radiodiffusion. Il y eut des bagarres dans les rues. Le gouvernement républicain se réfugia dans la tour de la gare et les étudiants de l'université de Tübingen arrivèrent à Stuttgart et entrèrent en action contre les spartakistes.

Pour ma part, je ne pouvais comprendre que quiconque eût envie d'aller à l'école pendant la révolution. Je m'y rendais moi-même de temps à autre, mais jamais sans mon casque d'acier et l'un de mes deux pistolets (J'avais chez moi un petit arsenal : un fusil anglais avec cent cinquante cartouches, acheté à un soldat pour dix marks, mes deux pistolets – un Walter et un Mauser –, le casque d'acier déjà mentionné, un poignard écossais et un couteau gurkha). Avec quelques camarades de classe et la permission du professeur, je m'affiliai à l'*Einwohnerwehr*, une sorte de milice qui avait pour but de défendre la propriété privée, non pas tellement contre les spartakistes, mais contre les cambrioleurs armés. D'autres garçons préféraient une activité plus indépendante. B., qui possédait une motocyclette, s'amusa beaucoup. Avec un ami, qui montait derrière lui, il se rendait en ville, arrêtait les gens avec son revolver et demandait à voir leurs papiers d'identité. Ce divertissement dura un certain temps, mais, un jour, son revolver partit dans sa poche et il dut se reposer quelques semaines à l'hôpital avec une balle dans la cuisse.

Entre-temps, je passai, moi aussi, à l'action. Avec vingt ou trente autres membres de l'*Einwohnerwehr*, pour la plupart d'un certain âge et hommes d'affaires prospères, je fus affecté à la « défense » d'un lycée de filles contre les spartakistes. Notre commandant, le major Hügel, semblait n'avoir qu'une piètre opinion de la plus grande partie de ses troupes, mais il disait avoir confiance en moi et en un autre jeune homme, le fils de notre crémier. Il était certain, disait-il, que nous repousserions aisément n'importe quelle attaque et nous mit en faction, armés d'un fusil et de deux grenades à main. Il nous exhorta à attendre jusqu'au moment où nous verrions le blanc des yeux de l'ennemi et à jeter alors nos grenades. Une attaque était prévue, probablement entre 3 et 4 heures du matin.

Peu après 3 heures, il y eut un coup de feu. Le fils de notre crémier dit qu'il avait vu quelque chose bouger et il avait tiré.

Quelques minutes plus tard, les autres défenseurs, qui dormaient dans l'école, parurent, à demi vêtus, et nous nous retirâmes tous derrière une énorme barricade de tonneaux de bière vides que nous avions dressée la nuit précédente. Ce matin-là, il faisait un froid glacial et je remarquai que nos fusils, peut-être à cause du froid intense, semblaient vaciller dans la bise. Mais le plus fascinant était l'étrange comportement de l'un de nos professeurs de grec, Elben, un vieux savant charmant et d'une grande érudition, qui se tenait à ma droite derrière la barricade, occupé à charger son fusil. Avec un grand soin, il prit une seule cartouche du chargeur qui en contenait cinq. Il examina son fusil, puis la cartouche, et hésita. Tout à coup, une lueur passa dans ses yeux. Élevant son fusil tout droit devant lui, il mit la cartouche la tête en bas puis, de la main droite, avec des tapes rapides et déterminées, il tenta d'enfoncer la balle dans le canon du fusil. Il était évident que ce que le bon vieillard connaissait des armes n'allait pas au-delà du XVIIIe siècle. C'était un ardent admirateur de Frédéric le Grand, en particulier parce que ce roi avait employé à la bataille de Leuthen la tactique militaire qu'Épaminondas avait trouvée efficace contre les Spartiates dans la bataille de Leuctra, en 370 avant J.-C. Je vis qu'il fallait faire quelque chose avant que la cartouche n'explosât et saisis son fusil juste à temps. Je lui expliquai ce qu'était le fusil moderne. C'est avec un plaisir enfantin qu'il répéta plusieurs fois ce que je lui disais sur la façon de charger et de décharger un fusil. Mais, grâce à Dieu, nous ne passâmes jamais à l'action. Quel massacre des innocents c'eût été cette nuit-là si une poignée d'hommes déterminés nous avaient attaqués !

Vers 6 heures du matin, on nous renvoya chez nous. Le professeur Elben me fit un signe d'adieu. Pour la première fois, il paraissait content de moi. Quand je rentrai à la maison, je mis mon fusil de côté et découvris avec un frisson d'horreur que l'une de mes deux grenades pendait de son attache à mon ceinturon. Dans ma surexcitation, j'avais dévissé la goupille de la grenade, mais complètement oublié de la refermer.

Au bout d'un mois ou deux, l'ordre fut rétabli et je retournai à l'école, cette fois sans fusil. La vie y reprit, comme si rien n'était arrivé, avec Horace et Sophocle et autres Grecs et Romains depuis longtemps défunts. Notre *Schülerrat* disparut et notre directeur, qui nous enseignait le latin, commença à s'abandonner à d'agréables rêves de revanche. Le premier essai en latin après notre retour aux conditions normales fut, comme il convenait, sur *Exoriare aliquis nostris ex., ossibus ultor,* suivi de *Si fractus illabatur orbis impavidum ferient ruinae.* Chez moi, je lus Hölderlin pour la première fois. Je lus également les poèmes de Goethe, Rilke, Dehmel, Hofmannsthal et George, ainsi que les romans de Dostoïevski, Tolstoï, Gogol et Tourgueniev, Flaubert, Balzac, Maupassant, et toutes sortes de livres sur la préhistoire, la psychologie et l'archéologie.

En juin 1920, je passai mes examens et, le jour même, je brûlai tous mes livres scolaires. J'étais enfin libre. Les pires années de ma jeunesse étaient enfin terminées.

# 4

# Choix d'une profession

Je n'avais aucune idée de ce que j'allais faire de ma liberté récemment acquise. Tous les autres garçons semblaient connaître leur destinée. Ils entendaient devenir pasteurs, soldats, médecins, avocats ou fonctionnaires. Je pouvais déjà dire qui allait finir chanoine ou général, professeur ou *Justizrat*. Ils semblaient n'avoir ni doutes, ni hésitations, ni craintes. Moi seul étais perpétuellement *dans la lune*[1]. Je vivais dans un rêve.

Tout ce que je savais vaguement, c'est que je serais un jour poète ou dramaturge, que je détestais les affaires, que je voulais voir le monde et qu'il fallait que je m'échappe de la maison. J'étais désespérément timide, fier sans vanité, muet en présence de gens que je trouvais distingués et d'une susceptibilité maladive.

1. En français dans le texte. *(N.d.T.)*

Je ne doutais pas qu'il y eût en moi quelque talent. Mais le talent seul était insuffisant. Seule l'immortalité servirait d'assurance temporaire contre la mort, dont l'image m'effrayait déjà à cet âge.

Mais pourrais-je atteindre à cette gloire, pour laquelle j'étais prêt à mourir? Je pouvais planer, je le savais, mais jusqu'où et jusqu'à quelle hauteur mes ailes me porteraient-elles? C'était là la question qui me tourmentait jour et nuit parce que, dans mon for intérieur, je craignais la vérité : les dieux m'avaient dispensé les plus équivoques de leurs dons : des demi-dons.

Déjà, en 1917, j'avais écrit :

> *Ich töne doch der Guss klingt hohl!*
> («Je résonne, mais le métal est creux!»)

et

> *Was nützt es wohl Schwingen zu haben*
> *Nicht wie Adler*
> *Wie heiser krächzende Raben?*
> («À quoi bon avoir des ailes, non pas d'aigle,
> Mais de corbeau au rauque croassement?»)

Mon père s'impatientait et me pressait de prendre une décision. J'eus enfin une brillante inspiration : je dis que je voulais être diplomate. Les diplomates voyagent beaucoup. Mon pauvre père leva les bras au ciel et me regarda comme s'il doutait de ma raison.

« Un diplomate ! s'écria-t-il. Pourquoi pas un pape ? A-t-on jamais vu un Juif dans le service diplomatique ? Qui es-tu donc ? Un baron, peut-être ? Me prends-tu pour Bismarck ? » Il pensa enfin qu'il lui fallait prendre une décision à ma place. Il se rappela soudain que j'avais fait quelques silhouettes extraordinaires, des scènes entières de combats de rues et de guerre, découpées avec des ciseaux à ongles. Les personnages avaient à peine six millimètres de haut, ce qui prouvait à un esprit aussi pratique que le sien que j'avais une main merveilleusement légère. Que pouvait-on faire avec une main légère ? Être chirurgien ? Non, cela n'irait pas. Il ne savait de moi que peu de chose, mais se rendait compte que je ne ferais jamais un chirurgien. Tout à coup, il eut une illumination. Il avait trouvé ! Son fils serait dentiste. « Un dentiste, me dit mon père, a un revenu assuré et aucun souci pour l'avenir, parce qu'on a toujours besoin de lui. Tout être humain a des douzaines de dents et certaines d'entre elles sont appelées à se gâter. Vois notre dentiste, le Dr Goldmann, il a une villa et une auto. Je sais qu'il n'est pas très agréable de regarder dans la bouche des gens, mais il faut bien que quelqu'un le fasse. Et crois-tu que vendre du coton soit agréable ? Crois-tu que ça m'amusait de parcourir les rues des petites villes hiver comme été ? Remercie Dieu que je veuille t'épargner une vie pareille. J'ai juré que, si je pouvais me le permettre, mon fils aurait une vie meilleure que la mienne. Avec ta dextérité, tu feras un dentiste de premier ordre et tu auras beaucoup de temps pour lire. Je te procurerai la meilleure installation que l'argent puisse acheter et te garantis que toute la famille viendra chez toi. »

Ainsi parla mon père et, comme je n'avais aucune contre-proposition positive à faire, il fut décidé qu'être dentiste serait ma destinée. Quelques mois plus tard, je quittai la maison pour ma première université.

# 5

# Fribourg et Munich

Fribourg-en-Brisgau est l'une des universités d'Allemagne les plus merveilleusement situées. La Forêt-Noire touche presque la ville, le Rhin est à proximité, tout comme les beaux lacs de Titisee et de Schluchsee et le lac de Constance. La Suisse est proche, ainsi que Strasbourg et Colmar.

C'est pourquoi je choisis Fribourg pour ma première année. En Allemagne, on peut aller dans deux ou trois universités, et même davantage : Munich, Berlin, Heidelberg, Iéna, Halle et autres. Mais l'examen final doit avoir lieu à l'université de votre région. Dans mon cas, c'était Tübingen.

Ce système offre un grand avantage. Un jeune étudiant allemand peut visiter plusieurs régions de l'Allemagne et se rendre compte des marques distinctives des habitants de chacune d'elles. Heidelberg, Munich et Fribourg étaient les universités les plus connues et un grand pourcentage des étudiants venait du nord de l'Allemagne.

Dans les universités allemandes, il n'y avait ni répétiteurs ni résidences. Chaque étudiant devait trouver une chambre. Les logeuses n'étaient pas surveillées et n'avaient aucune obligation à l'égard de l'université. Les surveillants étaient inconnus. L'étudiant pouvait faire ce qu'il voulait. Il pouvait ou non suivre les cours. Tout ce qu'il avait à faire était de s'inscrire au début de chaque trimestre pour certains cours déterminés nécessaires à ses études. S'il n'avait pas envie de travailler, il échouait à son examen. Il lui appartenait entièrement de décider de ce qu'il voulait faire et du temps qu'il lui faudrait pour finir ses études.

On pouvait être un « étudiant libre » ou entrer dans l'une des nombreuses associations d'étudiants (*Verbindungen*) de la ville. On vous y procurait de la compagnie, un foyer, des uniformes pittoresques, des relations utiles pour l'avenir, des idylles. On garantissait de faire de vous un homme, un vrai Allemand : un homme qui savait lutter, boire et aimer. « Qui n'aime le vin, les femmes et la chanson reste un idiot toute sa vie. »

Ces associations différaient beaucoup en matière de rang social. Au haut de l'échelle venaient les « corps », puis *die Burschenschaften, die Landsmannschaften* et, au bas de l'échelle, *die Sängerschaften*. Les corps étaient très fermés, comme certains clubs de Londres. Le plus célèbre de tous, le Borussia, à Bonn, se vantait d'avoir eu pour membre le Kaiser Wilhelm. Pour être accepté dans un corps, il fallait être le fils d'un aristocrate, ou tout au moins d'un riche industriel. En faire partie coûtait très cher. Il fallait vivre et s'habiller dans un style approprié à la dignité élevée de son corps.

Généralement, les corps tentaient d'éviter tout contact social avec les classes inférieures. Ils restreignaient leurs duels aux membres du corps. Il pouvait leur arriver d'accepter un défi d'un *Burschenschaftler*, mais ils ignoraient avec une indifférence polie tout ce qui était « au-dessous » de ce dernier. À leur tour, les *Burschenschsfiler* appliquaient la même règle aux *Landsmannschaften*, et ainsi de suite.

Tous avaient en commun le fait d'exclure les Juifs, de mépriser les « philistins » (ou citoyens de la ville) et ils n'avaient aucun contact avec la classe ouvrière.

Chaque association avait ses « couleurs ». Chaque étudiant portait une casquette à visière et un ruban aux couleurs de son association en travers de la poitrine. L'association était dirigée par trois *Chargierten* qui, en des occasions spéciales, portaient un uniforme qui ressemblait quelque peu à celui de la Royal Horse Guards, mais, au lieu de casques, ils portaient des képis.

Chaque association avait un « major des novices » qui avait pour tâche de s'occuper des jeunes étudiants nouveaux, connus sous le nom de « novices », et de leur apprendre les bonnes manières : comment se tenir au garde-à-vous lorsqu'un étudiant plus ancien, un *Bursche*, leur adressait la parole, comment répondre à une insulte, comment prendre avec humilité les farces des membres plus anciens. En un mot, il les polissait jusqu'à ce qu'on les trouvât capables d'être des *Burschen*.

Chaque novice devait choisir un *Bursche* pour mentor. Ce mentor était censé être son ami, son protecteur et son conseiller pour toutes les questions concernant la vie et l'association. Il devait s'occuper de lui – veiller à ce que ses cheveux et ses ongles fussent coupés, qu'il fût mis avec soin, que ses souliers ne fussent pas éculés et que le pli de son pantalon fût impeccable. Il lui parlait de certains problèmes, le sexe, par exemple, et de la façon de faire l'amour sans risque d'infection. En résumé, il devait l'aider de son expérience et l'empêcher de se rendre ridicule. Généralement, le novice choisissait pour *Leibbursche* le jeune homme qu'il admirait le plus, peut-être à cause de sa force, de son panache, ou même de son intelligence.

Être choisi pour *Leibbursche* était un grand honneur et les relations entre les deux jeunes gens se muaient en une amitié durable.

Le loyalisme de l'étudiant était surtout réservé à son association. On attendait de lui que la plus grande partie de son temps, la première année en tout cas, lui fût consacrée. Il lui fallait apprendre à se battre. Ses soirées étaient largement occupées à boire et à chanter, divertissements qui se prolongeaient souvent jusqu'au matin. Le temps qui restait pouvait, s'il y tenait, être accordé à l'étude.

L'une des spécialités habituelles de tous les journaux humoristiques de l'époque (*Simplicissimus, Kladderadatsch*) était *der ewige Student*, l'éternel étudiant qui ne réussit jamais un examen et n'a jamais envie d'en réussir, mais préfère passer sa vie avec son association, craint et admiré pour ses prouesses dans les bagarres et ses capacités de buveur. Les caricatures en faisaient toujours un étudiant barbu de quarante ou cinquante ans, personnage pathétique gonflé de bière, le visage couvert de cicatrices, fumant une énorme pipe, avec un bouledogue à son côté et buvant dans une énorme chope.

Je trouvai une petite chambre non loin de l'université et, pour la première fois de ma vie, j'étais seul. J'avais emporté mes livres préférés : *Guerre et Paix*, *L'Idiot*, *Crime et Châtiment*, *Conversations avec Eckermann* de Goethe, les pièces et les essais de Kleist, Heine (que j'admirais beaucoup à l'époque) et, bien entendu, Hölderlin. Mais je n'avais pas envie de lire. J'avais assez lu. Je voulais que la vie frappât à ma porte.

Pendant deux jours, personne ne frappa. Le troisième jour, trois jeunes gens se présentèrent. Ils m'expliquèrent qu'ils étaient sionistes et désiraient me voir adhérer à leur groupe.

J'étais terriblement embarrassé. Je ne savais presque rien du sionisme et détestais le peu que j'en connaissais. Cela me paraissait non seulement un rêve insensé, mais une folie dangereuse pour les conséquences politiques qu'elle pouvait entraîner. En ce qui me concernait, j'étais d'abord allemand et juif ensuite, du fait d'un simple accident de naissance. Peut-être le sionisme était-il bon pour les Juifs russes malheureux et autres Juifs orientaux, mais risible pour un Allemand. Ce serait une trahison. Un État juif ne pourrait que fournir aux antisémites de nouvelles armes. Ils seraient capables de dire que, dans un conflit national, le point de vue des Juifs sionistes prévaudrait. Je tentai d'expliquer tout cela de façon polie et sous forme d'apologie. (Je me gardai de répéter la fameuse blague : « Qu'est-ce qu'un sioniste ? Un sioniste est un Juif qui, avec l'argent d'un autre Juif, envoie un troisième Juif en Palestine. »)

Les sionistes m'écoutèrent tranquillement balbutier mes explications, s'entre-regardèrent, consultèrent leur montre avec un sourire glacial, s'inclinèrent avec la plus raide raideur et disparurent.

Près d'une heure plus tard, on frappa de nouveau à la porte. Cette fois, trois gibelins désiraient me parler. Ils se présentèrent comme membres de la Ghibellinia, un *Waffentragende,* association juive dont les membres portaient des armes. Ils me demandèrent, eux aussi, de me joindre à eux. J'aurais de la compagnie, des amis, un club, un but commun, un idéal pour lequel vivre et lutter, du sport, des sorties, la joie de vivre, etc.

Or j'avais toujours caressé l'idée de m'affilier à cette association. Je redoutais d'être seul et ne connaissais âme qui vive dans tout Fribourg. Il me faudrait peut-être une éternité pour me faire des amis. Où passerais-je les soirées d'hiver? En outre, beaucoup d'avocats et de médecins distingués avaient été ou étaient membres de la Ghibellinia. Mon oncle Karl Elsas, que j'admirais profondément et qui avait été tué à la guerre, avait été l'un d'eux. Bref, je trouvais beaucoup de bonnes raisons pour adhérer à l'association. Évidemment, il y avait de nombreux désavantages : il me faudrait peut-être me battre, je devrais boire d'incroyables quantités d'alcool, ce que je n'avais jamais fait auparavant, et j'aurais peu de temps à moi. Il me paraissait assez absurde de renoncer, sitôt après avoir quitté l'école, à ma liberté fraîchement acquise, mais tout cela me paraissait facile en comparaison de la misère d'être seul. Voilà qui pourrait sembler n'être pas très courageux, mais je n'avais que dix-neuf ans, j'en paraissais seize, j'étais loin d'être mûr et j'étais un rêveur.

Je m'affiliai donc à la Ghibellinia.

La Ghibellinia n'était, je crois, que l'une de cette vingtaine d'« associations d'étudiants allemands de foi mosaïque » unies dans ce que l'on appelait le *Kartell Convent*. La raison essentielle de sa fondation, en 1896, fut, j'imagine, le refus des chrétiens d'accepter les Juifs parmi eux, mais le but ouvertement déclaré était de montrer au monde que les Juifs pouvaient se battre aussi bien que quiconque et qu'ils pouvaient être juifs sans en être moins allemands pour autant.

Aujourd'hui, quand on sait ce qui est arrivé aux Juifs allemands, tout cela semble avoir été une pitoyable illusion. Mais personne ne pouvait alors prévoir la tragédie à venir. Nul besoin d'être historien pour comprendre qu'il aura fallu, pour la déclencher, toute une accumulation de sujets de tension exceptionnels, la défaite de 1918, la rancœur, réelle ou imaginaire, engendrée par le traité de Versailles, le blocus après la guerre, l'aveuglement des Français en particulier et des Alliés en général en ce qui concerne l'avenir de l'Allemagne, l'inflation qui détruisit la classe moyenne allemande, le fait qu'un certain nombre de Juifs étaient des dirigeants bolcheviques et que d'autres faisaient du marché noir, l'effondrement de l'économie américaine en 1930, les sept millions de chômeurs et ainsi de suite. Ce sont tous ces motifs, et probablement d'autres causes encore, qui ont pu amener, quatorze ans plus tard, Hitler au pouvoir et rompre la digue de civilisation que des générations d'Allemands normaux avaient édifiée.

Il me faut maintenant tenter d'expliquer ce qu'était un *Waffentragende.* La plupart des associations – les corps catholiques romains étaient parmi les exceptions – acceptaient *die Mensur* et le duel.

*Die Mensur* ne pouvait guère être qualifié de duel. Généralement, l'affaire était arrangée d'avance avec une autre association et une rencontre avait régulièrement lieu chaque année. Parfois, une vingtaine d'étudiants s'affrontaient, mais cela n'avait rien de dangereux. Les adversaires étaient empaquetés d'épais bandages et seule la tête restait découverte, des lunettes protégeant les yeux. Ils se faisaient face à une distance d'un mètre environ, le bras gauche derrière le dos, le bras droit levé, rigide, au-dessus de la tête, de sorte que le coup ne pouvait venir que du poignet. L'arme était une lame aiguë, longue et mince, légèrement flexible, appelée *Schläger,* et, à un signal donné, les adversaires commençaient le combat, durant lequel ils étaient soumis à une stricte surveillance. À la moindre faute, le combat était interrompu et si, l'année suivante et en dépit de sérieux avertissements, la même chose se reproduisait, le coupable était banni de son association *cum ignominia*. Si vous aviez de la chance, vous récoltiez ce qu'on appelait un beau *Durchzieher*, un coup bien droit qui vous fendait la joue et faisait parfois sauter quelques dents ; mais si vous n'en aviez pas, vous receviez un coup sur la bouche ou sur le nez, ce qui était fort déplaisant. Recevoir un coup droit était le rêve de tous les étudiants de tous les corps, mais n'importe quelle cicatrice valait mieux que pas de cicatrice, car c'était la preuve que vous étiez quelqu'un de supérieur, un « universitaire ». Tout le reste de votre vie, vous portiez l'impérissable marque qui vous distinguait de la foule.

Le duel était plus sérieux. Il y en avait de plusieurs sortes, selon l'importance de l'insulte. Si, par exemple, vous traitiez un étudiant de « vieil imbécile », un duel au sabre léger était considéré comme suffisant ; mais si vous traitiez son père de trafiquant, sa mère de catin, ou si vous émettiez des doutes sur la vertu de sa sœur, l'honneur ne pouvait être satisfait que par un duel au sabre lourd.

Peu de temps après mon adhésion à la Ghibellinia, je compris que j'avais commis une erreur. Les leçons quotidiennes de passe d'armes ne m'ennuyaient pas – j'y prenais même du plaisir – mais je détestais *die Kneipe*, réjouissances hebdomadaires et beuveries, où l'on devait chanter des *Studenten Lieder* (parfois de vieilles et de belles chansons traditionnelles mais le plus souvent un tas de sottises sentimentales) et boire d'incroyables quantités de mauvaise bière. Quatre litres au cours d'une soirée, c'était la règle plutôt que l'exception. Tandis que les heures passaient, l'épaisse fumée des cigares et des pipes emplissait l'air. Les étudiants allaient vomir et revenaient boire encore, tandis qu'un chœur entonnait des chansons obscènes. Bien après minuit, nous rentrions chez nous, les moins ivres aidant les ivres morts. Des fenêtres s'ouvraient, des gens dérangés dans leur sommeil nous criaient des injures et des bagarres s'ensuivaient. Je me rappelle K. affalé sur une boîte aux lettres en train d'uriner et Z., si ivre que, lorsque nous pûmes enfin le ramener chez lui, il fallut le déshabiller et l'attacher à son lit avec des cordes parce qu'il menaçait de mettre les meubles en pièces. Un autre camarade qui s'était cru dans sa chambre fut retrouvé par la police endormi sous un réverbère, nu comme un ver, tous ses vêtements nettement pliés à côté de lui.

Ce tableau peut paraître exagéré, mais c'est ainsi que je me le rappelle au bout de trente-sept ans. Si toutes les soirées ne se terminaient pas dans l'hébétude et l'ivresse, cela arrivait souvent quand même. Ce qui rend la chose assez étrange, c'est que les Juifs, en général, sont plus sobres que les non-Juifs (c'est, en tout cas, ce que j'ai pu observer). Seulement les étudiants juifs voulaient prouver aux chrétiens qu'ils étaient capables d'être aussi déraisonnables, aussi stupides et aussi capables de boire que les pires d'entre eux ! Je suis certain que nous n'y prenions guère de plaisir mais voilà, il fallait en passer par là.

En règle générale, les chrétiens nous laissaient tranquilles, mais, de temps à autre, certains d'entre eux nous montraient à quel point ils nous haïssaient. Parfois, par exemple, quand j'entrais dans la salle de conférences portant les couleurs de la Ghibellinia, ils se mettaient à trépigner. Ou les jours de fête, quand toutes les associations, bannière au vent, parcouraient les rues de Fribourg, celle qui se trouvait derrière nous tentait de rester aussi loin que possible. Et ainsi de suite.

Mais cela ne se produisait que rarement. Les Juifs étaient considérés *nicht satisfaktionsfähig*, ce qui signifiait qu'un chrétien ne provoquait pas un Juif en duel, pas plus qu'il n'acceptait un défi d'un Juif.

Nous étions spécialement préparés à cette éventualité. Si quelqu'un m'insultait, il me fallait aller droit à lui et, après avoir claqué des talons, lui dire : « Votre carte, je vous prie, *mein Herr.* » S'il me répondait : « *Ich gebe Juden keine Satisfaktion* », je devais le gifler, insulte si grave qu'il était alors tout simplement obligé de me provoquer en duel.

Heureusement, il ne s'agissait pas uniquement de boire et de se battre. Sinon, j'aurais démissionné aussitôt. Parmi les trente ou quarante Juifs de notre association, il y avait un grand pourcentage de garçons extrêmement intelligents. (J'ai rencontré, il y a quelques années, mon ancien « chef des novices », maintenant distingué spécialiste du cœur en Angleterre, et F., aujourd'hui professeur à Harvard.) Nous allions souvent nous promener le long du Rhin en récitant des poèmes, ou nous passions des journées dans la Forêt-Noire. La guerre était loin derrière nous, presque oubliée, et la vie continuait à l'université comme si rien n'était arrivé.

Il y avait des moments de bonheur et, somme toute, je me souviens de mon année à Fribourg avec un certain plaisir.

Mais j'étais venu pour étudier l'art dentaire. Je me renseignai donc sur les cours qui, selon mes informations, avaient quelque chose à voir avec le sujet choisi. Peu de gens semblaient y connaître grand-chose, mais quelqu'un me dit que l'anatomie était probablement essentielle. Je m'inscrivis donc à des leçons d'anatomie. Quelqu'un d'autre me dit que j'aurais besoin de couteaux et j'achetai une série de jolis petits couteaux, puis me mis à la recherche du bâtiment où l'on enseignait l'anatomie.

Je n'avais encore jamais vu de cadavre et j'étais malade de peur et d'appréhension, surtout à l'idée de m'évanouir avec sur moi les couleurs de la Ghibellinia, ce qui ridiculiserait mon association.

Je suivis un long couloir à l'extrémité duquel je lus « Anatomie » écrit en grosses lettres au-dessus d'une porte. Un homme en blouse blanche m'arrêta et me demanda ce que j'étudiais. « L'art dentaire, dis-je. – Venez, je vais vous donner votre tête. » Je le suivis. Il alla jusqu'à un coffre et en souleva le couvercle. À l'intérieur, pendues à des crochets à saucisses, il y avait une douzaine de têtes. Il en prit une et me la tendit. Portant ma « tête » avec précaution comme s'il s'était agi d'un ballon de football couvert de boue, je suivis l'homme dans la salle des cours. Partout, je voyais des socles couverts de chair et des étudiants en train de la découper.

Deux hommes poussèrent un chariot sur lequel reposaient une demi-douzaine de cadavres d'hommes et de femmes (il n'y avait pas pénurie de cadavres grâce aux émeutes dans la Ruhr, me dit-on).

Chose bizarre, je n'éprouvai aucune horreur, mais une étrange curiosité, comme si je n'avais rien à voir avec tout cela. Toute cette besogne me paraissait absolument irréelle, un rêve à propos d'une gigantesque boutique de boucher dont je m'éveillerais pour prendre, comme à l'ordinaire, mon petit déjeuner. Je ne sais pendant combien de temps je regardai autour de moi. Je m'approchai enfin d'un homme en blouse qui avait l'air d'un professeur et lui demandai ce que je devais faire de ma tête. Il désigna du doigt une table de bois, sur laquelle je la posai. « Dénudez le *musculus auricularis* », dit-il. Je lui demandai où je pourrais trouver le *musculus*. « Derrière l'oreille, évidemment », répondit-il. Puis il s'en alla.

Je m'assis et regardai fixement la monstruosité devant moi. C'était la tête d'un homme d'un certain âge avec quelques dents, non rasé, et dont le nez évoquait de la pâte à modeler desséchée. Il me rappelait notre vieux facteur à Stuttgart. Peut-être était-ce lui ? Qui sait ? Peut-être était-ce un mineur de la Ruhr ? Ou un Bavarois tué dans les bagarres de Munich ?

Je crains bien de n'avoir pas fait beaucoup de découpage ce jour-là ni le lendemain. De fait, j'abandonnai le *musculus auricularis*. Quelques semaines plus tard, je rentrai à la maison et dis à mon père que je ne continuerais à aucun prix l'étude de l'art dentaire, mais désirais étudier l'histoire de l'art. Je n'y connaissais pas grand-chose, mais j'aimais la peinture et, pour moi, cela signifiait voyager : Florence, Rome, Athènes, et peut-être même le Mexique.

Mon père était horrifié, non seulement parce que je rejetais une merveilleuse carrière, mais à cause de mon nouveau choix. « L'art ! s'écria-t-il. L'art ! Comment peut-on gagner sa vie avec l'histoire de l'art ? »

Une semaine plus tard, il alla voir des marchands de tableaux et des conservateurs de musée à Stuttgart. Il voyagea même jusqu'à Munich pour s'entretenir avec Drey et Bernheim, marchands d'antiquités de réputation internationale, qui étaient apparentés aux Elsas.

Il revint au bout de cinq jours. «Je suis fatigué et j'en ai plein le dos, déclara-t-il. Tout le monde me dit que l'histoire de l'art est un luxe. Me prends-tu pour le baron de Rothschild? Je te donne vingt-quatre heures pour te décider. Ou tu entres dans mon entreprise, ou tu étudies le droit.»

J'attendis vingt-quatre heures et lui dis que j'avais décidé d'étudier le droit. Je détestais le commerce et espérais que trois années à l'université, loin de la maison, me donneraient du temps et de l'expérience.

Je vendis mes couteaux, achetai des livres d'études juridiques avec cet argent et retournai à Fribourg.

Peu de temps après mon retour, ce fut une excitation générale : un duel allait avoir lieu. Weil, de la Ghibellinia, avait provoqué Meier, de l'Alamannia, et le défi avait été accepté.

Voici comment la chose était arrivée : un soir, six gibelins étaient assis dans un cabaret à leur table habituelle. En face, il y avait une douzaine d'étudiants de l'Alamannia. Tout à coup, un garçon de haute taille se leva, vint à notre table et, regardant mon ami Weil d'un air féroce, dit d'une voix retentissante, entrecoupée de quelques hoquets : «Cesse de me dévisager de façon si ridicule avec tes stupides yeux de vache.»

Il y eut un silence mortel. Weil se dressa d'un bond et, tenant sa casquette de la bonne façon, à angle droit sur sa poitrine, dit d'une voix forte et virile : « Votre carte, je vous prie, *mein Herr.* »

Les deux garçons échangèrent leurs cartes, firent ensemble claquer leurs talons, s'inclinèrent avec raideur et, le soir même, deux membres de notre association se rendirent cher Herr Meier – c'était son nom – et le provoquèrent en duel. Le défi fut accepté. Un tribunal, qui consistait en trois d'entre nous et trois de l'Alamannia, fut constitué. Le sang devait couler et le sabre léger fut imposé.

Deux jours après mon retour à Fribourg, à 5 heures du matin, j'étais en route pour le lieu de rencontre. La matinée était fraîche, claire et sereine. Je marchais lentement le long de la rivière, bordée de cerisiers et de jeunes saules, et, au bout d'une heure, j'arrivai à une petite auberge, Les Trois Boules de neige, lieu bien connu pour les duels. Les duels étaient totalement interdits. C'était écrit noir sur blanc dans *Das Deutsche Strafgesetzbuch*, le code criminel allemand, mais, bien entendu, tout le monde savait que cette loi était lettre morte. On ne pouvait pas ne pas voir les visages des jeunes gens couverts de pansements. De temps à autre, la police dépêchait à pied un policier boiteux et un autre borgne pour surprendre les coupables. Voilà pourquoi j'avais dû me lever à 4 heures et marcher pendant une heure jusqu'à ce café éloigné.

Les Trois Boules de neige était agréablement situé dans une vallée, lieu favori pour les excursions du dimanche (on venait aussi y manger du porc rôti à la compote de pommes).

Après quelque hésitation, j'entrai dans une longue salle. Il y avait là des tables et, sur les murs, des épées croisées, ainsi que les armoiries des principales associations. Quelque soixante ou soixante-dix étudiants étaient assis à califourchon sur des chaises, chacun avec sa chope de bière et sa pipe – certaines de ces pipes avaient un mètre vingt de long – et attendaient le commencement du duel.

Les deux adversaires étaient déjà nus jusqu'à la ceinture. Tous deux avaient décidé de se protéger le cou et la région du cœur, mais avaient renoncé aux lunettes à visière, leurs yeux étant suffisamment préservés par une épaisse arcade sourcilière. Les témoins inspectèrent les sabres, leur poids et la finesse du tranchant, puis l'arbitre consulta sa montre.

À 6 h 15, tout était prêt pour le combat. L'arbitre fit le bref discours habituel, expliquant que le duel était illégal et invitant les duellistes à se réconcilier (bien entendu, personne n'attendait de réponse). Puis il s'écria : «*Achtung, los !*» et l'on n'entendit plus que le cliquetis des sabres.

1<sup>er</sup> assaut : Clic, clic, clic, clic.

2<sup>e</sup> assaut : *Idem*.

3<sup>e</sup> assaut : Weil touche Meier au-dessus de la tête.

4<sup>e</sup> assaut : Meier touche Weil.

5<sup>e</sup> et 6<sup>e</sup> assauts : Weil touche Meier et Meier touche Weil.

Du 7<sup>e</sup> au 10<sup>e</sup> assaut : Aucun résultat.

11<sup>e</sup> assaut : Weil marque un point. Meier ne se sent pas bien et doit s'asseoir. Ses témoins et quelques amis s'occupent d'étancher le sang.

12<sup>e</sup> assaut : Meier se remet et marque un point. Meier et Weil ne se sentent pas bien et doivent s'asseoir.

13<sup>e</sup> assaut : C'est moi qui ne me sens pas bien, mais j'avais eu la prudence de me placer près d'une fenêtre, d'où je voyais les vergers plantés de cerisiers et au-delà, dans le lointain, la Forêt-Noire. Pendant les vingt assauts suivants, je ne bougeai pas de ma fenêtre, feignant de mon mieux d'être ennuyé par toute la cérémonie. Mais, quand je me retournai, je vis les deux combattants encore debout, le visage ensanglanté, mais maintenant très fatigués et oscillant doucement dans un air chargé d'une odeur de bière et de fumée, essayant de se frapper mutuellement, mais avec aussi peu de force que deux ivrognes armés de plumes de paon.

Il y eut encore d'autres assauts, quatre coups à chaque assaut. De vrais héros ! Ils s'asseyaient, se relevaient et se rasseyaient, jusqu'à ce qu'on en arrivât au dernier assaut et qu'un jeune étudiant en médecine de deuxième ou troisième année se mît à les raccommoder et à suturer leurs plaies. Les courageux héros étaient assis, les jambes écartées, tenant encore leur sabre, mais de la main gauche. Chacun avait à la main droite une énorme chope de bière.

Le résultat fut alors annoncé. « Hourra, une victoire pour nous ! Hourra ! Six points pour nous ! »

Meier avait besoin de douze points de suture et Weil de dix-huit, ce qui nous donnait donc un avantage de six points.

Nous nous précipitâmes pour serrer la main tremblante de notre héros. Dans la mesure où il était possible de voir son visage verdâtre, il souriait avec fierté, mais il sentait affreusement l'éther. Nous bûmes copieusement, chantâmes longtemps avant de rentrer, péniblement, ivres mais fiers.

Durant mon séjour à Fribourg, de nombreux étudiants adhérèrent à un mouvement de jeunesse qui prit de l'importance d'année en année : *die Wandervögel.* C'était une réaction contre la guerre, la mécanisation et les grandes villes abrutissantes. Le retour à la nature, source de force et de joie, en était la devise. Les jeunes portaient des sandales, des shorts et des blousons, jouaient de la mandoline ou de la guitare, partaient pour de longues promenades dans les bois ou les forêts en compagnie de jeunes filles dont la plupart étaient vêtues du costume national tyrolien. Ils chantaient des chansons traditionnelles et dansaient des danses villageoises. La sexualité devait être totalement étouffée et les relations idéales entre un homme et une femme étaient censées être une sorte de confiante camaraderie. Cela menait parfois à de épreuves d'endurance, à mon avis exagérées : ainsi, par exemple, se mettre au lit avec une jeune fille et – comme Siegfried avec Brunehilde – ne pas la toucher. Voilà ce que firent deux de mes amis : ils passèrent toute une semaine en montagne dans la Forêt-

Noire et partagèrent une hutte solitaire avec deux jeunes filles, et rien de plus effroyable ne se produisit que faire la cuisine, chanter, réciter des vers et contempler les étoiles.

Deux livres eurent alors une énorme influence sur ce mouvement. Tous deux étaient l'œuvre de Hermann Hesse, *Demian* et *Knulp* – surtout *Demian*, qui, pour autant que je m'en souvienne, contenait une forte dose de mysticisme oriental, non sans danger pour la jeune génération sans expérience qui la dévorait si avidement. Il prêchait l'inaction, une vie d'acceptation, de contemplation et de méditation. Quelques-uns de mes amis tombèrent complètement sous le charme de *Demian*. Ils refusaient de suivre les cours, se considéraient comme des « outsiders » et, lorsqu'on les dérangeait, murmuraient : « *Der Gott heisst Abraxas* » (« Le nom de Dieu est Abraxas »). Je tentai de mettre la main sur un exemplaire de *Demian* pour découvrir le sens mystérieux de cette phrase obscure, mais en vain.

Dans certains cas, vivre retiré du monde et mener une existence en marge était considéré comme idéal. Je rencontrai un jour un *Wandervogel* de retour d'une retraite de quelques semaines dans les montagnes de Pologne. Il était entouré d'une foule admirative de *Wandervögel* de moindre rang. « Quand nous rencontrerons-nous de nouveau ? » demanda quelqu'un au héros, grand jeune homme à l'air assez rébarbatif. « Vendredi, le 18 juillet, à 14 h 15 pile à la fontaine Nervi à Rome », répondit-il. Et je dois dire que nous fûmes tous profondément impressionnés.

Mais c'était, somme toute, un mouvement sans danger.

Plus tard, hélas, il tomba sous l'influence nazie et les Juifs durent constituer des groupes à part.

Après une année à Fribourg, je décidai d'aller à Munich. Mais, avant de partir, il me fallait démissionner de la Ghibellinia. Je n'étais plus seul ; mon meilleur ami résolut de démissionner en même temps et de partir avec moi. Et Munich offrait tant de distractions, de musées et de théâtres qu'il nous semblait inutile d'appartenir désormais à une association quelconque.

Mais ma principale raison de démissionner fut notre dernier *Kneipe*. À quelques kilomètres de Fribourg, surplombant la ville, il y avait une auberge. J'en ai oublié le nom, mais je puis sentir encore l'odeur des tilleuls.

C'est là que se réunissaient les gibelins. La soirée était merveilleusement douce. C'était la pleine lune et les blés mûrissants se dressaient, tout dorés, sur un fond de forêt. J'ai vu récemment une toile de Samuel Palmer représentant un champ de blé au clair de lune et elle m'a rappelé aussitôt ce champ de blé près de Fribourg.

Comme à l'ordinaire, la soirée commença de manière assez agréable par des chansons, mais, cette fois, au lieu de bière nous buvions du vin. Peu à peu, le nombre de ceux qui étaient ivres augmenta, les chansons retentirent comme des hurlements, puis ce fut le chaos. L'un des *Chargierten* brisa toutes les ampoules électriques avec son *Schläger*, un autre cassa alors tous les verres et les chaises.

Au beau milieu de la soirée, je sortis, éméché mais non ivre, et m'étendis dans les blés. Je dois y avoir dormi pendant quelques heures.

Quand je m'éveillai, tout était silencieux. La lune était toujours là et les blés semblaient déjà colorés par les rayons du soleil encore invisible. J'entendais le faible bruit des épis oscillant dans la brise et toute ma vie, présente et passée, me sembla brusquement dépourvue de sens. Quand je me levai, je vis mon ami P. près de moi. Ses yeux étaient grands ouverts, ses mains pleines d'épis, et ses cheveux luisaient sous la lumière de la lune.

Alors, à voix basse, je récitai l'un des plus beaux poèmes de Dehmel, qui commence ainsi :

*Wenn die Felder sich verdunkeln,*
*Fühl ich wird mein Auge heller,*
*Schon versucht ein Stern zu funkeln,*
*Und die Grillen wispern schneller.*

Nous parlâmes de la vie et de ce que, imaginions-nous, elle devait nous offrir. Nous étions jeunes, innocents et stupides. Je regagnai enfin l'auberge. Tout semblait y être tranquille, mais par terre, dans les lavabos, je découvris un garçon ivre encore endormi.

Je le laissai et, lentement, ivre moi-même de joie et de désirs inattendus, je traversai les vignobles et les prairies pour gagner Fribourg – où je ne suis jamais retourné.

Avant, pendant et après mon séjour à Fribourg, il y avait des bagarres entre les communistes et ce qu'ils appelaient les « réactionnaires ». Il y eut des morts dans la Ruhr en 1920 et à Thuringe en 1921. Le putsch de Kapp échoua et les Français occupèrent

Francfort, Hambourg et Darmstadt, puis, en mai 1921, Düsseldorf et Duisbourg. Ils tentèrent d'amener la population de la Rhénanie à former un État indépendant, un protectorat français, mais furent vaincus par la volonté du peuple.

En Bavière, Eisner, le ministre-président, un « rouge », fut assassiné. Beaucoup de gens périrent dans les combats de rues. Après la terreur rouge vint la terreur blanche. Ce séparatisme bavarois était fort et le gouvernement de Berlin trop faible pour intervenir. Un drôle de petit homme moustachu fit des discours dans lesquels il rendait responsable de la défaite allemande une conspiration mondiale juive. Le *Miesbacher Anzeiger* déclara que le leader de la conspiration avait été le « demi-Juif » Édouard VII, fils illégitime de Disraeli et de la reine Victoria. Erzberger fut assassiné dans la Forêt-Noire parce qu'il avait signé l'armistice de 1914.

J'arrivai à Munich à l'automne 1921. Il y avait alors une terrible pénurie de logements et je demandai au garçon du restaurant de la gare s'il connaissait des chambres à louer. « Aucun espoir », dit-il. Une femme m'arrêta. « Allez au numéro 236 A de la rue Maximilien. Troisième étage. Vous y trouverez une chambre. »

Je me confondis en remerciements, pris un taxi et me rendis à cette adresse.

Quand je frappai à la porte, une femme à demi vêtue m'ouvrit. Deux ou trois autres femmes en robe de chambre étaient debout au fond de la pièce.

J'expliquai que j'étais venu pour louer une chambre. Une dame d'un certain âge habillée de noir et au sourire accueillant m'invita à entrer. Je lui dis ce que je désirais et elle m'assura avec la plus grande amabilité qu'elle pouvait me donner ce que je voulais.

« Pour combien de temps la voulez-vous ?

– Pour six mois au moins », répondis-je.

Ma réponse amena chez elle un changement extraordinaire. Elle avait l'air incrédule, ébahie, abasourdie même.

« *Combien de temps* avez-vous dit ?

– Six mois, répétai-je, mais, si cela vous paraît trop court, je veux bien la prendre pour un an. »

La dame me regardait maintenant comme si elle avait vu l'une des sept merveilles du monde. Lorsqu'elle comprit que j'étais sérieux et ne me moquais pas d'elle, elle sourit de nouveau.

« Six mois ! Oh non ! oh non ! dit-elle. Six *heures*, oui, mais six mois, ça n'irait pas du tout »

Je la dévisageai et, brusquement, j'eus l'étrange impression que l'endroit était un peu bizarre. Je m'excusai, m'inclinai poliment, avec une grande dignité, et m'en allai. Il y avait maintenant dans la pièce beaucoup de jeunes femmes en négligé et presque toutes tricotaient, mais quoi ? Je n'en avais pas la moindre idée.

De là, je repris un taxi jusqu'à l'université. Il y avait si peu de chambres disponibles que toute une foule d'étudiants attendait déjà que le portier de l'université clamât l'adresse de deux ou trois qui venaient de se libérer. Je courus tout aussitôt à la première mais je fus dépassé en route par des coureurs à longues jambes et des cyclistes.

Le lendemain, je fus plus avisé. J'attendis dans un taxi que mon ami P. me criât une adresse, puis me mis en route et arrivai longtemps avant les autres.

Frau Wurbs – c'était le nom de ma future logeuse – était agréable, mais d'une incroyable stupidité bavaroise. Des siècles de consommation de bière à forte teneur en alcool n'avaient accru ni la beauté ni l'esprit des Bavarois. Les habitants des régions les plus montagneuses de la Bavière me frappaient toujours par leur faible niveau d'intelligence et je crois facilement comprendre pourquoi cette partie de l'Allemagne a été le berceau du nazisme. Nulle part ailleurs Hitler n'aurait pu être plus à même de remporter son succès initial, parce que nulle part ailleurs il n'aurait pu trouver de tels records d'indolence, de provincialisme étriqué et de haine à l'égard de tout ce qui est étranger.

En tout cas, j'obtins ma chambre. Elle était propre et peu onéreuse. Par une coïncidence extraordinaire, mon ami P. en trouva une non loin de là, dans une maison appartenant à une Frau Wurbser, nom qui, s'il était traduisible, ne pourrait l'être que par Mme « Encore-plus-Wurbs ».

Il me faut avouer que j'ai passé à Munich une année assez paresseuse. En dépit de la guerre et de la révolution, c'était une ville assez pleine de tentations pour qu'un jeune homme y étudiât aussi peu que possible. Il y avait de beaux musées, dans l'un desquels je vis pour la première fois quelques peintures de Van Gogh, qui me frappèrent alors comme parfaitement horribles ! Des tournesols d'une couleur que je n'aurais jamais crue possible, un autoportrait avec une oreille coupée, se détachant sur un fond d'un vilain vert…

Il y avait d'excellents théâtres et un merveilleux opéra, mais ce qui me séduisait le plus était l'environnement magnifique et, à une heure ou deux seulement de là, les beaux lacs, le Starnberger See, l'Ammersee, le Chiemsee, ainsi que les Alpes bavaroises, les monastères et les églises baroques, et, au-delà, les montagnes autrichiennes, et... l'Italie. En hiver, je faisais du ski pendant les week-ends. Seule l'inopportune arrivée du printemps mit fin à mon sport favori.

Mais le charme auquel je succombai avec insouciance et le plus complètement pendant tout un mois fut celui du carnaval de Munich de février 1922. Une sorte de danse de Saint-Guy, une véritable épidémie, sembla s'emparer de la population de Munich. La ville entière fut prise d'une folie de danse et tout le monde n'avait qu'une seule idée : oublier la guerre, la révolution, la grisaille de la vie et la situation économique désespérée de l'Allemagne.

C'est Lichtenberg, je crois, qui a dit : «Après une guerre, il est nécessaire d'écrire des comédies.» Il aurait pu ajouter : «Après une guerre, il est nécessaire de danser et de jouir de la vie.»

Or les régions catholiques de l'Allemagne, surtout Cologne et toute la Rhénanie, mais également la Bavière, ont toujours été célèbres pour leurs carnavals : ils sont probablement une sorte de soupape de sécurité.

Une fois par an et pendant quatre semaines, une sorte de fièvre contamine des villes entières. Pendant un mois, prudence et raison sont oubliées et un esprit païen règne en maître.

Pendant la guerre, tout cela, bien entendu, avait cessé, mais à présent, comme jamais auparavant peut-être, le besoin de s'amuser à tout prix et de tout oublier s'emparait de l'université… et de moi-même. On voyait même des professeurs affublés d'un faux nez danser avec les plus séduisantes des étudiantes.

Tous les soirs, pendant quatre semaines, il se passait quelque chose, au moins deux ou trois bals, et pendant quatre semaines je rentrai rarement avant l'aube. Parfois, j'allais directement du bal à l'université ou prenais le train, le matin de bonne heure, pour aller faire du ski dans les montagnes.

En dépit d'une telle agitation et d'une alimentation insuffisante ou mauvaise, je me portais parfaitement bien. Je dépensais tout mon argent pour la danse, le théâtre, l'opéra et les voyages et, comme beaucoup de jeunes gens, essayais d'économiser sur la nourriture. Je mangeais dans les restaurants les moins chers et me bornais surtout aux pommes de terre, aux saucisses, au pain et au fromage.

Je ne négligeais quand même pas complètement mes études. J'allais aux cours de droit criminel, commercial et civil, mais aussi aux fameuses causeries de Wölfin sur l'art et aux conférences de Kutscher sur l'histoire du théâtre. Je passais tout mon temps disponible dans les musées de Munich et les après-midi de beau temps dans l'Englische Garten.

Cette année universitaire aurait été pour moi la plus insouciante si un événement n'était venu assombrir mes espoirs de bonheur : l'assassinat de Rathenau le 18 juin 1922. C'était un coup terrible porté non seulement à la République démocrate allemande, mais également à la communauté juive, et j'en souffris et en tant que démocrate et en tant que juif.

Un autre événement m'emplit de honte et de désespoir. Ebert, le président allemand, vint à Munich. Il n'y avait presque personne à la gare pour l'accueillir. C'était pitoyable de le voir soulever son chapeau haut de forme devant quelques personnes qui le regardaient fixement dans un silence mortel ou agitaient vers lui des caleçons de bain rouges. La raison de cette étrange démonstration était un acte infâme perpétré par le journal « démocratique», le *Berliner Illustrierte.* Un membre du personnel avait découvert une vieille photographie d'Ebert, de Noske et autres leaders syndicalistes ouvriers en caleçons de bain. Les images d'Ebert et de Noske avaient été énormément agrandies et figuraient en première page. Or Ebert était un homme de petite taille ventru, avec une moustache et une barbiche appelée *Knebelbart*, et ce portrait du président du Reich en caleçon exposé dans toute l'Allemagne fut accueilli avec des rires et du dégoût par ses millions d'ennemis politiques et avec embarras par ses amis et tous ceux qui croyaient en une nouvelle et forte république. Je ne sais si les Ullstein – propriétaires du journal – étaient au courant de cette méprisable ruse, mais son responsable causa le plus grand tort à la jeune république.

Je quittai Munich pour Tübingen. Après quoi je commençai à prendre la vie au sérieux. Plus de théâtre, plus de danse, plus de livres, ceux de droit exceptés. Il me fallait tenter de réussir en une année ce que j'aurais dû faire en trois ans.

# 6

# Tübingen

Tout le monde a entendu parler de Heidelberg et de son université, mais je préfère Tübingen. Tout comme Heidelberg, c'est une vieille ville gothique sur le Neckar, qui coule doucement, bordé de rangées de platanes et d'une étroite langue de terre où se succèdent vergers, vignobles et résidences estivales. De là, des maisons médiévales à haut pignon escaladent la pente, couronnée par un château aux lourdes tours, avec une grille Renaissance magnifique aux armes du duc de Wurtemberg et portant la devise : *Honni soit qui mal y pense* [1]. Du château, on gagne une terrasse d'où l'on a une vue dont je me souviendrai toujours quand j'entendrai prononcer le nom de Tübingen : très bas au-dessous, le Neckar, des bateaux conduits à la

1. En français dans le texte. *(N.d.T.)*

perche le long de la lente rivière ; dans le lointain, le Hohenzollern, l'Alb souabe et les collines de la Forêt-Noire.

La ville elle-même est petite, mi-ville, mi-village, avec une belle place du marché et un hôtel de ville Renaissance. Autour de la place, il y a un labyrinthe de vieilles rues étroites habitées par les *Gogen*, des viticulteurs réputés pour leur vin suret, leur rudesse et leur grossièreté, leur dialecte spécial, difficile à comprendre même pour les Souabes, dont le propre langage est un complet mystère pour tous les non-Souabes. Les dictons des *Gogen* ont été recueillis par des générations d'étudiants, et même édités, mais je doute que dans toute la littérature européenne on puisse trouver quelque chose d'aussi grossier et d'aussi cru. Peut-être pourrai-je donner une idée de la saveur des *Gogen Witze* en citant l'exemple le plus anodin qui me vienne à l'esprit.

Un professeur d'université pénètre par hasard dans un vignoble.

Le *Gog* : « Que fais-tu dans ma vigne, espèce de sale fils d'une sale pute ? Je ferai sauter ton zizi si tu ne disparais pas tout de suite ! »

Le professeur : « Mais, cher monsieur, je ne l'ai pas fait exprès ! »

Le *Gog* : «Je sais, je sais. C'est pourquoi je commence par te parler de façon si amicale.»

En automne, les rues étroites du quartier des *Gogen* étaient presque impraticables : d'énormes tonneaux de vin et des pressoirs bloquaient les voies et l'air était saturé d'une très particulière odeur de vin, de raisin, de bois de hêtre empilé pour l'hiver et de chrysanthème. Et, surplombant tout cela, il y avait le vieux château qui séparait la ville du village. Mais, pour moi, la gloire principale de Tübingen n'est pas l'université, célèbre pour son haut niveau d'enseignement et ses examens les plus difficiles, ni le château, ni la belle place du marché, ni le fameux monastère où Melanchthon broyait du noir et où Hegel, Mörike et, à une époque plus récente, Hermann Hesse passèrent des années d'une vie dure et austère avant d'être ordonnés pasteurs protestants. (Hesse, pour autant que je le sache, n'alla pas jusqu'au bout de l'épreuve.) Non, pour moi, l'endroit le plus sacré de Tübingen est la tour dans laquelle Hölderlin, le plus grand poète d'Allemagne, a vécu, dément, de 1806 à 1843, jusqu'à sa mort à l'âge de soixante-quatorze ans. Presque inconnu durant sa vie il était quasiment oublié jusqu'à ce que le premier volume de Hellingrath parût en 1914. Et une prophétie faite en 1804 se réalisa : « Comme une étoile, Hölderlin se lèvera dans le firmament littéraire de l'Allemagne lorsque celle-ci pourra soutenir le choc d'une poésie d'une telle magnificence de vision et d'une telle simplicité d'expression. » Rilke et George le proclamèrent un grand maître et la nouvelle génération allemande les suivit. Je l'ai découvert, moi aussi, avec une émotion que nul autre poète n'a jamais éveillée en moi. Je ne pouvais jamais passer devant la tour sans imaginer le vieil homme qui y vivait seul, inconnu, objet de moquerie pour les étudiants, qui ignoraient se trouver en fait en présence de Phaéton, « qui, ayant appris qu'Hélios était son vrai père et tourné en ridicule parce qu'il revendiquait cette parenté divine, se rendit au palais du Soleil et réclama le privilège de conduire son char un seul jour pour prouver sa naissance. D'abord, tout alla bien, mais le conducteur inexpérimenté perdit bientôt tout contrôle des fougueux coursiers du soleil, s'écarta du chemin battu et s'approcha si près du soleil qu'il s'enflamma. Alors Zeus le foudroya et précipita son corps dans la rivière Eridanus ».

La ville était dans un triste état. Depuis 1914, rien n'avait été reconstruit. Le plâtre des vieilles maisons s'était tellement écaillé qu'elles avaient l'air de souffrir d'une maladie de peau. Dans les rues principales, la chaussée évoquait des vagues de tôle ondulée et tout avait un air pauvre et déprimant. La plupart des étudiants étaient misérablement vêtus de vieux vestons d'avant-guerre d'un gris verdâtre et tout rapiécés. Ils portaient des chaussures à semelles de bois, à talons de fer et aux lacets de papier. Les boutiques étaient vides et l'inflation battait son plein.

Il faut s'être trouvé en Allemagne pendant les années 1922-1923 pour savoir ce que signifie l'inflation. Il est aussi difficile de l'expliquer que de parler de la neige à un aveugle. Les résultats économiques sont aisément compris, mais décrire l'impression qu'on éprouve au milieu d'un tel maelström est chose différente. Je ne sais comment ou pourquoi cela survint. Était-ce une habile et brutale manœuvre du gouvernement pour rendre le paiement des dommages de guerre impossible, ainsi qu'il a été allégué? Une fois le mouvement déclenché, le gouvernement perdit-il tout contrôle de la situation? Était-ce une conséquence nécessaire de la guerre perdue?

Tout ce que je sais est que, une semaine, mon père m'envoyait un million de marks pour me permettre d'acheter des provisions (si j'avais la chance d'en trouver) et que, la semaine suivante, c'étaient dix millions, celle d'après cent millions, plus tard encore des milliers de millions et, enfin, un milliard, avec lequel je ne pouvais presque rien avoir.

La classe moyenne était complètement ruinée. Mes deux grands-mères, riches en 1920, pouvaient vivre à l'aise avec l'intérêt de leur capital. Elles étaient deux pauvresses à la fin de 1923, qui seraient mortes dans la misère la plus abjecte sans l'aide de leurs enfants. En quoi elles avaient plus de chance que les millions de gens âgés sans personne pour prendre soin d'eux.

Il était moins coûteux d'employer des billets de banque que du papier pour tapisser sa chambre. J'ai vu une pièce entièrement recouverte de billets d'un million de marks. Les billets étaient également utiles pour allumer les cigares. Les visiteurs étrangers qui quittaient l'Allemagne jetaient des paquets de billets par la portière de leurs voitures. Je me rappelle une photographie du magnifique *Burg* Elz dans un journal américain avec cette légende : « Ce château est à vendre pour quatre cent vingt-sept dollars. »

En même temps, les spéculateurs devenaient fabuleusement riches. Des camarades d'école de mon âge avaient leur voiture. L'un d'eux traversa Tübingen dans sa Chrysler, une belle blonde à son côté, en route pour l'Italie. Il avait acheté une usine en 1921 pour deux cent cinquante mille marks et l'avait payée plus tard avec de l'argent qui en valait peut-être le centième. Stinnes, l'homme le plus riche d'Allemagne, avait acheté de cette façon tout un empire. À Berlin, la *cloaca maxima* du monde, la vie continuait avec *Saus und Braus* : le jeu, les clubs pour homosexuels, les prostituées à « un dollar par séance », la corruption. Tout était prêt pour Hitler.

Comme le gouvernement ne pouvait imprimer assez vite ce papier-monnaie, les villes de province se mirent à faire le leur. Crailsheim – je crois bien que c'était Crailsheim – utilisait un dessin particulièrement plaisant. Au Moyen Âge, la ville avait été assiégée. La famine menaçait les habitants et la ville allait devoir se rendre sans le geste magnifique d'une femme. C'était l'épouse du maire de Crailsheim qui, en dépit du long siège, était encore très grosse. Elle décida de sauver la ville. Elle grimpa en haut de l'une des tours de la cité et, soulevant ses jupes, d'un air de défi, présenta son énorme postérieur à l'ennemi qui, voyant une telle quantité de chair, se dit qu'il ne réussirait pas à affamer les habitants et se retira.

Pour célébrer cet événement, les billets de banque représentaient les tours et, si l'on regardait bien, le postérieur de la dame.

Le résultat de l'inflation était inévitable. Personne ne voulait de papier-monnaie. Les paysans n'acceptaient que des objets en paiement : une paire de souliers pour deux livres de beurre, un piano pour un porc. Les histoires de fermes bourrées de tapis persans, de candélabres et de pianos à queue étaient courantes. Je n'en ai jamais vues, mais la chose était parfaitement possible.

En 1923, le mark fut stabilisé. Un milliard valait maintenant un Deutsche Mark. Quelques jours plus tard, les boutiques vides étaient pleines d'articles qui avaient été cachés pendant l'inflation et vous pouviez acheter autant de produits alimentaires que le permettaient vos moyens.

Je ne me suis jamais entièrement remis de l'impression que l'inflation fit sur moi. Aujourd'hui encore, je crains de m'éveiller un matin avec un billet d'un million de marks en main.

Mon père échappa presque complètement au désastre. Son argent était surtout placé en biens immobiliers. Une maison ne peut se sauver, avait-il coutume de dire. C'était parfois un vieux renard.

Mais j'ai anticipé sur les événements et dois maintenant revenir à mon arrivée à Tübingen. Avec de grandes difficultés, j'avais trouvé une chambre. J'étais muni d'une lettre de recommandation d'un ancien étudiant pour une certaine Frau Berta Scholl, Mordio Gasse 12, non loin de la Gogerei. Lorsque j'entrai, la maison entière sentait la choucroute. Je grimpai jusqu'au deuxième étage, sonnai et me trouvai en présence de Frau Scholl. C'était une solide femme d'une cinquantaine d'années; ses cheveux gris souris étaient enroulés en chignon et son opulente poitrine saillait dans un pull-over collant vert émeraude. Oui, elle avait une chambre à louer. Désirais-je la voir?

La chambre, très petite, mais aussi reluisante que le cuivre dans les roulottes des bohémiens, était si pleine de meubles qu'on pouvait à peine y bouger. Sur un mur, une estampe représentait un étudiant tenant une guitare d'une main et, de l'autre, une blonde

*Gretchen*, tandis qu'un vieux monsieur, assis dans un fauteuil, contemplait rêveusement un verre de vin blanc, avec, à l'arrière-plan, le Rhin et des châteaux forts.

Frau Scholl me pria de m'asseoir et, au bout de quelques instants, me prit pour confident. La dernière locataire avait été une étudiante. «Jamais plus, dit Frau Scholl. D'abord, elle me demande de l'eau chaude, puis de l'eau froide. Et puis il faut que je l'aide à boutonner sa blouse, et puis elle veut un fer chaud, et puis une aiguille, et puis de l'alcool à brûler, et puis une épingle. Et quelle souillon! Je trouvais des cheveux qui traînaient partout, tous les jours il me fallait nettoyer sa brosse et laver sa serviette de toilette. Et toujours : "Chère Frau Scholl, s'il vous plaît, s'il vous plaît, pourriez-vous faire quelque chose pour moi? Mes talons sont éculés. Pourriez-vous porter mes souliers chez le cordonnier? S'il vous plaît, s'il vous plaît, pourriez-vous me recoudre un bouton? S'il vous plaît, chère Frau Scholl, pourriez-vous m'acheter du pain? Pourriez-vous me donner une pelletée de charbon?" Et, quand je refusais, vous auriez dû voir ses yeux! Noirs comme du jais. Jamais, jamais plus!

«Avant, j'avais le petit Wieler, un gentil garçon. Mais un jour, il a amené une fille à la maison et je l'ai mis à la porte. Ma maison doit être irréprochable. Je suis seule et que diraient les voisins, Herr Doktor ? Le monde est mauvais, comme mon mari qui s'est enfui avec une putain. Mais je ne divorcerai jamais. Qu'il vive avec elle dans l'adultère, la honte et le péché. Que ses enfants soient des bâtards. C'est la volonté de Dieu et je suis l'instrument choisi de Sa vengeance. Croyez-vous à une vie après la mort, Herr Doktor ? Moi, j'y crois. Venez donc à l'une de nos séances de spiritisme et vous serez, vous aussi, de Saül changé en Paul. »

Sa voix s'emplit d'extase. « Oui, les temps du millénium sont proches. Dieu appellera alors à Sa droite ceux qui sont pieux et détruira les païens. Et il y aura des *Heulen und Zähneklappern*, des lamentations et des grincements de dents. N'en voyez-vous pas les signes à notre époque ? La guerre, la famine, la passion de la danse, les orgies ? Nabuchodonosor est à la porte et vous hésitez ! Le royaume du ciel et ses splendeurs sont tout proches mais vous refusez de les voir. Et Dieu vous a donné des yeux pour voir et des oreilles pour entendre. Mais vous êtes encore jeune… et, à propos, j'ai complètement oublié de vous le demander, quand emménagez-vous ? »

J'emménageai donc. Je ne l'ai jamais regretté. C'était une femme stupide, mais l'une de ces merveilleuses logeuses allemandes qui prennent soin d'un étudiant comme des mères. Elle commença par porter mes chaussures chez le cordonnier. Elle raccommodait mes chaussettes et lavait mes chemises. Elle ne réclama jamais un centime de plus que son dû. Elle me mettait en garde contre les voisins : « Soyez poli envers Frau Hoffmann, disait-elle, c'est une commère dangereuse. Mais que coûte une tonne de flatterie ? Rien. Elle aime ça et vous ne perdrez pas une seule pierre de votre couronne. Donnez toujours un os à un chien méchant et il vous laissera tranquille. On prend plus de mouches avec une cuillerée de miel qu'avec un tonneau de vinaigre. »

Le loyer de la chambre avait été fixé entre nous à dix miches de pain par semaine. Je lui dis que j'avais cinquante kilos de charbon et quelques sacs de bois qui devaient durer tout l'hiver. Avec une grande fierté, elle me dit qu'elle avait, elle, deux cent cinquante kilos de charbon. « J'en ai gratté chaque petit morceau avec mes doigts sur un tas de poussier durant l'été. J'ai failli en mourir, Herr Doktor ! J'ai le cœur faible et me suis évanouie deux fois. Je ne vivrai pas vieille, Herr Doktor, c'est écrit dans les étoiles. »

Je m'efforçai de la rassurer. Mais elle secoua tristement la tête. « Vous êtes trop jeune, Herr Doktor, pour comprendre le transcendantal. Bien trop jeune ! »

Je prenais mes repas à la *mansa academica*, où je devais arriver avant midi sous peine d'attendre une demi-heure. Chaque étudiant avait devant lui deux gamelles d'aluminium. Celle du dessus contenait une sorte de brouet, appelé soupe, fait surtout d'orge, et celle du dessous le plat de résistance ; il pouvait y avoir un peu de salade de pommes de terre avec de petits morceaux de hareng, ou deux grandes et lourdes crêpes cachées sous une couche de pruneaux. Le dimanche était un jour de réjouissance, le seul de la semaine où l'on nous donnait un peu de viande : un morceau de délicieux corned-beef, envoyé par des quakers américains. L'une des conditions d'admission à la *mansa academica* était de consentir à faire la collecte de pommes de terre pour l'université. Portant des sacs et accompagnés du curé du village, nous partions en tournée, quémandant des pommes de terre de paysan en paysan, et rentrions dans la soirée courbés sous le poids d'un lourd fardeau.

Annonces au tableau noir de l'université :

*Étudiants demandés comme batteurs en grange.*
*Étudiants demandés pour la cordonnerie de l'université.*
*Étudiants demandés pour le lavoir de l'université.*
*Les étudiants ayant un besoin urgent de suralimentation peuvent s'adresser au secrétariat. Certificat médical indispensable.*

Je découvris un moyen de faire brûler le charbon plus longtemps. J'en prenais un gros morceau, l'enveloppais dans quatre couches de journaux alternées, humides puis sèches, et déposais le paquet sur le feu. Cela donnait très peu de chaleur, mais se consumait pendant des heures.

Malgré la nourriture insuffisante et le froid des chambres, il me fallait travailler avec acharnement. À Tübingen, l'examen de droit était, et est probablement encore, le plus dur de toute l'Allemagne. Je devais apprendre tout le droit civil, qui comportait plus de neuf cents paragraphes, ainsi que les plus importantes décisions et opinions légales du *Reichsgericht*, tout le code criminel avec les décisions et les commentaires, le droit commercial, tout ce qui concernait la procédure de l'administration, le droit canon, le droit romain, le droit allemand ancien, etc. Je devais me fourrer tout cela dans la tête en un an au lieu des trois années habituelles, mais, en dépit de ma mauvaise mémoire (et le succès dépendait avant tout d'une bonne mémoire), j'étais déterminé à en finir avec Tübingen aussi vite que possible. Je détestais l'atmosphère de pauvreté et de tristesse, mais plus encore la tension politique qui allait grandissant. Presque tous les étudiants étaient nationalistes et réactionnaires. On entendait couramment parler d'entraînement secret et d'armes cachées. La plupart des étudiants détestaient *die Novemberverbrecher*, les responsables de la révolution de novembre ; presque tous étaient maintenant persuadés que l'Allemagne n'aurait jamais perdu la guerre sans les « coups de poignards dans le dos » des Juifs, des francs-maçons, des bolcheviques et autres puissances secrètes.

C'est ainsi que je travaillais jusqu'à l'aube, buvant du thé aussi fort que possible pour me tenir éveillé.

Trois fois par semaine, je me joignais à un petit groupe de camarades, des étudiants de mon âge qui travaillaient tous pour leurs examens. L'un d'eux était Jordan, issu d'une famille juive distinguée, mais baptisée, le plus brillant de nous tous, quoique souffrant d'une terrible anxiété : il craignait que quelqu'un ne découvrît son origine juive. Il faisait des avances aux chrétiens les plus insignifiants, les plus médiocres, pour être vu en leur compagnie, mais, en dépit de tous ses efforts, il était presque toujours seul. Toutes les associations auxquelles il avait tenté d'adhérer l'avaient repoussé.

J'avais conscience de sa pitoyable faiblesse. Je l'acceptais parce que j'admirais son intelligence et savais que, derrière son masque d'arrogance, il était profondément malheureux. Les autres étudiants de notre groupe de travail le toléraient parce qu'il avait de loin le meilleur esprit juridique de nous tous. Mais, un jour, il alla trop loin : «Je suggère que nous cooptions Guttmann, dit-il. Évidemment, il est juif, mais, personnellement, je garantis qu'il se conduira bien.»

Il y eut un silence de mort, puis K., un garçon très convenable, se leva et, dévisageant Jordan, ouvrit toute grande une fenêtre. «Nous avons besoin d'un peu d'air», dit-il.

Jordan mourut jeune, avant la venue des nazis au pouvoir. Ce fut une bénédiction pour lui. Il n'y aurait jamais survécu, même si Hitler l'avait épargné.

J'assistais à un cours du professeur von Rümelin lorsqu'un jeune homme entra et prit le siège libre, à ma gauche. Il était très calme, mais ce qui le distinguait du reste de l'assistance de pauvre apparence était qu'il était extrêmement bien habillé et portait à la main gauche une bague ornée d'un diamant. Il ne me parla pas et ne sembla prendre que peu d'intérêt au cours. Dès que la cloche sonna, il se leva et sortit aussi tranquillement qu'il était entré. De temps à autre, von Rümelin nous donnait un problème juridique à résoudre à la maison, puis recueillait et corrigeait nos réponses et nous les rendait après une semaine ou deux. Il advint que, quelques jours après sa première apparition, le jeune homme élégant prit de nouveau le siège à ma gauche et que von Rümelin se mit à nous distribuer nos textes. Comme d'habitude, il fit l'appel et, comme d'habitude, chacun de nous cria «présent» et alla prendre son texte. Mais il s'interrompit tout à coup, mit son pince-nez à monture noire et parcourut lentement des yeux la salle bondée. Enfin, à mon horreur, son regard se posa sur moi, ou du moins je le crus. Or, von Rümelin était recteur et chancelier de l'université, l'homme le plus puissant de Tübingen, et tous les étudiants le redoutaient quelque peu puisque leur sort était entre ses mains. Imaginez mon anxiété quand le grand homme se dirigea vers moi. Mais, au dernier moment, c'est devant mon silencieux voisin qu'il s'immobilisa, dont le visage s'empourpra soudain. Von Rümelin s'inclina et, le bras tendu, lui remit son papier sans le regarder. Puis, faisant quatre pas en arrière, le recteur s'inclina de nouveau, regagna sa place et continua d'appeler nos noms.

Tout le monde dévisageait le jeune homme à ma gauche. Qui était ce personnage à l'égard duquel von Rümelin avait été si respectueux ? Personne ne le savait. Mon voisin disparut de nouveau au premier son de cloche, nous abandonnant à nos conjectures.

Je le rencontrai encore une fois par hasard. C'était à un cours du professeur Metzger et, comme Rümelin, Metzger se mit à distribuer nos papiers.

« Herr Müller ! cria le professeur.

– Présent.

– Herr Schubert !

– Présent.

– *Herr Herzog* Philip Alexander von Wurtemberg !

– Présent. »

Maintenant, nous savions. C'était le fils aîné de l'homme qui, sans la révolution, eût été roi du Wurtemberg. Je ne le revis jamais.

Le lendemain, le siège à ma gauche fut pris par Herr Kaufman, un membre de la Rhenania, un *Burschenschaft* qui venait de Strasbourg, mais avait quitté la ville après le traité de Versailles. Selon Kaufman, tous les corps « étrangers » à Tübingen devaient se battre contre les corps « locaux » avant d'être acceptés comme des égaux. Que ce fût vrai ou non, presque tous les « Rhénans » semblaient perpétuellement porter des pansements et tous sentaient affreusement le désinfectant. Kaufman n'était pas une exception. Il empestait, lui aussi.

Je n'osai pas changer tout de suite de place, car il aurait pu en deviner la raison et la prendre pour une insulte. Je supportai de mon mieux sa présence soporifique et, je ne sais pourquoi, il me prit en amitié et me parlait même hors de l'université… mais non lorsqu'il portait ses couleurs. Un jour, il vint me voir dans ma chambre. Il voulait me raconter la « meilleure farce du siècle ». Il s'agissait d'un duel provoqué entre deux jeunes novices de la Rhenania qui ne se doutaient pas que tous deux appartenaient à ce corps. Le grand jour arriva. Les deux novices, qui n'avaient eu que quelques heures d'entraînement, commencèrent à se porter des coups et se touchèrent dès le premier assaut. On mit promptement fin au combat et les deux garçons furent pansés.

Vint alors la fameuse blague.

« L'un des novices eut six *Lustnadeln* », dit Kaufman.

Je lui demandai ce qu'étaient des *Lustnadeln.*

Il s'impatienta. Je ne le savais pas ? « Eh bien, expliqua-t-il, ce sont des "points de suture pour le plaisir". Si un garçon a besoin de quatre points et qu'on lui en fait dix, les six supplémentaires sont pour le plaisir.

– Et qu'est-il arrivé à l'autre ? » demandai-je.

À peine Herr Kaufman pouvait-il parler parce que c'était si drôle !

« On lui a rasé le dessus de la tête... une tonsure grande comme une pièce d'un mark et on y a cousu un *bouton de culotte* que l'on a recouvert de coton et d'un emplâtre.

« Vous auriez dû voir sa tête, dit Herr Kaufman, quand on a retiré l'emplâtre et qu'il a touché le bouton sur sa tête ! Mon cher ami, j'ai failli en mourir de rire.

– Et qu'a-t-il dit, lui ? demandai-je poliment. A-t-il goûté la farce ? »

Une ombre de tristesse passa sur le visage de Herr Kaufman.

« Il ne l'a pas prise aussi bien que nous l'espérions d'un de nos adhérents. Il a démissionné ! Quel imbécile ! »

À ma surprise, je réussis mon examen. Je quittai Tübingen et ce fut sans regret. Peu de temps après, je terminai la thèse que je devais présenter pour mon doctorat. La psychologie m'avait toujours intéressé et je choisis pour sujet : « La responsabilité partielle existe-t-elle ? » La paranoïa, ou dédoublement de la personnalité, n'avait pas encore été beaucoup étudiée. La question était celle-ci : un homme agissant après mûre réflexion, et même avec ruse, peut-il être tenu pour irresponsable du point de vue médical ou légal ?

Peu de temps avant la guerre, un cas en rapport avec ce sujet s'était produit et avait créé une telle sensation que je m'en rappelle tous les détails. C'était le célèbre cas Wagner, qui avait eu une grande répercussion sur l'histoire de l'étude de la paranoïa, et c'est là-dessus que j'échafaudai ma thèse.

Wagner était instituteur à Mühlhausen, village ou petite ville non loin de Stuttgart. Il semble y avoir été respecté, assez populaire, inoffensif. Personne, en tout cas, n'aurait imaginé que cet homme tranquille allait commettre l'un des crimes les plus sensationnels de l'époque. Un soir, après avoir emprunté quelques livres à un voisin, il s'empara d'une hachette et tua sa femme et ses enfants. Puis, à bicyclette, il se dirigea vers Mühlhausen. Il s'arrêta en chemin, escalada un poteau télégraphique à l'aide de crochets spéciaux attachés à ses chaussures et coupa les fils du téléphone. Lorsqu'il eut atteint la ville, il incendia un certain nombre de maisons, ouvrit le feu sur tous ceux qui s'offraient à sa vue et tua une douzaine de personnes. Il ne fut pris et désarmé que lorsqu'un de ses revolvers s'enraya.

Avant de commettre cette série de crimes, il avait fait de minutieux préparatifs, comme pour une sortie militaire. Il avait étudié le terrain pour s'assurer des meilleurs endroits où commencer les incendies parce qu'il voulait brûler toute la ville. Il s'était pourvu d'une quantité de munitions suffisantes pour exterminer presque toute la population et regrettait seulement de n'avoir pu tuer qu'un si petit nombre de gens.

Or Wagner avait tenu un journal qui était d'une valeur inestimable pour le professeur Gaupp, chargé de décider jusqu'à quel point il était sain d'esprit. Ces notes montraient le développement de sa maladie de jour en jour. Wagner s'accusait de sodomie, mais personne ne savait si c'était réel ou imaginaire. En tout cas, il croyait que tout le monde, à Mühlhausen, était au courant. Les gens «murmuraient» sur son passage, «pointaient un doigt vers lui», faisaient des remarques «grossières» à son sujet, etc. «J'ai souffert autant que Jésus-Christ», écrivait-il dans un passage, et c'est ainsi qu'il avait décidé de se venger de tous et de les tuer.

Gaupp conclut qu'il était fou et, en dépit de l'indignation que cela suscita, Wagner ne fut pas exécuté mais envoyé dans un asile d'aliénés, où il mourut dans les années trente, nazi convaincu.

Je ne puis me rappeler à quelles conclusions j'en vins dans ma thèse. Je la terminai, en tout cas, et il en résulta que je fus nommé docteur *utriusque juris*, docteur en droit civil et canon, ce que, si je ne me trompe, je suis encore. Je suis à peu près certain d'être le seul docteur en droit canon qui soit devenu peintre professionnel.

# 7

# 1924-1927

Les années qui suivirent furent pour moi pleines d'espoir et je me les rappelle comme les plus paisibles de ma vie. Son putsch de 1923 ayant honteusement échoué, Hitler se trouvait maintenant dans une forteresse bavaroise, en train d'écrire le livre qui devait paraître plus tard sous le titre de *Mein Kampf*. Un autre livre qui parut à peu près en même temps fit sensation et plus d'un million d'exemplaires en furent vendus. C'était l'œuvre d'un certain Artur Dinter, intitulée *Le Péché contre le sang*, qui racontait la triste histoire d'une jeune fille blonde, une Aryenne, tombée amoureuse d'un Juif. Or tous les Juifs mâles avaient le devoir sacré (voir *Le Protocole des sages de Sion*) de détruire la race aryenne en mêlant leur sang vicié et inférieur au sang pur des Aryens. Ce n'est que par autant de Juifs que possible agissant ainsi aussi souvent que possible que le rêve de la juiverie de régner sur le monde entier se réaliserait.

La pauvre fille, qui n'avait aucune idée que son sang avait été contaminé, ou qu'une goutte de sang juif suffisait pour teinter le rejeton d'un singe, devint enceinte. Quels ne furent pas son horreur, sa honte, son désespoir, lorsqu'elle vit son enfant pour la première fois ! Il avait les plus horribles caractéristiques d'un petit négroïde : nez plat, pieds plats, etc. Prise de remords, elle se suicida. Je ne puis me souvenir de ce qu'il advint du petit bâtard. Mais elle avait un frère, un jeune officier allemand. Il tua le Juif pour venger sa sœur. Puis il enfourcha son cheval, partit pour le front et fut tué en se battant pour l'Allemagne.

C'était là le thème du *Péché contre le sang*. Plus d'un million d'exemplaires, je le répète, furent vendus et de nombreux parents allemands pensèrent qu'il était de la plus haute importance de le faire lire à leurs filles.

Après la stabilisation du mark, l'Allemagne se remit très vite. La République semblait se consolider et, en certaines occasions, on voyait même le drapeau de la République flotter aux fenêtres de maisons particulières. Berlin était le centre culturel de l'Europe, avec ses théâtres incomparables, ses habitants prodigieusement vivants et actifs. La paix semblait assurée et je recommençai à jouir de la vie.

Après avoir obtenu mes diplômes à Tübingen, je fus nommé *Referendar* à Stuttgart, ce qui, en réalité, signifiait que j'étais un novice qui, pour acquérir de l'expérience, devais passer trois ans comme assesseur, quelques mois auprès d'un juge de droit civil, quelques autres mois auprès d'un juge de droit criminel, et ainsi de suite. Il me fallait être assis à côté du juge, qui pouvait me demander mon avis avant qu'une affaire ne s'ouvrît ou me faisait rechercher pour lui un précédent. Je me retirais avec le juge et les deux jurés et écoutais leurs discussions. J'étais autorisé à questionner les témoins et à interroger les suspects.

De temps à autre, j'avais à défendre un accusé qui ne pouvait se payer un avocat.

Ma première cause se termina – non par ma faute – par un désastre. C'était un cas si désespéré que l'avocat le plus habile n'aurait pu s'en tirer.

L'accusé avait avoué le vol de trente-cinq bicyclettes. La police avait la certitude qu'il en avait volé trente ou quarante de plus, mais ne pouvait le prouver, et le malheureux prit le parti de dire que ce n'était pas son affaire, mais celle de la police, de le convaincre que toute autre dénégation était inutile. (En Allemagne, on ne plaide pas coupable.)

Il m'était impossible de faire quoi que ce soit pour sauver mon homme de la prison et la seule chose que je pouvais avancer en sa faveur était qu'il n'avait dépensé le produit de son vol ni au café, ni aux courses, ni même avec des femmes, mais avec des papillons. Ce n'était pas un vulgaire voleur, mais un collectionneur de papillons passionné, un savant, un naturaliste, un homme qui volait pour le bien de l'humanité, etc.

Malheureusement, je venais tout juste de commencer à parler lorsque mes parents pénétrèrent dans la salle d'audience. Ils n'avaient pas voulu manquer le grand moment où leur fils plaidait sa première cause. Bien entendu, cela me rendit encore plus nerveux. Pourtant, mes parents étaient heureux lorsqu'ils sortirent. Mon père s'inclina profondément devant le juge et pointa un doigt vers moi pour que le juge ne doutât pas que ce jeune et brillant avocat était son fils.

J'eus encore moins de succès, si possible, lors de ma première apparition comme assesseur.

L'affaire n'aurait pu être plus simple. Un professeur avait rossé un élève, qui s'était enfui en pleurant et avait tout dit à son père qui, à son tour, était allé rosser le professeur devant toute la classe.

Or il m'incombait de rendre la cause du père aussi mauvaise que possible. Mais comment était-ce possible alors qu'il avait fait la seule chose sensée en l'occurrence ? Je fis pourtant de mon mieux et conclus ma harangue en demandant un châtiment sévère pour détourner d'autres parents de marcher sur ses traces : vingt marks ou deux jours d'emprisonnement s'il ne les payait pas.

Le malheureux avocat qui défendait le père réclama l'acquittement parce que son client avait agi sous le coup de la colère et pour protéger son enfant.

À peine avait-il eu le temps de finir que le juge prononça la sentence : trois mois. C'était, dit le juge, un *grave cas d'atteinte à l'autorité* d'un professeur. Il était *consterné* par l'attitude du défenseur, qui ne pouvait s'expliquer que par sa jeunesse et son manque *complet* d'expérience.

Le malheureux me regarda et je lui rendis son regard. Il avait exactement mon âge.

Mais j'avais beaucoup de temps pour me distraire. En hiver, j'allais régulièrement faire du ski avec mes amis, de jeunes avocats pour la plupart, et c'était d'autant plus agréable que, pour la première fois dans l'histoire de la Souabe, des jeunes filles de bonne famille obtenaient de leurs parents la permission de passer, sans chaperon, des week-ends entiers à la montagne. Une fille courageuse apparut un jour en pantalon, ce qui fit sensation, surtout dans les villages catholiques de la région.

En été, j'allais nager. Je voyageais. Je me rendis à Raguse en 1925. Je visitai Saint-Tropez, village encore inconnu en ce temps-là. Je vis, et me les rappelle avec émotion, les trésors de Ravenne. J'allai à Paris et à Venise.

J'assistai à un grand nombre de représentations théâtrales et dansai passionnément le fox-trot et le charleston. Ce furent, somme toute, des années relativement calmes parce que je menais une vie « normale » et je ne me souviens que de trois épisodes.

Un soir, j'allai au bal. Comme j'étais sur le point de partir, une jeune fille d'environ dix-sept ans, qui correspondait à l'idée que je me faisais de Natacha dans *Guerre et Paix*, entra dans la salle. Je dansai avec elle et en tombai amoureux. Jusque-là, je m'étais ennuyé, mais j'étais maintenant sous le charme. Je dansai presque toutes les danses avec elle jusqu'à 2 heures du matin. Elle semblait rayonner de joie. Au milieu d'une valse, elle me quitta pendant quelques instants pour parler à un jeune homme, un avocat, qui sourit et la repoussa doucement. Cette charmante soirée prit fin et elle promit de me revoir dans trois jours. Je rentrai chez moi. Je me rappelais chaque instant de cette rencontre. La vie pouvait être belle.

Deux jours plus tard, j'étais dans le tram assis à côté d'un homme qui avait ouvert le journal et je lisais par-dessus son épaule.

Il y avait une annonce de décès. C'était la jeune fille avec laquelle j'avais dansé deux soirs auparavant, trente-huit heures à peine. Ses initiales étaient J. H.

J'appris plus tard qu'elle était rentrée chez elle après le bal, était montée au dernier étage de la maison de ses parents et s'était jetée par la fenêtre. Elle avait été profondément amoureuse du jeune avocat que j'avais vu la repousser. Il refusait de l'épouser parce qu'elle était trop jeune et elle, qui n'avait que dix-sept ans, s'était tuée pour lui. Un ou deux ans plus tard, il épousait la fille de son patron.

Le deuxième épisode a également trait à une mort violente. Comme à l'ordinaire, j'étais à mon bureau au tribunal et j'avais commencé à étudier une affaire lorsque je fus dérangé par des coups de marteau. Je regardai par la fenêtre pour voir d'où venait ce fracas et aperçus quelques hommes en train de monter une sorte d'échafaudage de forme et de proportions inhabituelles. C'était une plate-forme où se dressaient tout droit deux grands bras séparés par un billot. Je la contemplai avec horreur. C'était une guillotine.

Je descendis dans la cour et examinai cette chose monstrueuse, avec son énorme lame. Les hommes avaient fini leur travail et firent un essai. Bien graissée, la lame retomba en un éclair, frappant le billot avec un bruit sourd.

J'éprouvais un terrible malaise, j'avais la nausée. Tout cet endroit, pour moi si familier, était devenu étrange et sinistre et semblait déjà exhaler une odeur de sang.

On me dit qu'un jeune homme, presque un adolescent, devait être exécuté le lendemain matin de bonne heure.

Rien ne m'empêchait d'assister à cette exécution légale. J'aurais pu observer, si je l'avais voulu, le pâle visage de la victime; j'aurais pu entendre la lecture du jugement; j'aurais pu écouter le prêtre et suivre chaque détail de cette macabre et misérable scène. Et j'aurais pu aller raconter tout cela à mes amis pleins de curiosité et d'envie. Mais comment n'importe qui, n'importe quel être humain sain d'esprit aurait-il désiré voir une telle horreur, à moins d'être un sadique ayant besoin d'un traitement psychologique ?

Ce même soir, quarante jeunes filles, des dactylos, veillèrent dans la cour de justice en attendant l'exécution et, le moment venu, virent tout, bien en détail.

Le dernier des trois épisodes ne concerne que moi.

En février 1926, j'allai au cirque. Quelques heures auparavant, j'avais ressenti une atroce douleur au ventre et, pendant la représentation, je m'évanouis. Mais quand je revins à moi, je parvins à marcher jusqu'à la maison et me mis au lit. Mon père, qui n'était jamais malade, considérait la maladie comme un vice ou un prétexte pour ne pas aller en classe. Quand j'étais enfant et que j'avais mal à la tête, il se bornait à dire : « Oh ! c'est ce qui fait les meilleures têtes », et, si j'avais mal au ventre, « C'est ce qui fait les meilleurs ventres ».

Vers 2 ou 3 heures du matin, je me levai, me traînai le long du couloir jusqu'à la chambre de mes parents et frappai à leur porte. Mon père ouvrit et je lui dis que j'avais besoin d'un docteur. Il hésita. Ne pouvais-je attendre jusqu'au matin ? Était-il absolument nécessaire de déranger un médecin au milieu de la nuit ?

Il en appela enfin un. Quelque chose avait dû lui faire comprendre que mon cas était sérieux.

Le médecin vint, m'emmena rapidement à l'hôpital dans sa voiture et m'opéra. Je me rappelle encore le divin plaisir que j'éprouvai lorsque je m'endormis et que la douleur s'apaisa.

Pendant trois jours, on ne fut pas certain que je survivrais. J'avais une perforation de l'intestin et passai cinq semaines à l'hôpital. Mon père lui-même ne put dire que c'était « ce qui faisait les meilleurs ventres ».

# 8

# L'avocat

Ayant passé mes derniers examens de droit en 1927, j'avais le choix entre deux possibilités : être fonctionnaire de l'État ou m'établir à mon compte. La décision était facile : il me fallait être indépendant. Une autre solution s'offrait : devenir assesseur avec la faculté d'infliger des amendes et des peines d'emprisonnement pour un salaire relativement modeste. Au bout d'un certain temps, je serais élevé au grade d'*Amtsrichter* avec un salaire un peu plus élevé, et, ensuite, j'accéderais plus ou moins lentement à de plus hautes sphères : je serais *Landgerichtsrat*, *Oberlandesgerichtsrat*, directeur, président, etc., jusqu'à la retraite avec une pension qui dépendrait du rang que j'aurais atteint au cours de ma carrière.

C'était là la voie normale à suivre. Et personne ne pouvait m'obliger à démissionner. Mais supposons que, pour une raison quelconque, je ne réussisse pas ? Devrais-je rester éternellement un *Amtsrichter* ? Ou peut-être serais-je envoyé dans une petite ville de province où je ferais moins de mal que dans la capitale et où je croupirais seul et oublié ? Peut-être deviendrais-je un vieillard aigri dont les jugements et les excentricités feraient de bonnes histoires à raconter après le dîner, comme les histoires sur le vieux X., qui détestait les autos et condamnait tout chauffeur amené devant lui, qu'il fût coupable ou innocent. Ou peut-être deviendrais-je un autre V., connu comme l'« homme des onze heures » parce qu'il passait beaucoup de temps à corriger les virgules et les points d'exclamation, méprisait la machine à écrire et se servait d'une plume d'oie au lieu d'un stylo et de sable au lieu de buvard. Ou encore Z., le juge d'Ulm, si renommé pour ses jugements étranges, comme dans le cas de la chèvre...

Un jour, une paysanne acheta au marché de la vaisselle et une chèvre. Une autre femme survint avec un bouc. Chèvre et bouc eurent le coup de foudre et une grande partie de la vaisselle fut brisée. Furieuse, la propriétaire de la chèvre et de la vaisselle intenta une action et réclama des dommages à la propriétaire du bouc. Après réflexion, Z.

décida que la propriétaire du bouc était responsable de la casse pour un tiers et celle de la chèvre pour deux tiers. Dans son jugement, il fit observer qu'au moment critique le bouc n'avait à sa disposition que deux pattes, tandis que la chèvre en avait quatre, et qu'il était donc plus qu'équitable de fixer les dommages en conséquence.

Un autre juge de province colla une amende à l'un de mes amis pour avoir uriné contre un mur du tribunal, ajoutant que le cas était aggravé du fait que l'accusé avait utilisé ce mur-là « alors qu'il avait le loisir d'utiliser les locaux du fisc, qui n'étaient qu'à quelques mètres de là ».

C'est ainsi qu'à l'automne 1927 je louai deux pièces, engageai une secrétaire, achetai une machine à écrire et quelques meubles, fis installer le téléphone et fixai à ma porte une plaque portant cette inscription :

*Rechtsanwalt Dr. jur. Uhlman*
*Premier étage*

Au cours des premières semaines, je n'eus presque rien à faire et ma secrétaire partageait son temps entre le polissage de ses ongles, la lecture de romans policiers et la fabrication de ravissantes chaînettes avec mes trombones.

En Allemagne, on ne fait pas de distinction entre un avoué et un avocat. Si vous êtes un «homme de loi», vous êtes les deux. Et vous avez le choix entre vous associer à un cabinet déjà existant, ou débuter à votre propre compte, comme moi, en espérant que vos amis et connaissances feront appel à vous pour des petites causes sans danger. Je supposais qu'en mettant les choses au pis je serais commis d'office assez souvent pour gagner de quoi payer mon loyer et peut-être aussi le salaire de ma secrétaire. Mon père et mes oncles m'employèrent pour des cas simples, des histoires de chèques sans provision, de factures restées impayées depuis des années, etc.

Au bout de trois semaines environ, ma secrétaire se précipita dans mon bureau alors que j'étais en train de lire *Les Liaisons dangereuses* et murmura : «Un client!» Le client, qui avait un pansement autour de la tête (un bon signe), entra, me regarda et attendit. «Que puis-je faire pour vous?» lui demandai-je avec espoir. «Herr Doktor, dit-il, je souffre de transpiration des pieds. Pouvez-vous me recommander quelque chose?» Après un moment de réflexion, je lui prescrivis deux comprimés d'aspirine toutes les quatre heures et un bain de pieds chaud tous les deux jours.

Il me quitta, visiblement ému, car j'avais oublié de lui parler d'honoraires.

Quelques jours plus tard, j'affrontai ma première cause sérieuse. Le client, un paysan du village de Plattenhardt, était accusé d'avoir blessé un aubergiste du même village, qui, prétendait-il, l'avait attaqué avec un énorme couteau.

Pendant l'interrogatoire, l'aubergiste nia l'existence du couteau, mais, lorsque je le questionnai, il admit qu'il avait à la main un *Messerle* (un canif) au moment de la bagarre. De quelle grandeur? demandai-je. « À peu près de la longueur de la queue d'un chaton nouveau-né », dit-il. J'insinuai qu'il pouvait avoir été plus grand que cela. Il admit que oui, un peu, *ein bisschen* (un tout petit peu plus grand). Je pris alors mon courage à deux mains : « Je vous avertis pour la dernière fois! criai-je. Vous avez prêté serment! Vous rendez-vous compte que la peine encourue pour un faux serment est d'au moins douze mois de travaux forcés? Pour la dernière fois, *quelle était la longueur du couteau*? N'était-il pas aussi long que la queue d'un *chat adulte*? » Il commença à balbutier, admit que c'était possible... et mon client l'emporta.

Cela se passait un vendredi après-midi. Lorsque j'arrivai à mon bureau le lundi matin, trois hommes portant des pansements m'y attendaient. Tous trois étaient de Plattenhardt, où s'était répandu le bruit que l'on avait découvert un nouvel avocat qui pouvait faire trembler l'homme le plus fort et rugissait comme un lion.

Or, en ce temps-là, Plattenhardt était de triste notoriété dans la région pour ce qui s'y passait : braconnage, scènes de beuverie, et le large usage de couteaux et de fusils de chasse qu'on y faisait, sans parler d'objets en bois tels qu'une chaise et des pieds de table, des débris arrachés à une palissade ou à une échelle, en un mot, tout ce qui tombait sous la main pour régler une dispute. Parmi les armes les plus formidables, on utilisait aussi les lourdes chopes à bière et les bouteilles, qu'on vidait surtout le dimanche soir, d'où mes visiteurs du lundi matin.

Les raisons pour lesquelles les hommes de Plattenhardt se battaient, si tant est que des raisons fussent nécessaires, étaient rarement d'ordre politique – ils aimaient simplement se battre pour le plaisir de se battre.

À part la bagarre, leur principale distraction était les poursuites judiciaires, peu coûteuses en Allemagne. Tout pouvait faire l'occasion d'un procès : un lopin de terre grand comme une nappe, un droit de passage qui n'avait pas été réclamé depuis cinquante ans, une vieille vache ou une truie, ou un enfant bâtard – il y en avait beaucoup –, une jambe ou un nez cassés, un œil crevé, mais les testaments contestés étaient considérés comme plus prometteurs que tout. Tout le monde s'en mêlait et tout était permis : le parjure était une arme aussi courante qu'un couteau dans une querelle d'ivrognes.

Un juge expérimenté n'ignorait pas les coutumes et les habitudes particulières des habitants de Plattenhardt. Avant qu'ils prêtent serment, il leur faisait lever la main droite et poser la main gauche *ouverte* sur la table, parce qu'il était notoire que le témoin pouvait avoir un peu de terre dans la main gauche, ou pointer trois doigts vers le sol afin que le faux serment passât de son corps dans la terre sans dommage. Pendant des mois, tout Plattenhardt me fit marcher. Le lundi venaient les habitués. L'un d'eux avait eu le bras gauche « traversé » mais, ce qui le rendait vraiment furieux, c'était que l'auteur de la blessure était le secrétaire local de la Société protectrice des animaux et, au tribunal, je fus absolument incapable de l'empêcher de se dresser toutes les deux minutes en criant :

« Cet individu se dit secrétaire de la S.P.A. ! Et il me démolit le bras ! »

Un autre de mes clients, qui était en parfaite santé lorsqu'il me quitta, fut mortellement blessé le soir même. Je ne puis me rappeler pourquoi. Peut-être y avait-il une raison.

Pour la plupart, les querelles n'éclataient que pour le plaisir de la bagarre. Un paysan me demanda de l'aide parce que l'odeur, dans sa maison, était insupportable, les lieux d'aisances, à l'intérieur, n'ayant pas de ventilation. La seule façon d'y remédier était de brancher un tuyau à travers le toit de son voisin, auquel on avait demandé d'y consentir. La demande était raisonnable, mais elle fut refusée et l'affaire durait depuis des années.

Une cause permanente de litige était une vieille coutume souabe. Un fermier trop vieux pour faire désormais un travail utile laissait sa ferme à son fils et se retirait dans une petite maison du voisinage mais, auparavant, il passait avec son fils un contrat dans lequel était stipulé combien d'œufs, de pommes de terre, de saucisses, de kilos de viande, de litres de bière ou de cidre les parents devaient recevoir. Souvent, quand les gens âgés se refusaient à mourir et insistaient pour vivre jusqu'à un âge avancé, le fils tentait d'échapper à ses obligations et le père intentait alors un procès. Les cas étaient nombreux, le Wurtemberg étant une région de petits fermiers.

Un jour, un paysan vint à mon bureau en brandissant une liste, longue comme le bras, d'objets que, disait-il, son cousin lui avait volés après la mort de sa mère. La liste contenait quelque cinquante articles pour une valeur totale dérisoire : des cuillers, des couteaux, des poêles à frire, un peigne, deux autres peignes, une brosse à cheveux, un biberon et un pot de chambre. Mon collègue, qui défendait le cousin, et moi devînmes si désespérément las de toute l'affaire que nous sentîmes qu'il fallait faire quelque chose pour animer le procès. Je décidai d'avoir recours à la poésie.

Nous ouvrîmes ainsi la séance :

*Willi Beck verlangt einen Hafen,*
*Den man nachts benützt zum schlafen,*
*Doch Karl Schütz der Bösewicht*
*Giebt heraus den Hafen nicht.*

Willi Beck réclame un pot
Souvent utilisé la nuit.
Mais Karl Schütz, malintentionné,
S'obstine à le garder pour lui.

Et cela continua ainsi. Le juge était furieux, mais la loi ne spécifiant pas expressément que seule la prose doit être utilisée pendant les plaidoiries, il dut se résigner.

C'est ainsi que pendant deux ans Plattenhardt me fut fidèle et que j'appris beaucoup de choses en matière de psychologie, par exemple, que c'était une erreur de résoudre rapidement un problème légal simple avec des mots simples et demander des honoraires peu élevés. Les clients de Plattenhardt en éprouvaient de la rancœur parce qu'il leur semblait que je n'avais pas fait assez de travail pour gagner cet argent.

Plus tard, je pris l'habitude de leur dire de revenir au bout d'une semaine, le problème étant très compliqué. Lorsqu'ils revenaient, mon bureau était jonché de livres de droit et je leur expliquais que, pour répondre à leur question, il m'avait fallu consulter chacun d'eux. Ils payaient alors avec plaisir !

J'usai d'une ruse différente avec le directeur d'une entreprise. Je voulais l'impressionner car, hélas, à part les minables paysans de Plattenhardt, j'avais encore très peu de clients. Je priai donc mes amis de me téléphoner entre 4 heures et 4 h 30 le jour de sa visite et demandai à tous mes clients disponibles, à l'exception de ceux de Plattenhardt, de venir à mon bureau. Quand le directeur arriva, mon bureau était plein de monde, le téléphone sonnait sans arrêt, ma secrétaire tapait des passages de la Bible et il y avait sur ma table une montagne de dossiers. Lorsqu'il fut enfin introduit en ma présence, il me dit qu'il avait peine à croire que quiconque ait réussi à créer une clientèle aussi prospère en si peu de temps et je fus entièrement d'accord avec lui.

Un lundi matin, aucun habitant de Plattenhardt n'entra dans mon bureau. Une nouvelle étoile avait fait son apparition au firmament légal, un collègue qui criait plus fort que moi, et mes clients m'avaient déserté pour lui.

J'en éprouvai plutôt du soulagement. C'étaient, après tout, des individus déconcertants et je n'avais plus un aussi pressant besoin de leurs problèmes car, mystérieusement, ma clientèle avait réellement commencé à s'accroître. Je subsistais encore en grande partie grâce au menu fretin, mais quelques causes vraiment importantes me passaient entre les mains. L'une d'elles était une action contre l'opéra de Stuttgart. Une petite ballerine de neuf ans, dansant nu-pieds sur la scène, s'était logé une écharde dans le talon. Un empoisonnement du sang s'en était suivi et, après de nombreuses opérations, sa jambe resta handicapée. Je réclamai des dommages et gagnai le procès, le juge ayant admis qu'avoir laissé l'enfant danser sur un parquet de bois sans chaussons de danse était de la négligence.

À la suite de cette affaire et grâce à la large publicité qui lui avait été donnée, l'Union des chauffeurs de taxi vint solliciter mon aide. C'était une excellente chose : les chauffeurs de taxis sont constamment impliqués dans des accidents, les accidents causent des dommages et des blessures, tout cela mène à des procès et les procès font bien l'affaire des avocats.

Mais cette nouvelle histoire faillit se terminer par un désastre presque avant d'avoir commencé. Par mégarde, j'avais fait une erreur sur la date de la première audience. Un matin, vers 8 heures, ma secrétaire me téléphona pour me rappeler que la première plaidoirie contre le chauffeur de taxi Bernfle aurait lieu à 8 h 30. Je n'étais qu'à demi habillé. Et, pis encore, je n'avais jamais vu les dossiers ni parlé à ce chauffeur, je n'avais aucune idée de ce dont il était accusé ni où et quand l'accident était arrivé, si c'était le jour ou la nuit, en ville ou à la campagne, ni qui ou quoi avait souffert du dommage.

Je n'avais pas le temps de méditer sur de telles bagatelles. Il me fallait être là ou dire adieu à jamais à l'Union des chauffeurs de taxi. Je me précipitai au tribunal, découvris où se trouvait mon homme et arrivai juste à temps pour entendre qu'il était condamné au choix à une amende ou à un mois de prison. Puis le juge se tourna vers moi avec un large sourire : « C'est votre tour, Herr Doktor. »

Je parlai pendant dix minutes, non des faits, car il fallait les éviter à tout prix, mais de la vie en général, et en particulier de celle des chauffeurs de taxi, qui devaient conduire nuit et jour sous la pluie et affronter la grêle, la neige et le verglas, ainsi d'ailleurs que la poussière et la chaleur. Je n'avais qu'un seul but : impressionner mon client par la force de mon éloquence. Impressionné, il le fut, suffisamment, en tout cas, pour ne pas se plaindre de moi à son Union. Et je le fis acquitter plus tard en appel.

Jamais auparavant, et jamais depuis, je crois, je ne me suis trouvé en aussi mauvaise passe et, depuis ce jour-là, je suis prêt à discuter à l'improviste sur n'importe quel sujet… sauf la science et les mathématiques.

À peu près à cette époque, je décidai d'acheter une voiture. C'était une vieille

Lancia, au capot agressif, qui faisait autant de bruit qu'une tondeuse à gazon.

Assez content de moi, je parlai à mon père de cette acquisition, mais il ne dit mot.

Le lendemain matin, une lettre m'attendait sur ma table. Elle était de l'écriture de mon père, ce qui était étrange puisque nous habitions le même appartement. Voici le contenu de cette lettre.

« Mon cher fils,

« La famille Uhlman s'est jusqu'ici enorgueillie de n'être ni malhonnête ni prodigue. C'est donc pour moi une surprise et un *terrible* choc de découvrir que mon fils unique est un *escroc* ! Rien ne peut me faire croire qu'à *ton âge* tu peux te permettre d'acheter une auto ! Il était *de ton devoir d'attendre* d'avoir *au moins* cinquante mille marks en banque. Je dois te demander de vendre la voiture *tout de suite*. Si tu refuses, l'un de nous deux devra partir !

« Bien à toi,

« Ton père

« P.-S. Si tu perds de l'argent en vendant la voiture, je suis disposé à t'offrir une compensation. »

Voyant à quel point mon père était bouleversé, je vendis la voiture et perdis beaucoup d'argent. Deux ans plus tard, j'en achetai une autre. Cette fois, il n'y eut pas de lettre, mais mon père ne mentionna jamais l'existence de la deuxième auto.

Des nombreux dossiers qui me sont passés entre les mains, trois me reviennent toujours en mémoire : le premier à cause de l'étrange motif du meurtre commis, le deuxième parce qu'il illustrait la phrase de Schiller, *gegen Dummheit kämpfen Götter selbst vergebens* («contre la stupidité les dieux eux-mêmes luttent en vain») et le troisième tout simplement parce que l'histoire était très bizarre.

La première affaire commençait par l'assassinat d'une jeune servante dans la Neckarstrasse à Stuttgart. On n'avait pas le moindre indice sur l'assassin.

Quelques semaines plus tard, à Dresde, je crois, la police arrêta un homme pour un petit larcin et, comme on découvrit qu'il s'était trouvé à Stuttgart au moment du crime de la Neckarstrasse, c'est dans cette ville qu'on l'envoya. Il n'existait pas la plus légère indication qu'il eût quelque rapport avec le crime, précisons-le.

Un inspecteur de la police de Stuttgart l'attendait à la gare. « Eh bien, Dressel, dit-il, vous devinez sûrement pourquoi on vous a amené ici ? – Oui, dit Dressel, à cause du meurtre de la Neckarstrasse. » L'inspecteur fut abasourdi.

« Oui, dit-il enfin, c'est ça, le meurtre de la Neckarstrasse. Et maintenant, Dressel, je vous suggère de prendre un bon repas, puis d'avouer. » Il lui offrit un bon repas, pria avec lui (*sic*), et Dressel avoua.

C'était un Bavarois qui, tout jeune, avait travaillé dans une brasserie où on lui donnait de la bière gratis. Il avait l'habitude d'en boire plus de quatre litres au petit déjeuner et davantage dans la journée. Il changea plus tard de profession, devint mécanicien avec une excellente réputation d'honnêteté et sa firme l'envoyait de ville en ville pour effectuer des réparations. Il était très bien payé, mais n'avait jamais assez d'argent pour satisfaire sa soif de bière. Pour s'en procurer, il commit toute une série de vols audacieux et, pour finir, un assassinat.

La nuit du meurtre, dit-il à la police, il but copieusement « pour se donner du courage » et pénétra dans la chambre d'une jeune fille endormie. Il la regarda, réfléchit « pendant une ou deux minutes » à ce qu'il fallait faire et, pensant qu'elle pourrait s'éveiller, il décida que « le mieux » serait de « la refroidir », ce qu'il fit avec une hachette. Avec les quelques shillings qu'il trouva dans sa chambre, il acheta de la bière.

J'eus pour tâche sans espoir de défendre ce misérable. Il fut condamné à mort, mais grâce à ses états de service pendant la guerre – il avait la croix de fer de première classe – la peine fut commuée en détention à perpétuité. Une heure après le jugement il se pendait dans sa cellule.

La deuxième affaire concernait un jeune homme de dix-huit ans, bègue et couvert de boutons, qui, selon le rapport médical, n'avait pas, mentalement, plus de douze ans. C'était un garçon de courses, fils d'une femme de ménage veuve. Un jour, sa mère était tombée malade et le jeune homme raconta à quelques voisins qu'il était en réalité le fils d'Edsel Ford, que le célèbre Ford était son grand-père et qu'en aucun cas sa mère ne devait savoir qu'il avait révélé son « secret ». À son étonnement, la pauvre veuve reçut soudain beaucoup de fleurs et des paniers de fruits de voisins qui n'avaient jamais pris auparavant la peine de lui parler. Lorsqu'elle demandait la raison de cette générosité inattendue, elle n'obtenait que cette réponse mystérieuse : « Ne vous tourmentez pas, chère madame K., nous savons, nous savons ! »

Le bruit qu'un petit-fils de Ford était à Stuttgart vint aux oreilles du directeur d'une usine d'automobiles à Ulm, qui avait grand besoin de capitaux pour agrandir son entreprise. Le directeur s'empara du jeune homme, mit une voiture et un chauffeur à sa disposition et le « petit-fils » de Ford passa des moments merveilleux, promené à travers la région en compagnie de sa petite amie qui avait dix-sept ans et travaillait dans un magasin.

Plus tard, le jeune homme conféra avec le directeur et son père à Ulm et fit une « excellente impression » sur tout le monde. Il dit qu'il comprenait parfaitement les difficultés économiques du moment et nomma le directeur président d'une firme récemment créée, la Stuttgart New York-Chicago Automobile Company. De plus, il l'informa qu'il était en contact avec son grand-père, déjà en route pour Ulm avec quinze millions de dollars en poche.

Quelques jours plus tard, le directeur reçut un télégramme ainsi conçu : « Ai atterri à Constance » et signé Ford. Un second télégramme arriva peu de temps après, apportant la triste nouvelle que Mr. Ford avait eu un accident d'auto et se trouvait maintenant à l'hôpital de Tübingen, suivi d'un troisième et dernier télégramme annonçant qu'il était mort et que son corps était exposé sur un lit de parade dans le palais de feu le roi du Wurtemberg.

Le directeur envoya une couronne avec cette inscription : «À Henry Ford, grand bienfaiteur du peuple allemand», mais il était assez surpris de ce que la mort d'un homme aussi important n'eût été signalée dans aucun journal. Le jeune homme expliqua qu'elle devait être gardée secrète à cause des terribles répercussions qui pourraient s'ensuivre à la Bourse. Interrogé sur ce qu'il était advenu des quinze millions de dollars, le jeune homme répondit que l'argent se trouvait en sécurité dans les coffres de la Reichsbank, à Augsbourg, mais arriverait à Ulm deux jours plus tard.

Hélas! Nouvelle déception. Un télégramme annonça au directeur l'horrible nouvelle : en route pour Ulm, le train avait été attaqué et pillé par les bolcheviques et quinze soldats allemands avaient été tués en défendant les dollars.

Cette fois, pris de soupçon, le directeur se rendit à la police.

Le jeune homme fut arrêté pour fraude et passa en jugement. Ce fut l'un des procès les plus gais auxquels je devais jamais assister. L'un des jurés, une femme, tomba presque de sa chaise tellement elle riait.

À la fin de ma plaidoirie, le jeune homme fut mis en liberté provisoire.

La troisième affaire concernait un de mes anciens camarades de classe, Roschman. Je reçus un jour une demande pressante d'aller lui rendre visite en prison. Il était accusé d'avoir fabriqué et écoulé de la fausse monnaie, délit punissable d'un an au moins de travaux forcés. C'était une histoire fantastique. Roschman était intelligent, mais immature et incapable d'affronter la réalité. Il faisait des conférences sur Hegel et Kant, et était toujours entouré d'un petit groupe d'admiratrices, surtout des dames d'un certain âge, qui prenaient soin de lui. Un jour, Roschman et les dames en question partirent pour une agréable promenade à travers la campagne. Il leur dit qu'il avait besoin d'une maison et qu'il était de leur *devoir* de la lui acheter. Les dames tentèrent de le calmer : il n'avait qu'à attendre quelques années de plus, jusqu'à sa nomination comme professeur à l'université ; il pourrait alors acheter une maison avec son propre argent.

Roschman dit qu'il ne pouvait pas et ne voulait pas attendre, se mit à courir dans un champ de blé, puis on entendit un coup de revolver et, terrifiées, les dames pensèrent qu'il s'était suicidé. Mais il était bien vivant.

C'est alors que Roschman décida de fabriquer sa propre monnaie pour acheter une maison. Il se procura une feuille d'étain doux, un pot de colle forte et un marteau. Il posa l'étain sur une pièce de cinquante pfennigs et se mit à la frapper jusqu'à en obtenir l'empreinte. Il répéta la même opération sur le revers, puis découpa les empreintes avec des ciseaux et les colla sur une pièce un peu plus petite. Après avoir fabriqué quelques centaines de ces contrefaçons d'amateur, il les mit dans un sac en papier, acheta dix cigarettes, tira du sac une pièce de cinquante pfennigs et l'offrit en paiement. Le commerçant, après y avoir jeté un coup d'œil, appela la police.

Et maintenant Roschman était en prison.

En ce qui me concernait, l'affaire était simple. Il n'y avait que deux possibilités : les travaux forcés ou l'asile de fous. Mon ami n'aimait aucune de ces deux perspectives. Je lui expliquai non pas une fois, mais une douzaine de fois, qu'il lui fallait choisir entre les deux et qu'il n'y avait pas d'autre issue. Je lui dis qu'il était heureux que ses fausses pièces fussent si incroyablement fausses que le procureur lui-même, avec lequel j'avais discuté de l'affaire, accepterait l'excuse de la démence si je pouvais trouver un expert pour la certifier. Il consentit enfin à me laisser agir ainsi mais, quand je le quittai, il était absolument furieux.

Or je connaissais personnellement le directeur de l'asile d'aliénés le plus important de Stuttgart, le professeur T. Je lui expliquai mes difficultés. T. accepta de certifier que Roschman n'était pas responsable de ses actes et le déclara dans une lettre au juge. Le lendemain, le professeur me téléphona, furibond. Il avait vu Roschman qui, au lieu de lui être reconnaissant de ce qu'il avait fait pour lui, l'avait injurié. Roschman n'était qu'un « sale petit bonhomme » qui n'était pas plus fou que lui, le professeur. Il avait l'intention d'écrire une autre lettre au juge pour révoquer sa déclaration.

J'apaisai le professeur, courus de nouveau à la prison et enjoignis à Roschman de ne pas faire l'imbécile en mordant la main qui avait signé ce certificat et l'avait sauvé de la prison. Roschman m'injuria à mon tour et dit qu'il n'aurait pas pu trouver plus mauvais avocat dans toute l'Allemagne et qu'il me dispensait de l'obligation de le revoir. Il m'avait *dit* et *redit* que tout ce qu'il voulait, c'était être «libre», qu'être déclaré fou gâterait ses perspectives de nomination à l'université.

Finalement, grâce au certificat, il fut relâché assez rapidement. Lorsque, quelques semaines plus tard, je le rencontrai dans la rue, il détourna les yeux. Il me haïssait.

# 9

# L'orage se prépare

Pendant toutes ces années, la tension politique en Allemagne s'était accrue, tandis que la puissance des partis extrémistes, les nazis et les communistes, grandissait. Le gouvernement allemand était affaibli. Chaque fois qu'on lui demandait d'agir, des voix s'élevaient pour condamner toute manifestation de fermeté comme étant « antidémocratique » et « contraire aux plus sacrés des principes démocratiques ». « Comment peut-on s'attendre, entendait-on, que les nazis aient le moindre respect pour nos institutions si nous violons nos propres idéaux ? »

Les voix, il est vrai, étaient moins fermes quand il s'agissait des communistes. Les moyens employés contre eux ne semblaient pas tellement compter. Mais, avec les nazis, c'était différent. Ils avaient trop d'amis importants à droite, des gens qui prétendaient éprouver de la répulsion pour leur violence, mais sympathisaient avec leurs principes. Aux élections de 1930, les nazis – à leur propre surprise – apparurent comme le parti le plus fort, les communistes les suivant de près. J'étais bien loin de m'y attendre. Il était clair que je m'étais bercé d'illusions. Je n'avais pas cru que des millions d'Allemands, qui citaient Goethe et Schiller et dépeignaient si fièrement leur pays comme *ein Volk Dichtern und Denkern*, un pays de poètes et de penseurs, pourraient se laisser séduire par un tel méli-mélo d'absurdités, la « diarrhée » d'idées confuses d'un Hitler.

Pour ma part, je ne m'étais pas rendu compte du manque de maturité politique de tant d'Allemands, restés si provinciaux et qui se laissaient si facilement duper par la pseudoscience. Il y a chez l'Allemand moyen une foi touchante et presque enfantine dans l'éducation. Je ne crois pas qu'un professeur d'université puisse être nulle part plus respecté qu'en Allemagne. Ce que dit un professeur *doit* être vrai. Et ce préjugé est si connu qu'il est constamment exploité par des firmes publicitaires. L'AIlemand, à l'encontre du Latin, ne se laisse pas aisément emporter quand on fait appel à son émotion. Il souhaite être *convaincu* et c'est pourquoi, en

Allemagne, tant d'annonces mentionnent que le professeur X., de l'université de Munich, ou le professeur Z., de Berlin, ont fait l'essai de tel ou tel produit et l'ont trouvé scientifiquement valable. Toute une campagne pour un soutien de voûte plantaire appelée «Pneumette» fut menée à partir de ce raisonnement. Un professeur en analysa les effets sur les contrôleurs d'autobus, qui devaient rester tant d'heures de suite debout ; un autre professeur en fit autant pour les facteurs, qui doivent marcher si longtemps tous les jours et, bien entendu, on déduisit de leurs conclusions que tout le monde avait besoin d'une «Pneumette».

Mais ce n'était pas seulement le monde des affaires qui usait de ces méthodes. Les nazis le faisaient aussi. J'ai déjà parlé du roman de Dinter, *Le Péché contre le sang*, avec ses notes en bas de page donnant une confirmation scientifique de la thèse selon laquelle un pourcentage sensible de sang juif était dangereux pour les Aryens, et même pour les singes. La même technique était utilisée sans fin par Hitler, qui, à mon avis, croyait sincèrement aux démonstrations pseudoscientifiques de la suprématie aryenne. Je ne doute pas non plus qu'il était convaincu qu'il existait une conspiration juive mondiale, que *Le*

*Protocole des sages de Sion* était authentique, que l'Allemagne n'avait pas été vraiment vaincue à la guerre, mais ruinée par des « puissances obscures ». Il n'aurait jamais pu convaincre tant de millions de gens de la vérité de son mythe s'il n'y avait pas cru lui-même, de façon absolue.

Que tant d'Allemands, avec leurs grandes traditions culturelles, aient admis si aisément la doctrine raciste de Hitler est un mystère.

J'avais adhéré au parti social-démocrate, le seul auquel je croyais pouvoir appartenir. Les démocrates, ou libéraux, n'avaient rien à dire, le centre était un parti catholique et les *Deutsch-Nationalen* étaient réactionnaires. Les avocats sociaux-démocrates étaient peu nombreux et, pour autant que je m'en souvienne, un seul juge adhéra au parti. Vers 1932, j'étais président, secrétaire, trésorier et l'un des deux seuls membres de l'Association des avocats du parti social-démocrate du Wurtemberg.

Presque aussitôt après les élections de 1930 et jusqu'à ce que Hitler vînt au pouvoir, il y eut la guerre civile en Allemagne, où quatre armées immenses s'affrontaient : la *Reichsbanner* républicaine, la SA nazie, la communiste *Die Rote Fahne* et le *Stahlhelm*, de droite. La *Reichsbanner* devait combattre sur deux fronts, non seulement contre les nazis, mais aussi contre les communistes, qui considéraient les *Sozialfaschisten* plus dangereux pour eux que les nazis.

Lorsque je parle de guerre civile, je n'entends pas par là de formidables batailles comme en Russie après 1917, mais d'incessantes séries d'incidents majeurs ou mineurs au cours desquels des milliers de personnes étaient blessées. Il y avait des morts, d'innombrables arrestations. Il est inexact de dire – comme le prétendent tant de personnes hors d'Allemagne – que le pouvoir nazi grandissait sans rencontrer d'obstacles. Il se livrait au contraire une lutte âpre et dure, et la résistance se poursuivit même lorsque Hitler fut au pouvoir : les nombreuses exécutions et les martyrs des camps de concentration, qui, bien entendu, n'étaient pas tous juifs, en sont la preuve.

Les nazis usaient de deux sortes de tactique dans leur lutte contre la *Reichsbanner*, mais le résultat était le même.

La première était d'administrer à l'adversaire politique des punitions corporelles à l'aide de revolvers, de chaînes de bicyclette, de couteaux, de bâtons hérissés de clous, de matraques garnies de fil barbelé. Si l'adversaire n'était pas tué, il restait à l'hôpital pour au moins quelques mois.

La seconde méthode consistait à utiliser la loi en guise d'arme et, au lieu de passer quelques mois à l'hôpital, la victime passait quelques mois, ou même quelques années, en prison. Cela revenait au même : il était hors d'état de nuire.

La façon d'utiliser l'arme légale était assez simple. Des nazis attaquaient quelques hommes de la *Reichsbanner*, puis couraient aussi vite que possible jusqu'au poste de police le plus proche et se plaignaient d'avoir été rossés. Après quoi, la police arrêtait les hommes de la *Reichsbanner* qui devenaient aussitôt les accusés, tandis que les nazis devenaient les témoins (le faux témoignage étant devenu une arme politique reconnue). Une ou deux fois, j'ai apporté la preuve qu'avant un procès les nazis avaient fait une véritable répétition générale de leur faux témoignage, mais il était généralement impossible de dénoncer cette sorte de conspiration qui très souvent avait l'appui, actif ou passif, des juges et des procureurs tout aussi bien.

Pour autant que je sache, on ne s'est jamais bien rendu compte du rôle important joué par les juges dans la prise du pouvoir par les nazis. Je sais de quoi je parle car, à partir de

1930, ma tâche consista à défendre les défenseurs de la République de Weimar.

Presque tous les juges appartenaient à la droite. Certains d'entre eux étaient membres du parti nazi, mais gardèrent la chose secrète jusqu'à ce que Hitler fût assuré du pouvoir. Tous préféraient croire la parole d'un nazi plutôt que celle d'un membre de la *Reichsbanner.*

Je tiens à signaler deux exemples, parmi bien d'autres, simplement pour donner une idée de ce qui se passait.

Un matin, de bonne heure, un groupe de nazis en uniforme attaqua la maison d'un homme d'un certain âge appartenant à la *Reichsbanner*, qui avait été grièvement blessé pendant la Première Guerre mondiale. Certains d'entre eux se mirent à grimper sur le toit et d'autres brisèrent les fenêtres. L'homme tira quelques coups de revolver en guise d'avertissement, mais personne ne fut blessé et les nazis s'enfuirent. Cette fois, l'affaire était si claire que la police n'avait pas le choix et dut arrêter quelques-uns des nazis, qui furent accusés d'agression. Tout de suite j'eus la certitude que le juge était du côté des accusés, qu'il traitait avec une exquise politesse. Dès que mon client parut, la scène changea complètement. Il était soudain de la plus grande importance de savoir combien de coups avaient été tirés. Mon client dit trois, les nazis dirent deux. Le juge répéta sa question :

« Combien de coups avez-vous tirés ?

– Trois, Monsieur le juge.

– Vous dites trois, mais il y en a d'autres qui disent deux. Écoutez, je vous préviens (hurlant), je vous préviens ! Si vous le répétez, je vous ferai arrêter pour faux témoignage ! Et un faux témoignage signifie les travaux forcés pour un an au moins ! Pour la dernière fois, combien de coups avez-vous tirés ?

– Deux, Monsieur le juge.

– Bon, voilà qui est mieux. J'espère que vous comprenez que je vous ai épargné la prison et que vous êtes reconnaissant de ce que j'ai fait pour vous. »

On pourrait se demander si je n'aurais pas dû intervenir plus énergiquement et empêcher le juge d'intimider mon client par ses vociférations. La réponse est oui et non. Il fallait une grande expérience, de l'assurance et du courage pour répondre au juge par d'autres vociférations. Un faux pas, et une sanction disciplinaire pouvait être prise contre vous. Un avocat risquait d'être suspendu de ses fonctions – jamais un juge. En Allemagne, un juge était un homme puissant, qui connaissait en détail tous les dossiers qui lui étaient fournis directement par le juge d'instruction, après interrogatoire des témoins et de l'accusé. Si le casier judiciaire de l'accusé n'était pas vierge, le juge le consultait et lecture en était toujours faite dès le début du procès pour que tout le monde sût combien de fois il avait eu des difficultés avec la police. Non seulement un juge décidait souvent d'avance qu'un accusé était coupable, mais il décrétait, avant de l'avoir entendu, quelle peine il lui infligerait. (Un jour, en tant que *Referendar*, j'étais présent lorsque le juge, *Amtsrichter* Braun, et le procureur discutèrent de la peine que le procureur allait requérir et combien d'années de détention il pensait pouvoir imposer ! Braun me dit avec un sourire que c'était, « bien entendu », contre les règles, mais que cela se faisait souvent.)

Les juges étaient souvent autoritaires, des tyrans acariâtres qui vociféraient contre l'accusé et intimidaient souvent les témoins, déjà assez nerveux, par des « Vous ne pourriez pas abréger ? J'ai déjà entendu ça ! », « Croyez-vous que j'aie envie de rester là toute la journée ? », etc. La plupart d'entre eux détestaient les avocats dont certains gagnaient plus d'argent en un jour qu'un juge en un an, et souvent ils les considéraient comme des fléaux qui entravaient la marche normale des causes condamnées d'avance par la cour. Un juge affichait souvent son mépris et pour l'accusation et pour la défense en consignant la sentence et les raisons qui la dictaient tandis que la plaidoirie durait encore, puis il l'annonçait et se retirait sans même attendre une seconde dès que les avocats en avaient terminé.

Un jour, je m'arrêtai net au milieu d'une plaidoirie. Intrigué par mon silence soudain, M. le juge leva les yeux. « Avez-vous fini, Herr Doktor ? » Je lui dis poliment que j'avais besoin de son attention et considérais comme insuffisante sa seule présence corporelle. Il me regarda d'un air furieux, me dit de poursuivre, s'arrêta d'écrire, mais se mit à bâiller au bout d'une minute et condamna mon homme à trois mois d'emprisonnement dès que j'eus terminé. Il ne lui aurait peut-être donné que deux mois si je n'étais pas intervenu.

Il y avait, bien entendu, des juges qui se conduisaient correctement. J'étais en relations amicales avec certains d'entre eux. Je me rappelle leur nom avec gratitude et, dans certains cas, avec admiration. Après tout, ils étaient misérablement payés, avaient souvent des raisons d'être contrariés par certains avocats qui n'acceptaient une mauvaise cause que si elle rapportait de l'argent, alors qu'eux-mêmes travaillaient dur et consciencieusement et étaient, autant qu'il est humainement possible, impartiaux et certainement incorruptibles.

Mais il y en avait quand même trop qui, peut-être pour une dispute familiale, ou parce qu'ils avaient fait des cauchemars la nuit précédente, arrivaient au tribunal de mauvaise humeur et se vengeaient sur les accusés. Je me souviens encore avec rage d'un spécimen de cette sorte, *Amtsrichter* Otto, un sadique, haï et redouté de tous, qui infligeait des peines si dures que les accusés s'évanouissaient souvent au tribunal. Il y en avait d'autres dont j'ai oublié le nom, mais tous étaient les produits d'un système qui mettait entre leurs mains un bien trop grand pouvoir.

Voici un autre cas typique où la police et la justice s'unirent pour venir en aide à un accusé nazi.

Trois nazis avaient attaqué un groupe de jeunes gens de la *Reichsbanner*, mais avaient été repoussés. Deux des nazis s'échappèrent; le troisième, armé d'un couteau et d'un revolver, fut conduit au poste de police le plus proche. Le résultat fut étonnant : on accusa le nazi d'avoir été en possession d'une arme dangereuse, un couteau. Aucune mention du revolver. Les hommes de la *Reichsbanner* qui avaient amené le nazi désarmé au poste de police, au lieu d'être pris comme témoins, furent accusés, eux, d'« atteinte illégale à la liberté de mouvement d'un individu » !

Comme il y avait d'autres témoins, le nazi s'en tira avec une légère amende pour avoir été en possession d'un couteau, mais fut acquitté de l'accusation de tentative de voie de fait et de possession d'un revolver, ce qui, en raison des lois très sévères alors en vigueur, était passible d'une peine de prison d'au moins six mois.

Le fait est que, durant une guerre civile, presque tous les efforts pour rester impartial sont voués à l'échec. La plupart des juges allemands qui, en d'autres circonstances, se seraient montrés justes s'abandonnaient à la passion politique et ne prenaient même pas la peine de cacher leurs préjugés. Je crois que cela se serait produit dans n'importe quel autre pays, même en Angleterre, pays qui détient pourtant un magnifique record d'équité et d'impartialité[1].

1. Chose curieuse, les nazis, pour autant que je sache, ne protestaient jamais s'ils passaient devant un juge juif. La raison en était simple : un juge juif avait tellement peur qu'on ne lui reproche d'être partial a priori qu'un nazi était toujours sûr d'avoir le bénéfice du doute.

Au long de ces années, je rencontrai beaucoup de politiciens de gauche et des dirigeants syndicalistes. La personnalité la plus éminente était Kurt Schumacher, qui fut, jusqu'à sa mort, le leader incontesté du parti social-démocrate de l'Allemagne de l'Ouest. C'était un Prussien et il dirigea le journal social-démocrate *Die Tagwacht* jusqu'à son élection au Reichstag.

C'était un homme intègre et courageux. Il avait été amputé d'un bras, vivait avec une douzaine d'éclats d'obus dans le corps et devait avoir énormément souffert. Les nazis le redoutaient et le haïssaient plus que quiconque. Il refusa de s'échapper quand ils prirent le pouvoir, fut arrêté et passa douze ans dans un camp de concentration, refusant obstinément de signer une déclaration comme quoi il s'abstiendrait d'activité politique si on le libérait. Après la guerre, on dut l'amputer également d'une jambe, et, malgré tout, il eut la volonté et l'autorité nécessaires pour diriger le parti jusqu'à sa mort.

Je le rencontrais presque chaque jour dans un café, le Schlossgarten, avec mon ami Bauer, aujourd'hui procureur général à Francfort, et nous ignorions que notre serveur était un espion nazi. Schumacher était l'un des meilleurs orateurs d'Allemagne. Son empire sur les foules dans le Wurtemberg était si grand qu'en 1933 les sociaux-démocrates obtinrent à Stuttgart plus de voix que les nazis. (Dans tout le Wurtemberg, les nazis, pour autant que je m'en souvienne, n'avaient que vingt-cinq pour cent des votes, comparés à quarante-trois pour cent dans le reste de l'Allemagne.)

Schumacher était grand, mince, légèrement courbé. Son visage évoquait une pomme ratatinée ; ses lèvres étaient aussi minces que si on les lui avait coupées au rasoir et ses yeux verts aussi froids que des glaçons. Comme Churchill, il fumait sans cesse ou suçotait un cigare. On avait conscience de sa force de volonté et de sa foi fanatique en la justesse absolue de sa cause mais, pour ma part, j'avais peur de lui et me sentais nerveux et gauche en sa présence. Comparé à lui, j'étais un être faible et irrésolu. La politique était tout pour lui, la vie même, et il était prêt à mourir et à laisser les autres mourir pour ses convictions. Pour moi, la politique n'était qu'une partie de la vie, une partie nécessaire, mais peu agréable. Je suis certain qu'il le savait, réprouvait cette attitude et qu'à cause de cela je lui étais antipathique. Je doute qu'il ait eu des amis intimes et ne suis pas sûr qu'il en éprouvât le besoin, mais il avait des milliers de partisans prêts à mourir pour lui. Et certains d'entre eux le firent.

Rétrospectivement, il semble incroyable que, quelques mois seulement avant la victoire de Hitler, nous ayons pu penser que son pouvoir était sur le déclin. Il perdait des voix, il avait des dettes énormes et pressantes et bon nombre de ses adhérents du lumpenprolétariat avaient décidé qu'il était temps de rentrer au bercail communiste. Schumacher lui-même pensait que le plus grand danger était passé. Un an auparavant, disait-il, un nazi exigeait et recevait jusqu'à cent marks pour une information sur les réunions secrètes des autres partis, mais ce montant était tombé à cinq marks parce qu'il y avait trop d'indicateurs.

Je crois encore que notre optimisme n'était pas déraisonnable. Nous ne pouvions savoir que von Papen allait sauver Hitler du désastre. Il se peut que von Papen ait agi comme il l'a fait par crainte que l'effondrement de Hitler n'accrût le danger «rouge» si des millions de nazis déçus rejoignaient les rangs communistes. Mais comme je ne suis pas historien, il se peut que l'on réfute cette idée. Tout ce que je puis dire, c'est que telle était notre opinion, et je crois qu'elle n'était pas tout à fait injustifiée.

La résistance des sociaux-démocrates contre les nazis était d'autant plus difficile que nous avions à combattre sur deux fronts. Les communistes allemands, aveugles et stupides comme à l'ordinaire, et suivant probablement quelque ligne nouvelle dictée par Moscou, avaient décidé que l'ennemi principal n'était pas constitué par les nazis, mais par les *Sozialfaschisten*.

Leurs troupes de choc paramilitaires attaquèrent notre *Reichsbanner*. Ils tentèrent en même temps de régenter non seulement les syndicats, mais encore les sociétés musicales, les clubs sportifs, etc., par tous les vilains tours qu'ils connaissaient. Leurs méthodes n'ont jamais varié. Le 8 décembre 1957, le *Sunday Times* a publié l'article d'un « dirigeant syndicaliste » dans lequel l'auteur décrivait les tactiques employées aujourd'hui en Angleterre par les communistes, identiques à celles employées en Allemagne à la fin des années vingt. « Les communistes ont toujours été déterminés à régenter les syndicats. C'est là le résultat de trente-six années de vieilles directives, répétées avec insistance, du parti communiste d'Union soviétique… Cela a pour but d'ébranler la base de notre force économique, de détourner les syndicats de l'application des conventions collectives et de les développer en tant qu'instruments politiques de la "lutte des classes"... Lorsque les communistes disposent de postes clés dans les syndicats, leurs activités passées au profit du parti les rendent vulnérables à une sorte de chantage, au cas où il serait nécessaire de faire pression sur eux. Si l'un d'eux renâcle à obéir, on usera contre lui de diffamations aussi longtemps qu'il luttera pour conserver son intégrité. Les membres du parti communiste dans toutes les branches répandront sur lui des mensonges. S'il prend une consommation, "il boit trop". "Il y a des fous dans sa famille", et ainsi de suite.»

C'est ce qui se pratiquait en Allemagne. Si Kurt Schumacher buvait un verre de champagne à une fête d'anniversaire, les communistes écrivaient qu'on l'avait trouvé ivre mort et malade «parce qu'il avait mangé trop d'huîtres et de caviar». Des articles paraissaient dans la presse communiste, où des dirigeants syndicalistes bien connus étaient accusés d'être à la solde de leurs patrons. Quand des procès en diffamation étaient intentés contre des directeurs de journaux communistes, ces derniers ne tentaient jamais de prouver qu'il y avait la moindre parcelle de vérité dans leurs allégations. Leurs avocats faisaient tout simplement un discours pour dire que les communistes savaient bien qu'ils ne pouvaient attendre aucune justice de la part d'un « tribunal bourgeois », et c'était tout. Les journaux payaient l'amende – les amendes étaient peu onéreuses en Allemagne – et, le lendemain, les mêmes insinuations reparaissaient. Je demandai un jour à l'avocat du parti communiste, un lourdaud du nom de Pahl, pourquoi ses clients continuaient à répéter leurs sottises. Il me fit un sourire sinistre : « *Semper aliquid haeret*, il en reste toujours quelque chose », dit-il.

Je me rappelle encore, et avec beaucoup d'amertume, notre dernière démonstration avant les élections de 1933. Conduits par Schumacher et tous les dirigeants sociaux-démocrates, et accompagnés d'une foule de quelque vingt-cinq mille personnes, nous parcourûmes en ordre parfait les rues de Stuttgart. Quelques milliers d'hommes de la *Reichsbanner* ouvraient la marche, puis venaient les syndicats avec leurs bannières et leurs drapeaux. Tout le monde chantait les vieilles chansons de 1848 :

*L'orage se prépare*

*Brüder, zum Lichte, zur Freiheit*

et

*Schwarz ist die Nacht*
*Blut ist rot*
*Golden flackert die Flamme.*

Derrière les hommes marchaient des milliers de femmes, et c'est là exactement que les communistes se frayèrent un chemin et coupèrent en deux notre dernière démonstration libre. Les nazis eux-mêmes nous avaient laissés tranquilles.

Depuis lors, je ne me suis jamais laissé duper par un communiste.

Peu de temps avant les élections, je rencontrai deux membres importants du parti communiste qui me dirent qu'ils allaient voter pour Hitler. Quand je leur demandai pourquoi diable ils se proposaient de faire une chose aussi folle, l'un d'eux me répondit en ricanant : « Nous devons l'amener au pouvoir. Aussi longtemps qu'il restera dans l'opposition, il sera dangereux. Une fois au pouvoir, il n'en aura que pour six mois. Alors, ce sera NOTRE TOUR ! »

Quelques jours plus tard, Hitler était au pouvoir et communistes et sociaux-démocrates furent emportés dans l'abîme.

Vers la fin de février 1933, Schumacher me demanda de faire quelques tournées électorales en Forêt-Noire, mais il m'arrêta à la dernière minute, car il était déjà trop dangereux d'y aller. Toutes les petites villes, Nagold, Horb, Calw, étaient maintenant solidement pronazies. Il m'envoya donc dans de petites agglomérations industrielles près d'Ulm et de Reutlingen, où notre parti était encore fort. Je parlai dans des meetings où la foule était dense, mais je devais être protégé en chemin. Un camion bourré de membres de la *Reichsbanner* précédait ma petite Opel à deux places et un autre la suivait. Ce devait être un spectacle assez amusant.

Partout où j'allais, j'avais l'impression que la classe ouvrière était fortement antinazie. Il n'y eut qu'un seul petit incident au cours de ma tournée : les communistes coupèrent un fil électrique auquel était relié mon micro... mais ce fut tout. Les élections étaient fixées au 5 mars. Le soir qui les précéda, mon bureau dans l'Archivstrasse était devenu le siège social du parti social-démocrate. C'était une rue très calme et personne n'y soupçonnait notre présence. Des membres des syndicats, des membres du Parlement, le secrétaire du parti dormirent sur le parquet, sur des chaises, sur mon divan. La plupart d'entre nous étions armés.

Peu de temps après minuit, on nous dit que les nazis répandaient le bruit que Braun, ancien ministre président de Prusse, s'était enfui en Suisse. Persuadés que ce n'était là qu'un mensonge des nazis, un de mes collègues et moi nous précipitâmes dans ma voiture pour aller tirer un imprimeur de son lit et faire imprimer un démenti qui fut distribué le lendemain.

La rumeur, hélas, était vraie. Je ne crois pas qu'elle ait eu la moindre influence, la bataille était perdue de toute façon, mais elle nous déprima profondément.

Le reste de l'histoire peut être dit en quelques mots. Presque tous mes amis politiques furent arrêtés et mis dans des camps de concentration. Quelques personnes furent rossées, mais, somme toute, il y eut moins de violence dans le Wurtemberg que dans les autres régions d'Allemagne où les nazis avaient réalisé leur *Nacht der langen Messer*, la Nuit des longs couteaux, dont ils rêvaient depuis longtemps. Je demeurai à Stuttgart dix jours encore, changeant souvent d'adresse, mais je me rendais au tribunal tous les jours… avec un revolver dans ma poche. Tout le monde semblait surpris de me voir encore libre et me le disait. J'en étais surpris moi-même.

Le 23 mars, Pazaurek me téléphona. Il avait vu Dill, un juge avec lequel j'avais toujours été en bons termes et qui, je fus choqué de le découvrir, se révéla être un vieux membre du parti nazi. Dill lui avait dit : « Si vous voyez *Uhlmännle* (le petit Uhlman), dites-lui qu'il fait beau à Paris aujourd'hui. Dites-lui bien *aujourd'hui.* »

J'avais compris. Je rassemblai quelques vêtements, pris un peu d'argent et, sans pouvoir même dire au revoir à mes parents, sautai dans ma voiture et partis.

C'est ainsi que je quittai ma patrie, la ville où j'avais passé trente-deux ans de ma vie ; la langue que Goethe, Hölderlin et Mörike avaient parlée et dans laquelle ils avaient écrit me serait désormais étrangère, tout comme les lacs et les forêts, et les vieilles villes du Wurtemberg. Pour moi, les sources seraient silencieuses à jamais.

J'étais trop soulagé d'être en sécurité pour éprouver une quelconque douleur, et plus soulagé encore de m'être évadé d'un cauchemar. Comme un homme grièvement blessé, mais heureux d'être vivant, je n'ai pris conscience de la blessure que plus tard.

Quand je suis revenu à Stuttgart après la guerre, c'était en complet étranger. La ville n'était qu'un *grand cimetière sous la lune* que je parcourais, fantôme parmi des fantômes. Les fenêtres, qui s'étaient un jour ouvertes pour moi, étaient vides. J'attendais, mais personne ne vint.

Je me rendis au cimetière juif et, après avoir cherché pendant longtemps, je trouvai la tombe que j'étais venu voir : celle de Lina Uhlman, née Elsas, ma grand-mère, qui avait été si bonne pour moi. Celle de mes parents et celle de ma malheureuse sœur étaient loin, bien loin, quelque part entre Bergen-Belsen et Auschwitz. Je fondis en larmes. Je pleurai comme je n'avais jamais pleuré de ma vie et comme j'espère ne plus jamais pleurer. J'avais maintenant cinquante ans. Je pleurai sur ma famille assassinée, mes amis morts, mes souvenirs empoisonnés, sur des milliers et des milliers de Juifs et de chrétiens massacrés. Je pleurai sur l'Allemagne, sur les ruines de tant de villes si anciennes et si belles. Je pleurai sur l'espérance et la foi perdues et sur la vie éphémère et dénuée de sens.

Je me conduisis comme un fou. Je criai à tue-tête : « Au meurtre ! Au meurtre ! »

au-dessus des tombes juives, non entretenues, et ma voix était pleine de haine parce que, au-delà de la haie qui séparait la partie juive de la partie chrétienne, je voyais les sépultures chrétiennes bien nettes et soigneusement désherbées.

Quand je regagnai la ville, je me perdis complètement. Bien entendu, elle avait été terriblement bombardée, mais j'avais tout oublié. Non seulement les noms et l'emplacement des rues et des places où j'étais passé presque chaque jour pendant trente-deux ans, mais également les noms de mes vieux amis. Mon explication de cette amnésie partielle est que ma peine était telle que j'avais voulu oublier… et y avais réussi.

# 10

# La France

> Qui comprend et estime le français en Allemagne est déjà un esprit cultivé, un homme libre.
>
> Karl MARX.

> Paris est la nouvelle Jérusalem et le Rhin est le Jourdain qui sépare la terre de la liberté de la terre des Philistins.
>
> HEINE.

Je franchis la frontière le 24 mars 1933, quelque part entre Fribourg et Bâle, à un poste frontière isolé. Un garde armé m'arrêta, prit mon passeport et consulta un petit carnet noir. Au bout d'un certain temps, il me fit signe et je me trouvai libre.

Je n'eus aucune idée à cet instant et, en réalité, pendant de nombreuses années, que c'était là le *Wendepunkt*, le tournant de ma vie. J'ai parfois l'impression, lorsque je jette un coup d'œil en arrière, d'avoir commencé à vivre ce jour-là. Jusqu'alors, j'avais été un avocat de province dans une ville de province. Mes perspectives étaient nettement tracées : à moins de pouvoir me libérer (ce qui, étant donné la contrainte sociale et morale dans laquelle je vivais, était hautement improbable), je mourrais là, avocat ayant peut-être réussi, mais complètement frustré, incapable d'avoir échappé à son esclavage. Si Hitler ne m'avait pas forcé à partir, je me demande même si j'en aurais pris l'initiative.

Mais je n'en avais alors aucune idée. Tout ce que je savais était que je me trouvais au milieu d'une tempête déchaînée et dans l'ignorance absolue de ce qui allait arriver à ma barque. Je ne savais pas combien de temps durerait mon exil... peut-être seulement quelques semaines ? Tous mes amis s'attendaient à me revoir bientôt : aucun d'entre eux ne croyait que Hitler, une fois au pouvoir, désirerait réaliser son programme démentiel et s'exposer à l'hostilité de tout le monde civilisé. Bien sûr, disaient-ils, il ferait «quelque chose» après avoir assuré des promesses à tous. Il dissoudrait les organisations juives, fermerait certains grands magasins et leurs succursales et réarmerait pour faire plaisir à la *Reichswehr* et au vieil Hindenburg. Mais, à part cela, il lui faudrait bien mettre de l'eau dans son vin. Après tout, l'Allemagne avait sa culture, son passé. Il y avait les vieilles villes merveilleuses, la tradition de Weimar, les grands musiciens, les philosophes, les universités célèbres, et aussi la classe ouvrière qui, après des années de dur combat, avait réussi à créer de puissants syndicats. Une fois qu'il serait en face de la responsabilité qu'il avait habilement esquivée jusqu'à présent, les masses abandonneraient Hitler, le mythe serait dissipé par les faits implacables et les plus aveugles eux-mêmes le verraient tel qu'il était en réalité : un charlatan. Mais j'avais commencé à éprouver des doutes.

La réponse à tout cela vint assez vite. Je m'étais arrangé pour correspondre en code secret avec mon vieil ami Pfander. Il me rendait compte d'une cause imaginaire : Smith *versus* Excellent. Pendant deux ou trois semaines, il m'écrivit que la cause était en bonne voie, puis que l'affaire devenait douteuse ; et, au début de juillet, vint un bref télégramme : « Cause perdue. »

J'arrivai à Paris le 25 mars. Paris était pour moi un choix évident. C'est là que se rendaient la plupart des intellectuels et artistes allemands expatriés. Les politiciens allaient surtout à Prague et les hommes d'affaires à Londres. Depuis 1830, la France avait toujours été considérée par les Allemands à l'esprit libéral comme le foyer de la liberté politique et religieuse, la seconde patrie de Heine, de Boerne et de tant d'autres. Et, comme les frontières françaises étaient grandes ouvertes, je n'hésitai pas.

Je ne connaissais qu'un seul homme dans toute la ville : le peintre Paul Elsas, qui avait un atelier à Montrouge. Je me rendis directement chez lui. D'abord stupéfait de me voir, il se montra secourable. Je parlai avec lui longtemps après minuit, jusqu'à ce qu'il fût trop tard pour trouver un hôtel. Il demanda à sa concierge si elle pouvait me loger pour la nuit et elle me donna la chambre numéro 17 au premier étage. Ce fut ma première nuit à Paris et je ne l'ai jamais oubliée. La pièce était dans un état de saleté incroyable. Quelqu'un qui n'avait probablement pas payé son loyer avait laissé toutes ses possessions sur le parquet, des assiettes sales, des casseroles graisseuses et des restes de nourriture. Les draps étaient noirs, mais j'étais trop épuisé pour aller ailleurs, et où aurais-je pu aller à cette heure de la nuit dans une ville étrangère ?

Je décidai de m'étendre sur le lit tout habillé et de somnoler un peu. Avant d'éteindre la lumière, je jetai un regard sur le papier peint bon marché et, à ma grande surprise, certaines des fleurs bougeaient. Elles montaient vers le plafond, le longeaient et retombaient sur mon lit avec un léger bruit mat, pareil à celui d'une noisette sèche.

C'étaient des punaises et il y en avait des légions. Beaucoup d'autres petits insectes, dont certains étaient probablement des poux, se joignirent à la compagnie qui attendait un repas chaud. Je restai donc assis sur une chaise la nuit entière. Tout habillé et armé d'une pantoufle, je me défendis, ainsi que ma valise, contre cet assaut. Quand vint le matin, je quittai la maison et donnai à la concierge les dix francs réclamés pour la location de la chambre. Elle accueillit l'annonce de la présence des punaises avec beaucoup de calme et de dignité.

Je trouvai une autre chambre non loin de la porte d'Orléans au 15, chemin du Reposoir. C'était une maison meublée, principalement habitée par des gens de la classe ouvrière, des employés de magasin, par exemple. Ma chambre donnait sur le cimetière Montparnasse et, dans le lointain, je voyais la tour Eiffel.

Je ne puis me rappeler aucun des locataires. Des couples venaient et s'en allaient et chaque femme, mariée ou non, était, bien entendu, appelée madame. Pendant la semaine, c'était très calme, mais la nuit du samedi était bruyante parce que tous les bidets étaient très demandés.

Au bout d'une ou deux semaines, Mme Péret, la logeuse, me prit à part. Elle était un peu ennuyée, me dit-elle. Je vivais tout seul et ce n'était pas bon pour la santé. N'était-ce pas une perte d'énergie et d'argent de ne pas utiliser le lit à deux places ? Le prix, après tout, n'était pas plus élevé pour deux personnes que pour une.

Je remerciai Mme Péret de sa bonté et lui promis de m'occuper de ma « santé ». Si j'avais été son fils, elle n'eût pas été plus prévenante.

Mes trois premières semaines furent surtout occupées à visiter les nombreux comités de réfugiés, à faire enregistrer mon nom et à remplir des formulaires qui contenaient des questions telles que : « Êtes-vous célèbre, une personnalité de distinction ou éminente ? Si oui, précisez dans quel domaine. » J'étais obligé d'avouer que je n'étais qu'un avocat ordinaire qui ne réclamait pas de traitement préférentiel.

Au début, sous le choc de l'horreur et de l'émotion, les Juifs français donnèrent de grosses sommes d'argent pour les réfugiés les plus pauvres. Plus tard – ce qui était assez naturel – ils s'accoutumèrent à la situation et, comme leur intérêt faiblissait, les sources de fonds se tarirent. Plus tard encore, craignant que l'afflux de milliers de Juifs étrangers ne menât à l'antisémitisme et ne mît en danger leur propre position, ils ne donnèrent d'argent que pour l'émigration, ce qui créa parfois des situations invraisemblables. Il y avait un État sud-américain – le Paraguay, je crois – où une réglementation permettait l'entrée du pays sans visa si l'on voyageait en première classe ou si l'on possédait cinq mille pesos environ en espèces. Les comités de réfugiés conclurent qu'il était moins onéreux d'expédier les émigrants en première classe que de donner cinq mille pesos à chacun d'eux, mais ils découvrirent que, sur le bateau, tous les passagers de première classe devaient avoir des smokings. Il y avait vingt-quatre émigrants. On fit donc vingt-quatre smokings. Ces hommes voyagèrent en grand luxe… pour être déchargés comme des ordures sur une rive étrangère au bout de leur voyage.

Pour moi le problème était de savoir comment commencer une vie nouvelle. Financièrement, ma situation était beaucoup moins grave que celle de nombre de mes compagnons d'exil, car les nazis autorisaient alors le transfert de quatre cents marks par mois – transfert réduit plus tard à deux cents marks –, somme qui me permettait non seulement de vivre modestement, mais de mettre de côté un petit capital pour des besoins futurs. Or, de toutes les professions, celle d'avocat est à peu près la plus inutile pour un émigrant. Un homme d'affaires, un médecin, un dentiste ou un électricien peuvent commencer une nouvelle carrière n'importe où… s'ils en obtiennent l'autorisation. N'étant versé que dans les lois de son pays, un avocat ne le peut pas. Pour un homme d'un certain âge, le problème était insoluble et le meilleur moyen de sortir d'une situation humiliante et sans espoir était probablement le suicide, comme le *Senatspräsident* F. devait l'avoir compris lorsqu'il se tua, ainsi que sa femme, peu de temps après leur arrivée en France.

Commencer une vie nouvelle ? Quelle vie ? Trouver un emploi rémunéré était hors de question. Tous les réfugiés avaient sur leur passeport un cachet l'interdisant, sous peine d'expulsion immédiate. Créer une petite entreprise semblait la seule chose possible : peut-être une laverie, un restaurant, une cordonnerie minute, une boutique de jouets? Mais, quoi que l'on fît, un certain capital était essentiel et il faudrait faire concurrence aux Français. Qui peut faire concurrence à un laborieux et paisible commerçant français? Aucun intellectuel allemand, certes, et moi encore moins que quiconque. Je décidai qu'avant de me précipiter à l'étourdie en territoire complètement inconnu, je ferais mieux d'acquérir quelque connaissance de la France. Mieux valait rester inactif aussi longtemps que possible et chercher ensuite une occupation qui ne serait pas trop fastidieuse, mais me donnerait le sentiment d'avoir un but. Tout comme, treize ans auparavant, j'avais refusé d'entrer dans l'entreprise de mon père, j'étais maintenant déterminé à ne rien toucher qui semblerait impliquer l'emprisonnement à perpétuité.

Mais ce qui avait pour moi le plus de poids, c'était l'espoir persistant qu'il me serait peut-être épargné d'avoir une décision à prendre si le régime nazi s'effondrait. Le plus sage n'était-il pas de saisir cette merveilleuse occasion d'apprendre quelque chose de la France et de Paris? Pourquoi ne pas explorer

Paris pendant que je pouvais me le permettre?

Et c'est ce que je fis. Je passai des jours entiers à flâner rue de Varenne ou derrière l'Hôtel de Ville, essayant de trouver la maison qui avait appartenu au duc de Châlons-Luxembourg. Je la découvris et trouvai également, rue Saint-André-des-Arts, la maison dans laquelle Voltaire, devenu vieux, harangua pour la dernière fois la foule parisienne. Je découvris le pavillon de la reine Blanche de Castille, près de la rue des Gobelins, et, en face de la place Danton, une petite ruelle cachée où Danton et ses amis se rencontraient en secret. De là, j'allai rue Mouffetard où, en 1561, huguenots et catholiques s'étaient entre-tués. Je me mis à la recherche des maisons des vieilles familles de Broglie, Bourbon, Condé, Montmorency, Colbert, etc. Je mangeais dans de petits restaurants des quartiers populaires qui portaient des noms tels que : À la mère de famille, Le Malgré tout, Le Bateau ivre, Au petit chez soi, Au rendez-vous des chauffeurs, et j'aimais à écouter les conversations et les expressions élégantes de la classe ouvrière française. Quel boucher, partout ailleurs au monde, eût pu faire une réponse plus délicieuse que M. Jacques Bullet, propriétaire d'une boucherie chevaline, qui, lorsque la bru de Karl Liebknecht lui demanda le prix d'un peu de viande pour son chat, lui dit : « Un sourire de madame » ? Ou quelle politesse pourrait surpasser celle de l'ouvrier ivre qui proclama à une dame qui se trouvait un jour avec moi : « Madame, la meilleure chose au monde, c'est le soleil. Après, c'est la femme » ? Et le chauffeur de taxi qui, n'ayant pas de poste de radio dans son taxi, y avait écrit en lettres énormes : « Ici, pas de radio, mais le chauffeur chante. » Plus tard, je me rendis compte que le caractère des Parisiens n'avait guère changé au cours des siècles. Leur tempérament et leur attitude à l'égard de la vie paraissaient toujours les mêmes. Je l'appris lorsque, le 6 février 1934, une bagarre éclata entre la police et les Croix-de-Feu. Elle se poursuivit jusque vers 8 heures du soir. Puis, selon les journaux français, elle cessa parce que tout le monde voulait rentrer dîner... mais, ensuite, les deux adversaires en revinrent aux coups et le combat se poursuivit très tard dans la nuit. La même chose était arrivée le 26 août 1648. Ce jour-là, Mazarin ayant ordonné l'arrestation de trois représentants du peuple, les Parisiens se répandirent dans les rues en criant : « Liberté et Broussel ! » et dressèrent deux cents barricades. Mais, dans la soirée, le combat prit fin « parce que, pour rien au monde, les Parisiens ne laisseraient passer l'heure du dîner ».

Les guides de Julien Cain, qui avait été directeur du musée Carnavalet, me furent une aide précieuse. On peut encore les trouver chez les bouquinistes le long de la Seine. Certains des titres sont *Les Coins de Paris, Les Pierres de Paris*, etc. Je les trouvais très utiles et en aimais les anecdotes. L'une des meilleures raconte comment des rois d'Égypte furent enterrés sous la Bastille. Après les combats de rue de la révolution de juillet 1830, les révolutionnaires qui avaient été tués furent ensevelis dans le cimetière de Saint-Germain-l'Auxerrois, en face du Louvre. Quelques années plus tard, certaines des momies du Louvre commencèrent à pourrir parce que la technique pour les préserver était alors imparfaite, de sorte qu'on les enterra près des révolutionnaires morts en 1830. Après la révolution de 1848, le gouvernement décida d'exhumer les héros de 1830 et de les enterrer avec les victimes de 1848 dans une tombe commune. Certains des cadavres furent mélangés et, selon Cain, les héros de 1830 et de 1848 furent ensevelis sous la colonne de la place de la Bastille avec les momies des pharaons de l'Égypte ancienne.

Au bout de quelques semaines d'exploration, je m'étais fait de Paris une idée romantique, celle d'une ville dans laquelle la littérature et l'art tiennent la place qu'occupe le sport en Angleterre, où chaque repas est considéré comme un enrichissement de la journée et non un mal nécessaire, où endosser un uniforme est un embarras pour celui qui le porte et où demander l'impossible est le signe d'un esprit barbare, où l'interruption du travail est plus importante que le travail lui-même et où chaque homme et chaque femme a la crainte instinctive de perdre son individualité. Quel contraste avec l'Allemagne nazie ! Paix et commerce étaient les mots d'ordre, non sang et fer. Le goût et la raison semblaient dominer la vie, non la vulgarité et l'hystérie teutonnes. Beaucoup plus tard, quand ma lune de miel avec Paris eut pris fin, je révisai certaines de mes premières impressions. Je découvris que Paris peut être sans pitié. J'ai oublié qui a écrit : « Un des privilèges de la bonne ville de Paris, c'est que l'on peut y naître, y vivre, y mourir sans que personne ne fasse attention à vous. » J'éprouvai le même sentiment. À Paris, on peut faire ce que l'on veut, on peut avoir une maîtresse ou dix, être riche ou pauvre, mais la profondeur du gouffre où l'on peut tomber sans attirer la plus légère attention est insondable.

Je me rappelle avoir lu dans un journal : «Deux clochards trouvés morts sur des bancs du boulevard du Montparnasse.» Des centaines de gens avaient dû passer devant les mourants, mais qui se serait soucié des épaves d'une telle ville ? Il existe dans Paris des quartiers, près des portes de la ville, par exemple, où vivent les Algériens et les Tunisiens, aussi horribles et scandaleux que les bidonvilles d'Afrique. Derrière Saint-Julien-le-Pauvre et autour des Grands Boulevards, il y a des rues puantes de pauvreté et probablement plus insalubres aujourd'hui qu'au XVI^e^ siècle. Il y a à Paris des milliers de maisons sans salle de bains et seulement pourvues des aménagements sanitaires les plus primitifs, souvent un cabinet d'aisances pour trois ou quatre familles.

La plupart des visiteurs étrangers, du moins ceux qui viennent à Paris pour leur plaisir, ne voient rien de tout cela. Ils descendent dans l'un de ces «délicieux» petits hôtels de la rive gauche, peut-être l'hôtel d'Angleterre rue Jacob ou l'hôtel de Londres rue Bonaparte. Ils connaissent de «délicieux» petits bistrots où ils dégustent de «délicieux» plats français, un bourgogne tout simplement «délicieux» et le fromage le plus succulent d'une petite ville de province sur la Loire. Et c'est à peu près tout.

Rien de tel pour un réfugié qui doit gagner sa vie. *Débrouillez-vous* est la seule réponse qu'il obtienne et *Comptez sur moi* représente un refus poli. (Il me fallut longtemps pour le comprendre.)

Toutefois, pour le moment, ma vie à Paris était agréable en dépit de mon inquiétude pour l'avenir. Mon quartier général était Le Dôme, alors le café le plus cosmopolite de la ville. Peu de Français le fréquentaient et lui préféraient La Coupole, à cent mètres de là, mais toutes les autres nationalités se pressaient au Dôme. C'était une mine d'or pour son propriétaire, qui, disait-on, avait refusé de le vendre douze millions de francs. Les garçons, m'avait-on dit, ne recevaient aucun salaire, mais devaient payer le droit d'y servir et ils gagnaient souvent tant d'argent grâce aux pourboires qu'ils pouvaient, au bout de quelques années, entreprendre quelque chose à leur propre compte. Il en était de même pour l'homme qui vendait des cacahuètes et des pistaches, la femme qui tenait les W.-C., l'artiste qui tentait de vendre des peintures de Paris ou faisait des croquis des clients. Le Dôme me sembla, au début, enchanteur. À chaque table, je soupçonnais un Picasso, un

Miró ou un Matisse et il me fallut un certain temps pour me rendre compte que les ratés étaient plus nombreux que les grands artistes. De temps à autre, quelque maître apparaissait et je rencontrai là Léger, Othon Friesz, André Lhote et Chirico. Un jour, Picasso lui-même arriva. Généralement, il allait au Flore, mais un incident y était survenu : sa femme – c'est du moins ce que l'on dit – l'avait giflé et il devait s'abstenir d'y paraître jusqu'à ce que l'orage se fût calmé. Lorsque le maître arriva, ce fut un spectacle extraordinaire. Tout le monde le regardait, les yeux écarquillés, et le nom Picasso, Picasso, Picasso fut répété à chaque table, jusqu'à ce qu'il retentît comme des vagues battant le rivage. Tant d'artistes qui le connaissaient ou prétendaient le connaître tentèrent de lui parler qu'il ne revint jamais. Et, me dit-on, au lieu du Dôme, il adopta un café des Champs-Élysées, où il avait plus de chances de passer inaperçu.

Mais la plupart des habitués étaient peu connus ou encore inconnus, comme deux jeunes artistes que je rencontrais souvent, un homme paisible appelé Giacometti et un jeune homme du nom de Gruber, qui était souvent ivre. Némont, un marchand de tableaux, me dit qu'un jour Gruber était venu le voir et l'avait imploré d'acheter une de ses toiles pour dix francs, parce qu'il n'en avait pas vendu une seule depuis des mois et voulait simplement être à même de dire à son amie : «J'ai vendu une toile.»

Les ratés étaient, en majorité, des hommes et des femmes qui passaient là presque toute leur vie à parler et à boire. C'étaient les épaves de maintes migrations : des Russes blancs, des Italiens antifascistes, des Espagnols, des Juifs de partout, des Allemands, des Autrichiens, des Polonais, plus un assortiment d'escrocs internationaux, le tout entremêlé de faux réfugiés qui espionnait les vrais réfugiés et faisaient des rapports sur eux à leurs ambassades. (J'en découvris un qui m'espionnait.) Et il y avait des gens du monde entier qui venaient simplement pour contempler les artistes, les phénomènes et les excentriques.

C'était un cercle fantastique que celui dans lequel je me trouvais maintenant. Il y avait là Fernande, la première femme de Foujita, assise sur une table avec Kiki, le célèbre modèle de Renoir. Elles voulaient attirer l'attention sur elles et, par-dessus les tables, appelaient en criant des connaissances, qui leur répondaient en criant aussi. Les propos de Fernande étaient parfois si obscènes que le plus vieil habitué du Dôme lui-même en rougissait. Et il y avait Mme Schröder-Lazar, qui agitait sa chevelure rousse – était-ce une perruque ? – et vous disait avec fierté qu'elle avait été la maîtresse de Rilke. C'était une poétesse et je me rappelle un charmant petit poème qu'elle avait griffonné sur la nappe :

*À Paris, il y avait deux fourmis,*
*Qui voulaient partir en Australie,*
*Mais à Meudon, sur la chaussée,*
*Elles avaient déjà mal aux pieds.*
*Alors elles renoncèrent, sages,*
*Au dernier bout du voyage.*

Il y avait une Américaine qui était presque toujours ivre et déclinait visiblement. Elle paraissait avoir soixante ans, mais n'avait peut-être pas dépassé la quarantaine. De toute évidence, elle avait beaucoup d'argent car elle était souvent entourée de sales petits parasites qui vivaient à ses crochets et étaient assez jeunes pour être ses fils. Un jour, elle m'arrêta et, son horrible visage ravagé ruisselant de larmes, m'implora de persuader l'un d'entre eux de manger : « Oh ! monsieur Uhlman, dit-elle, il ne mange pas ! Il meurt de faim ! Dites-lui qu'il doit manger ! » Et elle essayait de fourrer, avec une cuiller, de la nourriture dans la bouche d'un parasite, qui détournait la tête avec dégoût. Elle devait finir par se jeter par la fenêtre. Après sa mort, on me dit qu'elle avait été autrefois la femme d'un ambassadeur américain et écrivain de quelque mérite.

Il y avait Olive et ses amis, qui jouaient aux cartes du début de l'après-midi jusqu'à minuit. Olive était l'un des plus dégoûtants petits maquereaux que j'eusse jamais vus. Il n'avait guère plus de vingt ans, portait un chapeau melon gris et était assez joli garçon, mais rondelet et le visage poupin. Tous les soirs, ses filles venaient lui apporter une part de leurs gains. L'une d'elles, une fille d'environ dix-neuf ans, était très jolie et le peintre Kisling désirait vivement l'avoir pour modèle. Nous l'approchâmes et elle dit qu'elle était tout à fait disposée à poser pour lui, mais devait d'abord en obtenir la permission d'Olive. Hélas, Olive, qui fumait un énorme cigare, refusa. « C'est mon meilleur cheval », dit-il à Kisling, mais il voulait bien lui prêter Suzanne. Kisling refusa, Suzanne n'étant pas aussi intéressante que l'autre.

Mes principaux compagnons à cette époque étaient Paul Elsas, Paul Westheim, maintenant professeur à Mexico, Bueck, ancien maître de conférences à l'université de Berlin, Gert Wollheim, le peintre, Tatjana Barbakoff, la danseuse, qui avait l'air d'une princesse mongole et fut plus tard assassinée par les nazis, Henri Héraut, peintre et critique d'art, qui avait, rue du Moulin-de-Beurre, l'atelier le plus fantastique que j'aie vu de ma vie. En entrant, le visiteur se trouvait face à un tombeau, le Tombeau de la poupée inconnue. Une croix se dressait sur le tombeau, autour duquel le plancher était couvert de poupées nues et de bras et de têtes de poupées démantelées. Tout le long des murs de l'atelier, mêlées à des peintures et à des masques africains, il y avait d'autres poupées nues, certaines entières, d'autres en morceaux, la tête et les bras ou les jambes et le postérieur pendus à des ficelles dans une attitude macabre et terrifiante évoquant les corps démembrés de petits enfants. Des montagnes de toile, des ustensiles de cuisine non lavés, des tubes de peinture à l'huile et des pinceaux jonchaient un parquet jamais balayé et tout était couvert de poussière. Sur le bureau s'entassaient des centaines de lettres, des livres, des coquilles d'œufs, un buste de Héraut lui-même portant une couronne de papier, et une lampe à pétrole. C'était un peintre intéressant et un critique d'art perceptif qui écrivait extrêmement bien. Il avait de mauvaises dents et bégayait à tel point qu'il était prudent de garder ses distances si l'on voulait éviter d'être aspergé de salive.

# 11

# Paris

Dans aucune autre ville du monde il n'y a autant de gens qui s'intéressent à l'art. Depuis des générations, les Parisiens sont des collectionneurs. Chaque année, des gens nouveaux commencent de nouvelles collections et tentent de s'enrichir par la découverte de talents nouveaux. Dans *Dieu est-il français ?* Sieburg dit de la littérature française : « En France, écrire est un processus aussi naturel que la pluie ou le tonnerre. » Il aurait pu dire « peindre ».

Des milliers de bourgeois français peignaient durant leurs heures de loisir. Je les ai vus bien des fois lorsque, après avoir passé la matinée au bord de la Marne pour tenter d'attraper un malheureux poisson, ils s'asseyaient paisiblement derrière leurs chevalets et peignaient les arbres gris, les ponts blancs au-dessus de la rivière bleue, l'azur délicat du ciel bienveillant. Qu'ils étaient prodigieusement sérieux! *Le commerce, la paix et la peinture*[1] était écrit en lettres invisibles sur leurs chapeaux de paille. Rien n'aurait pu troubler la quiétude merveilleuse de leur esprit. Tout était calme, plein de douceur et d'harmonie. Il n'existait pas de problème qui ne pût être résolu, aucun aspect de la vie humaine qui parût mériter une querelle. La rivière coulait avec régularité dans la rivière suivante et de là, à travers des villes sans âge, jusqu'à l'océan. Le dieu Pan français, comme le dit Sieburg, «ne songeait pas, de sa voix, à effrayer les gens. Sur ses oreilles pointues, il porte un chapeau de paille de jardinier. Ses jambes de bouc sont cachées dans un pantalon de toile bleue et, au chaud soleil du midi, oubliant qu'il est un démon, il devient une sorte de garde champêtre plein de dignité».

À Paris, l'art était partout. Même s'il n'allait jamais au Louvre, le Parisien empruntait un jour ou l'autre la rue La Boétie ou la rue de Seine. Aux vitrines de chacune des nombreuses galeries, il pouvait voir des Picasso, des Derain, des Vlaminck, des Segonzac, des Valadon, des Kisling, des Utrillo, des Braque, des Matisse, des Rouault. En ayant l'esprit

1. En français dans le texte. *(N.d.T.)*

positif et considérant que la fortune et la propriété ne sont pas choses méprisables, mais essentielles pour jouir de la vie, il songeait aux possibilités d'un bon investissement, surtout lorsqu'il y avait une chance, comme en sport, que son artiste préféré, son «poulain», arrivât peut-être un jour premier à la course.

Combien de fois ai-je vu un paisible petit bourgeois français entrer dans une galerie, se planter avec admiration devant une toile et, l'effleurant du pouce avec précaution, s'exclamer; «Ah çà! ça, c'est peint!»

Mme Némont, propriétaire de la galerie Le Niveau, me raconta que sa femme de ménage lui avait un jour avoué qu'elle avait vu une toile merveilleuse à son exposition, mais sans doute serait-elle très coûteuse. Comme c'était une exposition d'œuvres de plusieurs artistes, elle s'attendait que sa femme de ménage eût fixé son choix sur quelque chose d'agréable, un chat de Foujita ou une jeune fille de Kisling. Mais elle avait choisi une petite et délicieuse peinture de Braque.

Un de mes amis, autrefois artiste réputé, me dit qu'il n'avait vendu qu'un seul tableau à Paris, à un employé d'une firme de désinfection qui, en son absence, avait examiné toutes ses toiles et finalement acheté une nature morte parce qu'elle sentait la terre «que j'aime tant».

Il serait évidemment ridicule de prétendre qu'en général les femmes de ménage françaises aiment Braque et les *chasseurs de punaises*[1] français les natures mortes. Tout ce que je puis dire, c'est qu'il est possible à Paris qu'une femme de ménage apprécie Braque, mais je n'oserais en dire autant d'une duchesse à Londres.

En juillet 1933, je reçus de mon père une lettre m'informant qu'il avait vu l'ancien juge Dill, qui était maintenant le bras droit de Schmidt, le ministre de la Justice. Mon père lui avait demandé si je pouvais venir à la maison pour une courte visite afin de régler des affaires personnelles et voir ma famille, surtout ma vieille grand-mère que notre séparation rendait très malheureuse. Dill y avait consenti et lui avait promis qu'aussi longtemps que je prendrais soin de ne pas être vu en public il me permettrait de venir à Stuttgart pour quelques jours et garantirait mon retour à Paris. Mais il devait être bien entendu que, s'il y avait contre moi la

1. En français dans le texte. *(N.d.T.)*

moindre manifestation publique, on pourrait avoir à me mettre en « détention protégée ». Mon père ajoutait que j'étais entièrement libre de venir ou non. Je réfléchis à cette offre pendant un certain temps et décidai – malgré l'avis de tous mes amis, certains que c'était là un guet-apens – de l'accepter. Il y avait à cela deux raisons. Pour les nazis, je n'étais pas quelqu'un d'important. Pourquoi me mettraient-ils dans un camp de concentration et me nourriraient-ils alors que j'avais la possibilité de revenir à Paris ? Mais la principale raison était ce que je connaissais du caractère souabe. Faire ce genre de promesses avec l'intention délibérée de ne pas les tenir aurait été tout simplement « antisouabe ». Et je connaissais également Dill. C'était un nazi, mais il était dépourvu de *Heimtücke* (ruse et méchanceté) et j'étais certain, ainsi que je l'ai déjà dit, qu'il avait un peu de sympathie pour moi. C'était une affaire de chance, mais ce qui me persuada finalement de partir était le plaisir que, je le savais, ma visite causerait à ma famille.

Et je reçus l'avis officiel que je pouvais entrer librement au Wurtemberg. La police me suggéra de ne pas voyager *via* Strasbourg et Bade, ce qui aurait été le chemin le plus court, parce que la police de Bade n'était pas tenue de respecter une décision de la police d'un autre État. Il me fallut donc faire un long détour et gagner le Wurtemberg en passant par la Suisse et Friedrichshafen, sur le lac de Constance.

Mon père et un avocat de mes amis, qui l'avait accompagné pour le cas où des difficultés eussent surgi, m'attendaient à Friedrichshafen. J'arrivai à Stuttgart, vis ma famille et quelques fidèles et vieux amis. Pendant mon séjour, je me déplaçais toujours en taxi mais, de temps à autre, je ne pouvais m'empêcher de circuler à pied et très peu de gens me reconnurent.

Deux jours avant mon départ, j'allai à la gare prendre mon billet et je vis alors, reflété dans la vitre du guichet, un homme debout derrière moi. J'étais sûrement filé.

Le lendemain, vers 7 heures du matin, la sonnette retentit. L'homme que j'avais vu dans la vitre était sur le seuil. Il me dit que je devais me présenter au siège de la Gestapo, à l'hôtel Silber, bureau 207, à 11 heures. Je promis d'y aller. Heureusement, mes parents dormaient profondément et ne surent rien de cette visite matinale. Je pris contact avec mon ami l'avocat et l'adjurai, si je ne lui avais pas téléphoné à 1 heure, de faire de son mieux pour me sortir d'un camp de concentration. Puis je me rendis à mon rendez-vous à l'hôtel Silber.

Un SS en bottes de cavalier noires me conduisit au bureau 207. Je frappai, quelqu'un me dit : «Entrez» et je me trouvai en présence de l'homme qui m'avait filé et avait sonné chez moi à 7 heures du matin. Je m'assis et il me dit qu'il allait m'interroger. J'étais assez ennuyé, ignorant ce qu'il connaissait de mes activités à Paris. Savait-il que j'avais fait une conférence au Club allemand libre ? Un faux réfugié aurait-il rapporté mes conversations avec d'autres réfugiés ?

Après avoir noté mon nom, mon âge et mon adresse, sa première question, avec l'accent souabe, fut :

«Quels cercles fréquentez-vous à Paris ?

– Surtout des cercles de peintres et d'artistes.

– Pas d'écrivains, j'espère ?»

Je lui assurai que pas un seul écrivain ne m'avait approché.

«Êtes-vous de ceux qui conspirent contre l'"Allemagne nouvelle" ?» Et il parla alors en excellent allemand et non en dialecte.

Je lui assurai avec emphase que non et je le vis écrire : «Et il m'assure qu'il n'est pas de ceux qui conspirent contre *das neue Deutschland.*»

Cela se poursuivit, question après question d'une incroyable stupidité. Au bout de trois quarts d'heure, il me demanda de signer le rapport, ce que je fis. «*Heil Hitler!*» dit-il en m'ouvrant la porte. J'étais libre. Je n'ai jamais dit à mes parents comment j'avais passé la matinée.

Le lendemain, je quittai l'Allemagne.

Quand j'y retournai, quinze ans plus tard, il n'y avait plus d'hôtel Silber ni de bureau 207. L'hôtel s'était évanoui en fumée et en cendres avec la moitié de la ville.

# 12

# Nouveau départ

Quelques mois plus tard, je revis mes parents à Zurich. Ils avaient l'air terrifiés et ne parlaient qu'à voix basse. Lorsque je leur dis que nous étions en Suisse et non en Allemagne nazie, ils murmurèrent que Guttman, un de mes collègues, avait été arrêté à la frontière allemande à son retour de Zurich.

Il avait parlé «trop haut» et un garçon de café suisse l'avait dénoncé à la Gestapo.

Cependant, mon père était encore optimiste et croyait que l'antisémitisme diminuerait. Il me donna même à entendre qu'il serait bon pour moi de revenir, en quoi il fut soutenu par un ami d'affaires qui «apparut» et se joignit à nous. «Pourquoi ne pas revenir? disait-il. Que faites-vous à Paris? Vous n'y serez qu'un pauvre diable. En Allemagne, vous pouvez gagner de l'argent et, votre honneur, personne ne peut vous le voler. Il est en vous. Je sais que ce n'est pas toujours rose, mais, après tout, Hitler fait de son mieux pour l'Allemagne. On m'a dit que la lumière de son bureau ne s'éteint jamais avant l'aube… »

Deux ans plus tard, je rencontrai de nouveau mon père, cette fois à Sarrebruck, alors territoire français. En dépit du danger que cela représentait, il avait passé en fraude un peu d'argent pour moi. C'était terrible d'écouter ce qu'il racontait. Il ne pouvait plus sortir, pas même pour prendre un verre de bière. Partout où il allait, on lui tendait des petits bouts de papier avec cette inscription : *Juden unerwünscht*. Il y avait des bancs « Pour les Juifs seulement » et il devait porter une étoile jaune. Ma mère, qui souffrait beaucoup de varices aux jambes, devait céder sa place dans le tram parce qu'un Aryen la réclamait.

Cette fois, mon père ne me suggéra pas de revenir à la maison.

Quand, de Stuttgart, je regagnai Paris, mes amis me regardèrent comme si j'étais Lazare, ou Dante revenu de l'enfer. L'un d'eux alla jusqu'à m'avertir que si j'y allais de nouveau il commencerait à croire que j'étais un espion! Je lui dis que c'était la dernière fois. Les ponts étaient coupés. Comme pour me rassurer, je décidai que le moment était vraiment venu de me mettre en quête d'un travail. J'avais déjà reçu des douzaines de propositions, des habitués du Dôme étaient pleins d'idées lumineuses et il se passait rarement un jour sans que quelqu'un m'offrît un placement «de tout repos». Puis le docteur E., maintenant maître de conférences dans une université anglaise, suggéra que nous devrions créer tous les deux un cinéma pour enfants dans le jardin du Luxembourg, près du guignol. Je présenterais les films et il tiendrait la caisse. L'idée semblait intéressante et, pour être certains que personne ne nous la volerait, nous fîmes enregistrer le projet sous le nom de «Ciné-Enfant». Mais les difficultés étaient trop grandes et rien ne sortit de ce projet.

Ensuite, Robert Breuer, ancien *Reichspressechef* et journaliste bien connu qui écrivait sous le pseudonyme de «Germanicus», m'entretint, ainsi que le Dr Bueck, un homme de grand mérite, traducteur de Gogol et d'Unamuno, de son idée de publier une sorte de «lettre confidentielle» puisque, grâce à ses relations avec le Quai d'Orsay, il pourrait nous fournir des nouvelles d'ordre politique d'un grand intérêt. Selon lui, plus d'une centaine de journaux écrits en allemand étaient publiés dans le monde entier, à Prague, en Suisse, en Amérique du Sud et ailleurs. Bueck parlerait des derniers événements littéraires en France, tandis que moi, étant le plus jeune, je tournerais la manivelle de la machine à copier. Cette idée paraissait excellente. Aucun d'entre nous n'avait beaucoup de pratique ni d'expérience dans la conduite d'une affaire. C'est pleins d'un optimisme enfantin que nous débutâmes. Bueck et moi achetâmes une machine à copier, du papier, des enveloppes et des timbres, la chambre à coucher de Breuer nous servait de bureau, et, bientôt, parut le premier numéro d'*Inco* (*International Correspondence*), mal imprimé, mais lisible. Il contenait des propos politiques que Breuer avait recueillis, quelques bons articles de Bueck sur la littérature française et le théâtre à Paris, et une nouvelle d'un écrivain «de renommée internationale», René Dupont, alias Fred Uhlman. Pendant quelques semaines, *Inco* fut envoyé à plus de cent journaux et vint le moment d'insister pour que les futures livraisons fussent payées. Nous étions convaincus que, désormais, *Inco* était absolument indispensable et espérions des demandes d'abonnements tous les jours. Au bout de deux semaines, un journal du Paraguay et un autre, d'une ancienne colonie allemande d'Afrique, voulurent acheter *Inco,* mais tous les autres, à notre grande surprise, semblaient parfaitement capables de s'en passer. Plus stupéfiante encore, et même inexplicable, fut la conduite de quinze éditeurs français auxquels nous avions offert *Inco* gratuitement pour une période supplémentaire d'un mois. Bueck avait rédigé la lettre d'accompagnement en « excellent » français. Il était absolument indigné et se plaignait amèrement, aucun de ces éditeurs n'avait eu l'élémentaire politesse de répondre à sa lettre. Au bout d'une semaine de silence complet, je soumis la lettre de Bueck à un ami français, qui la lut avec un amusement mal dissimulé. Bueck avait eu l'intention d'écrire : « Notre journal littéraire embrassera toute l'Europe et paraîtra le 1er juillet. » Mais, au lieu de cela, il avait mis : « Notre journal littéraire embarrassera toute l'Europe et apparaîtra comme un fantôme le 1er juillet. »

Ce fut la fin d'*Inco*. Breuer vendit la machine à copier, à perte naturellement, et prétendit empocher un tiers de ce qu'il en reçut, puisque nous étions associés à parts égales. C'est en vain que Bueck et moi lui rappelâmes qu'en réalité c'étaient nous qui avions apporté les fonds. Breuer garda son tiers.

Après le décès de « Ciné-Enfant » et d'*Inco*, je sentis que j'avais besoin de repos et me retirai pour un court séjour dans la maison de M. et Mme T., près de Fontainebleau. T. était un artiste, ancien élève des Beaux-Arts, autrefois riche et maintenant réduit à prendre des hôtes payants. Mme T., bourgeoise et snob, faisait la cuisine et, à ses moments perdus, écrivait de mauvais romans sous le pseudonyme d'« Existence ». Elle me présenta à une comtesse de…, la seule voisine digne, selon elle, d'une visite. Les autres étaient tous des nouveaux riches et, par conséquent, indignes d'elle et de moi. Durant mon séjour chez les T., je découvris un journal merveilleux écrit par le grand-père de T., dans lequel il racontait comment il avait traversé l'Atlantique en bateau à voiles et donnait ses impressions sur l'Amérique. Je le traduisis en allemand et il fut publié par la *Frankfurter Zeitung* en onze épisodes sous le titre : « Un voyage en Amérique en 1851 ».

Au bout d'une semaine, je regagnai Paris où je rencontrai une certaine Mme Doumergue. Je lui dis que j'avais passé une agréable semaine chez les T. «Mais quelle snob elle est, dis-je, et quel pseudonyme extraordinaire! Pourquoi se fait-elle appeler "Existence"?»

Mme Doumergue me regarda fixement. «Je ne vous crois pas», dit-elle. Je lui dis que j'avais vu les livres de mes propres yeux. Comment aurais-je pu inventer cette histoire? «Mais c'est inouï! s'écria Mme D. Quel toupet! C'est invraisemblable!» Je calmai Mme D. et elle me raconta l'histoire d'«Existence». Selon elle, il y avait à Paris trois niveaux de prostituées : celles qui font les hôtels, celles qui font les cafés et, le grade le plus bas, celles qui font le trottoir. Mme T. avait «fait» les cafés et était connue de tout le monde sous le nom d'«Existence» parce que lorsqu'on lui demandait : «Comment ça va?», sa réponse habituelle était : «Pas bien du tout. Cette vie n'est pas une existence.»

Il n'y a pas longtemps, j'ai eu la curiosité de savoir ce qu'il était advenu des T. J'ai découvert qu'«Existence» était morte et que, comme Sénèque, le pauvre T. s'était ouvert les veines dans son bain.

Il m'est difficile de fixer la date à laquelle je commençai à peindre, mais c'était, je crois, au printemps de 1934. Tant de choses arrivèrent cette année-là : le scandale Stavisky en France, les bagarres de rues dans Paris, l'assassinat de Röhm, celui d'Ernst et celui de Heine sur ordre de Hitler, d'autres assassinats encore, ceux de Barthou et du roi Alexandre de Yougoslavie à Marseille et de Dollfuss à Vienne…

Pour la masse des réfugiés en France, c'est le meurtre de Barthou qui eut les conséquences directes les plus graves. Comme à l'accoutumée, dans un pays enclin à se laisser entraîner par les violentes émotions, ce crime commis par un étranger déclencha une vague de xénophobie. La France était « infestée de criminels étrangers », la France avait été « trop généreuse », toute la corruption, tout le « malaise » en France étaient « entièrement dus aux étrangers », « Débarrassons-nous d'eux, à bas les métèques ! ».

La police reçut l'ordre d'agir et les expulsions commencèrent à pleuvoir. Personne ne pouvait être sûr d'être ou non sur la liste noire. Je demandai plus tard à un inspecteur français comment on choisissait les victimes. Existait-il un système ? « Absolument pas », dit-il. Chaque arrondissement devait se débarrasser d'un nombre donné d'étrangers, de sorte qu'on choisissait au hasard vingt noms commençant par A, vingt par B, et ainsi de suite. Dans de nombreux cas, il s'ensuivait que des pères devaient partir tandis que le reste de la famille avait l'autorisation de rester, ou qu'une femme était expulsée, mais non son mari, et ainsi de suite.

Beaucoup de réfugiés étaient apatrides, d'autres n'avaient pas de papiers ou seulement un passeport Nansen, et personne n'avait de visa.

J'entendis parler de scènes d'une telle cruauté qu'il m'est difficile de croire qu'elles aient pu être vraies, mais je suis certain qu'elles n'étaient pas totalement inventées, bien que, dans certains cas, peut-être exagérées.

Comme un expulsé n'avait pas de visa, la police française lui faisait passer, la nuit, la frontière belge, par exemple. Les Belges l'arrêtaient pour être entré en Belgique sans visa et le condamnaient à trois mois de prison. Lorsque les trois mois étaient écoulés, les Belges lui faisaient passer, la nuit, la frontière hollandaise, où il purgeait une autre peine de trois mois pour avoir pénétré illégalement en Hollande. Ensuite, les Hollandais le renvoyaient en Belgique pour être condamné à six mois d'emprisonnement comme récidiviste. Et ce terrible jeu se poursuivait.

Quant au traitement auquel on pouvait s'attendre de la part de la police française, j'en fis personnellement l'expérience. Un jour, une amie, une Allemande de vingt-sept ou vingt-huit ans, m'implora de l'accompagner à la préfecture, car elle était terrifiée à l'idée d'y aller seule. Je lui dis que je ne pouvais lui être d'aucune aide, n'ayant ni influence ni argent pour graisser la patte de quiconque. Mais j'y allai tout de même. Nous attendîmes une heure, assis sur un banc, entourés, me sembla-t-il, de tous les délaissés de cette Europe démente : des Roumains, des Hongrois, des Polonais, des Allemands, des Russes, des Italiens. Toutes les nationalités paraissaient être représentées là.

Tout à coup, une porte s'ouvrit. Un fonctionnaire, probablement dans un moment de folie passagère, passa la tête et hurla : « Parlez français, vous êtes en France ! » Puis il disparut. Notre tour vint enfin. Quand nous entrâmes, le policier cria à ma compagne : « Assieds-toi. Qu'est-ce que tu fais encore en France ? » Elle lui dit qu'elle avait un visa pour Manille et que son bateau partait dans quarante-huit heures. « Ça va, dit-il, je te donne quarante-huit heures. Après, je te flanquerai en prison. » Quand nous sortîmes, je dus presque la porter dans mes bras.

Un soir, rentrant du café du Dôme, je vis quelques policiers qui entouraient un homme. Comme je les dépassais, un policier, très poliment, me demanda mon passeport. Je lui répondis que je l'avais laissé à mon hôtel, à cinq minutes seulement de là. Il me dit que j'aurais à expliquer cela à l'inspecteur et que je devais le suivre au poste de police de Saint-Sulpice. Une fois devant l'inspecteur, je dis que mon passeport était à l'hôtel de Londres, rue Bonaparte, et que je l'y avais laissé exprès dans la crainte de le perdre. Aurait-il l'obligeance d'envoyer un policier le chercher ? Je paierais le taxi. L'inspecteur me dévisagea, sans rien dire. (Je compris trop tard son regard. J'aurais dû lui graisser la patte.) Il haussa les épaules, puis dit qu'il était maintenant minuit, que je pourrais raconter mon histoire à un autre inspecteur et s'en alla. Je demandai à un policier quand arriverait l'autre inspecteur. « On ne sait pas, certainement pas avant demain matin. » Ne pourrais-je dormir dans une cellule ? demandai-je. « Oui, si vous voulez être dévoré par les punaises », répondit-il. Je restai assis sur une chaise pendant près de treize heures dans ce misérable poste de police. Le lendemain, vers 1 heure de l'après-midi, l'autre inspecteur arriva et envoya un policier à mon hôtel. Il revint une demi-heure plus tard avec mon passeport. L'inspecteur l'examina, vit que tout était en règle et me le rendit. « Va-t'en », dit-il.

De temps à autre, j'allais à l'atelier de Paul Elsas, qui avait deux élèves : la « Marquise » et une jeune fille appelée Kate. Un jour, Elsas se tourna vers moi : « Pourquoi n'essayez-vous pas de peindre un peu ? » Il me donna une petite toile d'environ vingt centimètres sur quinze, quelques pinceaux, des couleurs à l'huile et je peignis le jardin du Luxembourg, avec les voitures d'enfant et les nounous, les statues des reines de France et le Panthéon à l'arrière-plan. Le lendemain, je fis le 14 Juillet à Paris et, le surlendemain, un enterrement à Montrouge, où un corbillard passait, tiré par une misérable rosse, la femme et les enfants du défunt suivant seuls le convoi en une triste procession.

Ces toiles causèrent une certaine sensation dans l'atelier d'Elsas. L'une des élèves insinua que ce n'était qu'un coup de veine, mais Elsas dit que j'avais déjà peint *trois* toiles. Une toile, cela aurait pu être considéré comme un accident, mais non trois. Elsas ajouta que ce qu'il pouvait faire de mieux pour moi était de me laisser me débrouiller seul. Armé de mes tubes de couleurs et d'une palette faite de papier sulfurisé, je m'enfermai dans ma chambre, chemin du Reposoir, et continuai de peindre. J'avais l'impression d'être Moïse frappant le rocher. Mais, au lieu d'eau, des peintures à l'huile jaillissaient, d'une fraîcheur que j'ai rarement retrouvée par la suite. Je peux le dire maintenant : ces peintures avaient une force primitive, enfantine et elles étaient aussi bonnes que celles de Grandma Moses. Je ne puis les regarder aujourd'hui sans émotion. Comment un homme qui n'avait jamais peint (sauf de la façon la plus occasionnelle pendant les vacances) et n'avait jamais souhaité être peintre, mais écrivain, a-t-il pu produire des choses aussi charmantes ? Chaque jour, je peignais une nouvelle toile, toujours un peu plus grande que la précédente, jusqu'à atteindre la dimension étourdissante de quarante-cinq centimètres sur trente-cinq. Toutes représentaient des scènes de la vie à Paris : un jour d'été au bord de la Seine, des joueurs de football, une horrible salle d'attente dans un hôpital, des prostituées devant des hôtels de passe, le marché aux puces, les toits de Paris, un photographe au Luxembourg en train de photographier une mère et son bébé, une boucherie, le bureau d'un entrepreneur de pompes funèbres, une femme examinant la vitrine d'une boutique de lingerie... Peindre me semblait aussi facile et naturel que respirer.

Cela continua pendant des mois. Elsas m'encourageait énormément, était mon seul confident, mais, un jour, je demandai à Paul Westheim, ancien rédacteur en chef d'un journal allemand bien connu consacré aux beaux-arts, *Das Kunstblatt*, de jeter un coup d'œil sur ce que je faisais. Il vint et, à mon grand étonnement, me prit tout à fait au sérieux. La seule chose qui gâta un peu mon plaisir fut de le voir sourire à plusieurs reprises pendant qu'il examinait mes toiles. Je ne voyais là absolument rien qui pût prêter à sourire. Le fait est que le vrai peintre naïf n'a pas la moindre idée qu'il est un naïf. Tout ce qu'il désire, c'est peindre comme n'importe quel peintre, être un vrai peintre, et il est tout simplement incapable de voir que « quelque chose ne va pas ». Je suis incapable d'expliquer pourquoi il en est ainsi. Un homme peut posséder la faculté de raisonnement, la perspicacité d'un adulte et avoir en même temps une vision des choses aussi innocente que celle d'un enfant. C'est là un phénomène extraordinaire, causant une « cécité » partielle, pour ainsi dire analogue au daltonisme : là où les adultes voient rouge, seul le naïf voit vert.

Lorsque le peintre naïf comprend qu'il est un naïf, il est arrivé à une croisée de chemins et doit décider de la voie à prendre. Il peut continuer à peindre comme si rien n'était arrivé, ce qui paraît malhonnête, ou il doit choisir la voie la plus difficile et essayer de rattraper les autres, mais sans perdre entièrement sa « naïveté ».

C'est là le problème que je dus affronter après ma seconde exposition, en janvier 1937, lorsque quelques critiques me comparèrent à Alain-Fournier, Gérard de Nerval et Emily Brontë (!) et dirent que j'étais « le meilleur peintre primitif de notre époque ». Si j'avais continué à peindre dans cet heureux état d'innocence primitive, je serais maintenant l'un des « maîtres populaires de la réalité » avec Vivin, Bombois et Bauchant ; mais je voulais faire de la vraie peinture, et non ce qui me semblait n'être qu'une fantaisie.

André Lhote avait prévu cette crise. Après une première exposition, il écrivit dans *La Nouvelle Revue française,* un article intitulé « Le Douanier Rousseau, Constantin Guys et Fred Uhlman » : « Il n'a pas encore atteint ce tournant difficile où l'artiste populaire devient professionnel, mais ce point où commence à s'infléchir la route, jusque-là rectiligne, qui le menait immanquablement au but. D'où moins de cohésion entre les œuvres exposées, certaines ressortissant encore à la poésie pure et au total dénuement technique, d'autres commençant à devenir de la peinture... Telle qu'elle est, cette exposition nous offre, outre les témoignages toujours rafraîchissants d'une enfance conservée, ceux, plus curieux encore, de la mue d'un peintre naïf qui devient apprenti peintre, du passage d'un homme désarmé au stade des premières conquêtes artisanes. »

Ce « tournant difficile » se traduisait par une pénible lutte, de lents progrès ponctués de crises de désespoir, des périodes d'épuisement de la créativité. Et, de ce que Lhote appelait la « magie de la maladresse », il ne restait que la maladresse.

Si j'avais suivi des cours de dessin et avais appris l'abc de l'art, le chemin aurait peut-être été plus facile. Mais je me sentais trop vieux pour m'asseoir à côté de garçons de seize ans. Chaque année comptait. Je n'avais pas le temps de marcher, il me fallait courir. Bien des années plus tard, en Angleterre, j'écrivis à une amie qui me posait des questions sur mon travail : « Je suis, faute d'un mot plus approprié, un peintre "instinctif" et complètement incapable d'expliquer, comme le font tant de mes collègues, comment je peins et pourquoi je suis obligé de peindre ainsi. Tout ce que je puis dire, c'est que j'ai toujours été un romantique. Baudelaire dit quelque part : "Le romantisme est fils du Nord et le Nord est coloriste. Les rêves et les féeries sont enfants de la brume… Le Midi est brutal et positif, le Nord souffrant et inquiet se console avec l'imagination… Le romantisme n'est précisément ni dans le choix des sujets ni dans la vérité exacte, mais dans la manière de sentir." » Je me suis toujours consolé « avec l'imagination ». Les critiques d'art français m'ont toujours appelé un peintre poète et je crois qu'ils ont raison.

Je travaille surtout de mémoire. Gauguin dit quelque part : « Mieux vaut travailler de mémoire ; de cette façon, le travail devient vôtre, votre expérience, votre esprit. » Et Tchekhov dit à peu près la même chose : « Je ne puis écrire que de mémoire. Le sujet de mon histoire doit d'abord passer par le filtre de mon esprit, de sorte que seul ce qui est typique et important subsiste. » Cela ne signifie pas qu'étant romantique je sois un pur « peintre d'évasion » (seuls les artistes abstraits méritent cette épithète). Comment aurais-je pu espérer m'évader des horreurs de notre époque? Mais je ne puis hurler comme Francis Bacon; ma voix est assez basse et timide; la trompette n'est pas mon instrument, c'est le luth et, selon Addison, «la caractéristique du luth est d'être directement l'opposé de la trompette. Ses notes sont facilement noyées dans une multitude d'instruments, et même perdues dans un petit orchestre, à moins qu'on ne lui accorde une attention particulière. Le luth s'entend rarement au milieu de plus de cinq instruments, alors qu'un tambour se montrera à son avantage dans un ensemble de cinq cents instruments. Par conséquent, les luthistes sont des hommes d'un grand génie… et principalement estimés par des personnes de bon goût, seuls vrais juges d'une si douce et délicieuse mélodie». Dans ce sens, j'espère pouvoir me dire «joueur de luth», quelqu'un qui ne croit pas au désespoir, mais, comme tout véritable artiste, à la vie.

Je suis convaincu que le travail de l'artiste, c'est de créer l'ordre à partir du chaos et qu'il ne doit pas laisser le chaos l'engloutir. Je crois aussi qu'il n'est pas au-dessus de sa dignité de souhaiter communiquer avec le plus grand nombre possible d'êtres sensibles, et je suis d'accord avec Wyndham Lewis, qui prétend que «les choses absurdes qui se produisent en ce moment dans les arts visuels sont inévitables lorsqu'un art se dissocie tellement de la société, qu'il n'a plus aucune fonction directe dans la vie et n'est plus qu'un jouet de l'intellect».

Je crains d'avoir anticipé les événements de quelques années, de sorte que je reviendrai en arrière pour parler de la visite de Paul Westheim, qui me donna tellement confiance en moi. Pour la première fois, j'entrevoyais la possibilité de devenir peintre, mais j'avais l'âge de redouter la pauvreté, qui ne fait peur ni aux très jeunes gens ni aux insensés. Je n'avais qu'à regarder autour de moi pour voir les horribles épaves de la vie. Comment n'être pas d'accord avec Samuel Johnson, quand il déclarait : « *Sir*, tous les arguments exposés pour représenter la pauvreté comme n'étant pas un mal la montrent comme étant de toute évidence un grand mal. On ne trouve jamais de gens qui prennent la peine de vous convaincre que vous pourriez vivre très heureux avec une grande fortune. »

Il y avait à Paris quelque quarante mille artistes. Comment vivaient-ils ? Beaucoup, probablement, d'une allocation de chômage de dix francs par jour. Certains autres devaient avoir un petit revenu personnel ou un parent disposé à les aider, pour un certain temps du moins. D'autres gagnaient peut-être un peu d'argent en faisant des dessins ou en vendant des aquarelles et des eaux-fortes à des étrangers dans les cafés. Mais nombre d'entre eux devaient être perpétuellement dans la misère, même si la vie à Paris n'était alors pas très chère. Combien de vrais talents ont-ils sombré dans les profondeurs de la misère, je n'en sais rien. On a toujours du mal à admettre qu'un grand artiste peut mourir absolument inconnu, et son œuvre avec lui. Les gens croient toujours que, d'une façon ou d'une autre, on le découvrira, ne serait-ce qu'après sa mort, et qu'aucune grande œuvre d'art ne peut disparaître de la surface de la terre sans laisser de trace. Nous ne connaissons que les artistes qui ont réussi, sans penser que c'est peut-être par hasard – la rencontre, au bon moment, de la personne qu'il fallait, ou une fortune personnelle suffisante – qu'ils ont été capables de survivre jusqu'au succès et, avec lui, à la prospérité. J'ai rencontré des artistes qui, bien qu'à peine connus ou vite oubliés à Paris, auraient pu être célèbres ailleurs. Un jour, par exemple, il y eut dans une petite galerie une exposition de tableaux d'un peintre – je ne puis me rappeler son nom – qui était alors un objet de ridicule et de pitié. Lem, critique d'art de *Marianne,* décida d'y aller pour se divertir. Une demi-heure plus tard, il vint chez moi. Il était assez silencieux. Il semblait ne pas s'être amusé autant qu'il l'avait espéré.

Nous retournâmes ensemble dans cette obscure petite galerie. Il n'y avait pas de doute possible : autrefois, peut-être dans les années vingt, cette épave avait eu de vraies possibilités. Il y avait là une demi-douzaine de très grandes toiles, étrangement émouvantes dans leur simple et sereine beauté. Datées de 1920, elles faisaient un étonnant contraste avec l'œuvre plus récente, qui était pauvre, véritable expression de l'état d'esprit actuel de l'artiste. Peut-être – ce n'est là qu'une supposition – que si, dix-sept ans auparavant, le malheureux avait rencontré quelqu'un prêt à l'aider, ou eu un frère comme celui de Van Gogh, Théo, il aurait été capable d'aller de l'avant, de développer son talent et d'attirer un jour l'attention d'un vrai marchand de tableaux ou d'un grand connaisseur. Mais il était toujours dans la misère et comment pouvait-il se permettre de la publicité et des catalogues ?

Je crois que la pauvreté est parfois un stimulant, mais que, le plus souvent, elle détruit le pouvoir créatif d'un artiste. «La misère est le plus honteux des crimes; ceux qui disent le contraire, ce sont les riches», a écrit Henry Bataille. «La pauvreté est haïssable moins pour les privations qu'elle impose que pour les mauvaises pensées qu'elle inspire» (Lucenay).

Je commençai donc à chercher une occupation à mi-temps qui me laisserait le loisir de peindre tout en m'empêchant de mourir de faim. Je savais que des années passeraient avant qu'il y eût pour moi quelque espoir de vivre de mon art. J'avais maintenant près de trente-quatre ans et ce n'était pas un âge idéal pour repartir de zéro. Il me fallait m'assurer un petit revenu régulier. Sinon, je ne voyais pas comment m'en tirer, tout simplement.

Un jour, un nommé Punasse, grand colporteur de ragots, qui croyait et répétait tous les scandales qu'il recueillait sur Montparnasse et savait qui aurait un enfant illégitime onze mois avant sa naissance, me présenta à Mme P., femme d'un certain Chypriote, établi «tailleur anglais» rue Rougemont. Mme P., femme charmante, intelligente et intègre, suggéra que nous devenions associés.

Elle connaissait un grand nombre d'artistes français parmi les plus distingués et beaucoup de marchands de tableaux. Sa proposition était la suivante : elle m'achèterait et revendrait mes toiles et nous partagerions les bénéfices. Les tableaux, croyions-nous, étaient alors à leur prix le plus bas. L'inflation américaine de 1930 et ses répercussions en Europe, plus la crainte d'une nouvelle guerre avaient engendré une telle crise qu'il y avait très peu de gens disposés à acheter des tableaux. D'autre part, et pour les mêmes raisons, les collectionneurs tentaient désespérément de vendre à n'importe quel prix. On pouvait acheter pour deux mille francs des peintures de Derain, des dessins de Modigliani pour mille francs, des Utrillo étaient vendus à deux cents francs la « figure » (la figure est une mesure étalon française qui représente dix centimètres sur quatre, deux figures pouvaient mesurer environ douze centimètres sur six, et ainsi de suite). Un de mes amis tenta en vain de vendre un beau Kokoschka pour deux mille francs. Il arrivait que seuls certaines périodes ou certains sujets fussent recherchés, par exemple des Utrillo de l'« époque blanche », les Chirico du début, les chevaux de course de Dufy ou les paysages d'hiver de Vlaminck. Mme P. était certaine que c'était un bon moment pour acheter[1].

Nous convînmes de la nécessité d'être très prudents, ce que Mme P. exprima pour moi avec force : « À Paris, dit-elle, il y a seulement ceux qui mangent et ceux qui sont mangés. » Le milieu dans lequel nous vivions était plein de petits et de gros requins. La plupart des marchands étaient désespérés. On pouvait les voir, rue de Seine, regarder fixement les Utrillo, les Derain, les Signac, les Modigliani, qu'ils n'arrivaient pas à vendre. Il n'était pas rare qu'un marchand, voyant un acheteur possible sur le point d'entrer dans une autre galerie, tentât de l'intercepter et de l'avertir de ne pas acheter les faux de son concurrent. J'étais prévenu qu'il ne fallait jamais me dessaisir d'une toile pendant plus de trois jours, car je pouvais être presque certain de récupérer une copie à la place de l'original. On me raconta l'histoire d'une Mme de B.

1. En 1938, un collectionneur allemand me demanda de vendre pour lui dix-huit Klee parce qu'il voulait recueillir de l'argent pour faire sortir sa fille d'Allemagne. Je pris contact avec l'un des marchands de tableaux les plus renommés de Londres et il m'offrit quarante livres pour l'ensemble.

qui avait confié une toile à un monsieur distingué, portant à sa boutonnière la croix de la Légion d'honneur, sur sa promesse qu'il la montrerait à un client et lui en enverrait le montant, quatre-vingt mille francs, ou la rapporterait dans les vingt-quatre heures. Le jour même, elle recevait de lui vingt mille francs. Elle attendit encore un jour ou deux, puis lui téléphona et lui demanda quand elle pourrait avoir le solde. Le monsieur distingué lui répondit qu'elle avait reçu les vingt mille francs demandés, l'accusa d'escroquerie, la traita de vipère, lui dit qu'il avait déjà vendu la toile et raccrocha. Comme il n'y avait aucun témoin, Mme de B. n'eut aucun recours légal. On me raconta également l'histoire d'une veuve qui était entrée chez un marchand de tableaux du Faubourg-Saint-Honoré. Disons qu'il s'appelait Meunier. Elle lui montra deux petites toiles peintes par un artiste du XVIII^e^ siècle et qui avaient appartenu à son mari. Serait-il intéressé ? M. Meunier regrettait beaucoup. Ce n'était pas sa « période », mais il connaissait quelqu'un qui pourrait peut-être les acheter : M. Dupont, non loin de là. Elle demanda combien elle pourrait obtenir des peintures. « Eh bien, disons vingt mille francs », répondit M. Meunier. La veuve était enchantée car elle s'attendait à ce qu'il indiquât une somme moindre, et M. Meunier, plein de prévenance, appela un taxi et donna au chauffeur l'adresse de Dupont. Mais, par un étrange hasard, le taxi s'arrêta devant un autre marchand de tableaux, le Faubourg-Saint-Honoré était évidemment plein de ce genre de magasins et la veuve lui offrit ses toiles. Le marchand, qui ne s'intéressait qu'aux impressionnistes français, lui déclara qu'il n'en voulait pas. Elle lui dit combien elle était déçue, que M. Meunier lui avait affirmé que les tableaux l'intéresseraient et qu'ils valaient vingt mille francs. « Quel nom M. Meunier vous a-t-il donné ? demanda le marchand. – M. Dupont, 136, Faubourg-Saint-Honoré. – Et à combien les a-t-il estimés ? » Elle répéta vingt mille francs. « Oh, dit le marchand, si c'est ce qu'il a dit, je vais les prendre. » Et il acheta les deux tableaux, qu'il revendit quelques jours plus tard à un collectionneur américain pour quatre cent mille francs. C'étaient des Boucher et le marchand savait que Dupont était l'homme de paille de Meunier.

Il fallait être au courant de ces pratiques. Un jour, au Dôme, j'étais assis à côté d'une marchande de tableaux, Mme Zak, lorsqu'une de ses amies se précipita vers elle et murmura : « Matisse… Matisse est mourant ! »

Mme Zak se leva, se précipita vers le téléphone pour arrêter toute vente des peintures de Matisse, car leur prix allait maintenant monter. Une autre fois, on me dit d'attendre avant d'acheter un Othon Friesz parce que le bruit courait que Friesz avait demandé le divorce et vendrait à bas prix pour payer les frais du procès.

Mme P. acheta pour moi cinq petits Renoir à l'un des fils du peintre – une nature morte avec des harengs, un pont sur une rivière, une vue de Cagnes, une nature morte avec des pommes et une jeune fille lisant un livre. Pour l'ensemble des cinq toiles, elle paya vingt mille francs. Quelques jours plus tard, elle vendit la *Jeune fille lisant un livre* pour huit mille francs et je partageai le bénéfice avec elle. J'achetai moi-même un Friesz, une vue du port de Toulon et, y compris un beau cadre ancien sculpté à la main, cela me coûta onze cents francs. J'y ajoutai un dessin à la plume de Delacroix, une étude pour *Faust*, que je payai huit cents francs.

Hélas, la *Jeune fille lisant* fut la seule toile que nous pûmes vendre ! Il n'y avait simplement pas de demande. Les prix ne baissaient pas mais ils ne montaient pas non plus...

Quelques mois plus tard, je vendis toutes mes acquisitions pour payer ma dernière et bien désastreuse entreprise et j'en tirai exactement la somme qu'elles m'avaient coûtée. Si j'avais pu les garder, j'aurais fait fortune. Comme M. P., le « tailleur anglais », qui les acheta. Il avait toujours fait quelques affaires du genre, échangeant un pardessus contre un Derain ou un costume contre un Dufy. Quelques années plus tard, il vendit son magasin et passa avec Utrillo un contrat selon lequel il achetait toute sa production pour – si je ne me trompe – cent mille francs par an. Il avait grande confiance en Utrillo qui *avait été* un merveilleux artiste, mais n'était plus que l'ombre de lui-même et ne produisait plus que de mauvaises toiles. Utrillo, me racontait-il, lui avait baisé le bout des doigts en disant : « Ça, c'est du sucre ! » Ils avaient célébré Noël ensemble. Il était charmant. Il ne disait presque rien, seulement : « Ga, ga, ga… »

J'ai entendu parler des P. il y a quelques mois. Tous deux s'étaient enrichis au-delà de leurs rêves les plus fous. « Ce sont des milliardaires, me dit un marchand d'une voix tremblant d'émotion et d'envie, ils ont des Utrillo, des Renoir, des Cézanne… tout, tout, tout. »

# 13

# Un étrange commerce

Jusqu'à présent, j'avais réussi à ne pas trop perdre d'argent, et mon petit capital était intact. Dès que je compris que la vente des tableaux était une entreprise sans espoir, je me mis à la recherche d'autre chose.

J'ai oublié ma première rencontre avec Herr Aal. Mais je me souviens de l'avoir cordialement détesté à première vue et, plus encore, sa femme, personne replète et intelligente. J'avais toutefois appris à ne pas me fier à ma première impression : un de mes meilleurs amis, à l'aspect repoussant, était un homme d'une grande gentillesse et d'une haute intelligence, et un habitué du Dôme, qui avait l'air d'un clochard, s'avéra être un professeur à la Sorbonne mondialement connu. Quoi qu'il en soit, de toutes les possibilités, celle qui se présentait maintenant était de beaucoup la plus séduisante. De plus, Herr

Aal était un homme d'affaires avisé et, plus important que tout, son idée était exactement ce que je recherchais depuis si longtemps : une affaire dans un domaine où les Français ne savaient rien, ou presque, qui me donnerait la sécurité et le temps de peindre.

Les Français, fit remarquer Aal, affectionnent toutes sortes d'animaux, spécialement les chiens, les chats et les perroquets. Pourquoi ne pas les intéresser à quelque chose d'aussi nouveau et délicieux que les poissons exotiques ? Tout Français n'était-il pas un pêcheur-né et avoir chez lui un aquarium ne lui rappellerait-il pas les jours merveilleux passés au bord d'une rivière ? N'y avait-il pas déjà en Allemagne des milliers de collectionneurs de poissons exotiques, beaucoup de journaux spécialisés sur ce sujet et des centaines de sociétés d'amateurs de poissons tropicaux ? Des dizaines de milliers de chômeurs ne gagnaient-ils pas leur vie en faisant l'élevage de rares espèces de poissons qu'ils vendaient à des marchands, qui les revendaient à des Américains, leur faisant même retrouver leur pays d'origine : Brésil, Paraguay ou Équateur ?

Pour sa part, disait Herr Aal, il s'était toujours intéressé aux animaux. Pendant des années, il avait été président de la Société des éleveurs français de bouledogues et, récemment, président de la Société pour l'élevage des poissons exotiques. Il possédait environ une douzaine d'aquariums.

Depuis son arrivée en France, il avait déjà lancé ce nouveau passe-temps avec beaucoup de succès. Un certain nombre de grands magasins s'intéressaient à son projet et il m'invita à les visiter avec lui pour me montrer les installations bien étudiées et modernes qu'il avait aménagées. Il n'avait besoin que de capitaux pour développer son affaire déjà prospère et il était assez disposé à me considérer comme un associé approprié. Il avait l'expérience nécessaire et moi l'argent. Et l'expérience me viendrait bientôt.

En deux ou trois mois, il pourrait tout m'apprendre sur ce commerce peu courant. Et, le plus important de tout, ce serait pour moi un travail à mi-temps car, inévitablement, l'affaire prospérerait et il me serait possible de consacrer une grande partie de la journée aux « choses qui vous intéressent réellement telles que peindre, lire et écrire ».

Tout en parlant, Herr Aal ouvrit sa serviette et, pour me prouver la vérité de ses dires, en sortit un nombre stupéfiant de catalogues, de périodiques techniques, de prospectus annonçant les bénéfices les plus tentants. Il y avait aussi des livres consacrés à la vie amoureuse des poissons dans tous les détails et d'autres livres dressant la liste des accessoires compliqués nécessaires au logement et au bien-être de ce que Herr Aal appelait poétiquement les « oiseaux nageurs et chanteurs ».

Tout cela était pour moi étonnant et tout à fait nouveau et j'éprouvai quelque honte à avoir complètement ignoré pendant tant d'années de ma vie l'existence d'une chose aussi importante que l'élevage des poissons exotiques. Dans le monde entier, des gens aspiraient à posséder des « oiseaux nageurs et chanteurs », surtout les solitaires qui, en achetant un « petit monde en miniature », trouveraient un nouvel intérêt à la vie. Un prospectus illustré montrait un élevage de poissons en Floride appelé « Miami Sun Fisheries Ltd. » qui couvrait des arpents de terre dans un paysage si merveilleux qu'on avait envie d'être soi-même un poisson tropical. D'autres prospectus, venant d'Allemagne, prouvaient qu'il y avait des gens très habiles qui, par croisements, avaient réussi à améliorer de façon si remarquable une race originaire du Brésil que les malheureux Brésiliens avaient dû racheter à ces Huns diaboliquement intelligents les nouvelles espèces.

Si j'avais eu quelques doutes, ils furent dissipés lorsque je visitai la Samaritaine. C'était un spectacle étonnant : des douzaines d'aquariums illuminés pleins de poissons tropicaux et des centaines de Parisiens, adultes et enfants, tout autour, ne sachant pas ce qu'il fallait admirer le plus, les poissons dans cette salle spéciale, ou les singes, les chiens, les perroquets et les cigognes dans la salle contiguë. La façon dont Herr Aal fut reçu était, elle aussi, des plus impressionnantes. Le directeur du rayon zoologique lui serra la main, lui parla avec chaleur et lui passa une nouvelle commande d'une grande quantité de poissons, de filets, de pompes et de plantes aquatiques pour sa semaine de promotion.

Tout cela, plus l'habile promesse de Herr Aal qu'il me resterait beaucoup de temps pour peindre, décida de la suite des opérations. Il en résulta que la société à responsabilité limitée Aquatropica fut enregistrée au tribunal de commerce à Paris, avec Herr Aal et moi pour directeurs.

Nous trouvâmes un local convenable dans une petite usine de béton, au fond de la cour d'un immeuble assez sordide à Belleville, près du siège social de la Société pour la prévention du suicide (consultation gratuite le lundi et le samedi de 10 à 12 heures). Il n'avait pas été facile de trouver ce qu'il nous fallait, car le bâtiment devait être extrêmement solide pour supporter l'énorme poids des aquariums emplis d'eau.

Après divers contretemps, les premiers aquariums furent installés. Nous en eûmes vingt pour commencer, mais bientôt davantage et d'autres s'y ajoutèrent jusqu'à ce que tout l'espace disponible fût occupé. Il y en avait alors de deux cent cinquante à trois cents.

La salle d'exposition était rectangulaire et le soleil qui l'inondait à travers d'énormes vitres illuminait des milliers et des milliers de poissons tropicaux se pourchassant dans de ravissantes jungles de plantes aquatiques. On aurait dit que l'Amazone avait soudain changé son cours et décidé de traverser Belleville. Encore aujourd'hui, après tant d'années, je souhaiterais parfois revoir ce prodigieux spectacle… cette fois en spectateur désintéressé.

À gauche, en entrant, il y avait cinquante petits aquariums, chacun d'eux contenant un seul poisson nommé « combattant », ou « poisson siamois combattant ». Dire qu'ils étaient vert émeraude, rubis ou bleu saphir ne donne aucune idée de leur incomparable couleur. Si l'on exposait une pierre précieuse longue de treize centimètres (si tant est qu'il en existe) à un soleil éclatant, on obtiendrait peut-être une vague notion de la luminosité de ces combattants, mais seulement vague parce qu'il n'y aurait ni les mouvements du poisson vivant, ni les ondulations de l'eau.

Chacun de ces poissons devait rester seul et Aal plaçait des rectangles de carton entre les petits aquariums pour que les combattants ne puissent pas se voir. Sans cette précaution, ils se seraient précipités contre la vitre et se seraient tués ou blessés grièvement. Parfois, quand venait un acheteur, Aal enlevait les cartons pour qu'on puisse constater leur fureur lorsqu'ils apercevaient l'ennemi voisin. Et c'était vraiment un étonnant spectacle que la vue de deux de ces poissons déployant lentement leur grande queue merveilleuse et glissant dans l'eau le long de la vitre qui les séparait jusqu'à ce que l'un d'eux attaquât soudain avec la rapidité de l'éclair, cognant rudement contre la vitre de sa prison sa tête pareille à celle d'un serpent. Je pouvais alors croire l'histoire d'Aal qui assurait qu'au Brésil les combattants étaient dressés, comme les coqs l'avaient été autrefois en Angleterre.

Mais il y avait quelques créatures plus étonnantes encore et, parmi elles, un poisson appelé *Hablochromis multicolor*, rouge vif, bleu et argent. La femelle avait une sorte de poche sous la bouche et, si elle redoutait le moindre danger pour ses petits (c'était le cas si l'on frappait à la vitre), elle ouvrait la bouche et quelque deux ou trois douzaines de petits poissons s'y engouffraient. Une fois le danger passé, elle recrachait ses petits Jonas. Chaque fois que je racontais cette histoire, on me soupçonnait de l'avoir inventée ou tirée d'un film de Disney.

Un autre vivipare, le *Xiphophorus hellerii*, avait une curieuse habitude. J'ai vu des douzaines de fois la femelle de cette espèce changer de sexe après avoir eu ses petits et se conduire exactement comme un mâle, mais elle était plus replète et plus belliqueuse. Il y avait également un poisson pareil à un crocodile miniature, un autre qui avait l'air d'une chenille merveilleuse et un autre qu'Aal appelait un «poisson de verre», si complètement transparent qu'on pouvait voir tout l'intérieur de son petit corps. Certains poissons n'avaient pas été identifiés, de sorte qu'Aal leur inventait des noms. C'est ainsi qu'il baptisa un barbus «barbus Belleville», d'après le quartier de Paris où nous étions établis.

À droite, il y avait quatre grands aquariums où s'ébattaient quelque cinq cents scalaires, de belles créatures rayées de noir et d'argent, qui, dressées dans l'eau, se déplaçaient comme des bateaux à voiles, et une douzaine d'aquariums, abritant chacun de cinq cents à mille poissons rouges la queue en éventail. Dans une autre centaine d'aquariums, au centre du bâtiment, étaient logées les espèces les plus communes – *Danio rerio*, *Tetra* de Rio, *Ozellifer*, *Xiphophorus hellerii*, des *Platy* rouges, noirs et dorés, et des *Macropodus*.

À l'extrémité, en face de l'entrée, il y avait deux aquariums vraiment immenses, chacun d'eux contenant environ un millier de scalaires et quatre autres de même dimension pleins de plantes aquatiques.

Tout cela était très intéressant. Aal connaissait indubitablement son métier et aimait beaucoup les animaux. Il avait eu dans sa vie divers métiers dans divers pays et y avait toujours perdu l'argent des autres. C'est ce que je déduisis de quelques propos fortuits et de remarques prudentes qu'il laissa échapper. Mais son passe-temps favori était l'étude des poissons.

Il s'y connaissait réellement. Je le vis un jour sortir de l'aquarium un grand et gros poisson qui souffrait, si je m'en souviens, de constipation. Aal lui fit ce qu'il appelait un massage, après quoi le poisson, de toute évidence, sembla se porter beaucoup mieux. Certaines des connaissances d'Aal me paraissaient presque miraculeuses. Comment diable, par exemple, pouvait-il savoir que les poissons de l'espèce *Danio* s'accoupleraient avec plus d'enthousiasme si on plaçait dans l'aquarium une assiette blanche à bord doré ? Pourquoi devait-elle être blanche et non rouge et bleu ? Et pourquoi, pourquoi cela rendait-il le couple *Danio* tellement plus amoureux et passionné ?

Au début, tout sembla se passer à merveille. Au bout de deux mois, nous avions doublé le chiffre d'affaires du premier mois et, le mois suivant, doublé celui des deux précédents. Mais je découvris peu à peu le hic : il ne me restait guère de temps pour peindre.

Je commençais la matinée par laver ce qui m'apparaissait comme des montagnes de sable. Il me fallait nettoyer ensuite tout une série d'aquariums, en sortant tout d'abord les poissons et en les plaçant dans d'autres aquariums chauffés à la même température. Puis, après avoir laissé couler l'eau, enlevé le sable et les plantes et lavé les vitres de l'aquarium maintenant vide, je devais l'emplir de nouveau de sable, d'eau, de plantes et de poissons après m'être assuré de la bonne température pour chaque espèce. Cela se poursuivait presque toute la journée et, entre-temps, il me fallait nourrir de vingt à trente mille poissons.

Lorsque venait une grosse commande, ce qui aurait dû me réjouir, je m'arrachais les cheveux. Ces jours-là, je devais par exemple tirer des aquariums cent couples de *Danio rerio,* deux cents couples de *Tetra,* soixante-quinze combattants (cinquante femelles et vingt-cinq mâles), cent couples de *Platy* noirs et cent vingt couples de *Platy* dorés, trois cents scalaires, quatre cents couples de guppies, etc., et il fallait les placer par couples et les livrer avant 11 heures du matin. Et c'était absolument infernal de les attraper car, tour à tour, les poissons filaient à toute vitesse vers la jungle des plantes, comme s'ils faisaient de leur mieux pour dissimuler leur sexe alors que, la plupart du temps, il est déjà assez difficile de distinguer le mâle de la femelle chez certaines espèces. Et lorsque, après des heures, la pêche était terminée et Aal parti en taxi, les aquariums étaient sens dessus dessous, toutes les plantes déracinées et l'eau jaunie de sable.

Je commençai à craindre que toute ma vie ne s'écoulât ainsi et Aal, j'en suis certain, l'avait su dès le début. Un soir, très en verve après avoir guéri son poisson rare de la constipation grâce à son fameux massage, il me dit : « Au cours de ma vie, j'ai vendu des aspirateurs en Allemagne, des machines à laver en Amérique et des soutiens-gorge en France. À vous, j'ai vendu une idée. Dès que j'ai su la sorte d'appât que vous avaleriez, c'était facile. »

Pour sa part, inutile de le dire, il ne lui aurait pas déplu de passer le reste de sa vie avec ses poissons. S'y intéressant véritablement, il prenait plaisir à chaque minute de son travail et, à part les romans policiers, il n'aimait rien d'autre dans la vie. Mais, pour moi, c'était différent. J'aimais, il est vrai, voir mes aquariums scintiller au soleil. Jusqu'à un certain point, cela m'intéressait d'observer autour de moi la vie aquatique, mais je n'étais pas naturaliste et je me pris vite à détester ce travail pénible qui m'épuisait et dont je ne voyais aucune perspective de me libérer. Encore l'aurais-je supporté si j'avais entrevu le plus léger espoir qu'après avoir lavé des montagnes de sable, nettoyé des rivières, cultivé des forêts de plantes et coupé des millions de vers, je trouverais le temps de peindre. Mais non, Aal me tenait dans ses filets.

Et, quand je m'en rendis compte, je perdis tout intérêt à l'affaire. J'en avais assez des aquariums, d'Aal, de sa femme intelligente et replète et du moindre poisson. J'allais là-bas chaque jour et travaillais comme un automate, mais je ne prêtais plus d'attention à Aal et ne lui demandais même pas s'il réalisait des bénéfices. J'étais vraiment pris au piège.

Les catastrophes que je dois maintenant relater vinrent l'une après l'autre, en succession presque aussi ininterrompue que les plaies d'Égypte. Elles débouchaient, de toute évidence, sur la même issue : mon départ. L'été était particulièrement chaud cette année-là et l'alimentation en eau assez réduite. Or, presque tous nos aquariums étaient surpeuplés et la vie des poissons y dépendait de l'oxygène fourni par deux puissantes pompes à eau fonctionnant jour et nuit. Par une chaude nuit de juillet, les deux pompes s'arrêtèrent soudainement. Une demi-heure plus tard, des milliers de poissons remontaient vers la surface en haletant. La situation semblait désespérée. Si nous n'obtenions pas rapidement de l'aide, tout notre stock serait asphyxié.

C'est à près de 2 heures du matin qu'Aal décida que nous devions absolument trouver un plombier qui apporterait de l'oxygène.

Nous réussîmes enfin à en découvrir un et à le réveiller – un jeune garçon qui n'aurait jamais consenti à se lever à pareille heure, sauf pour des poissons. Il apporta un cylindre d'oxygène, le brancha sur les aquariums et, bientôt, de petites bulles d'air apparurent, soulageant les poissons déjà à demi étouffés. Malgré tout, le lendemain, deux mille poissons environ moururent l'un après l'autre, leurs branchies ayant probablement été brûlées par l'afflux brutal d'oxygène (c'était là, du moins, la théorie d'Aal).

Quelques jours plus tard, en arrivant le matin, je trouvai Aal, un grand balai à la main, en train de rassembler environ mille deux cents scalaires morts, toute la population de l'un de nos plus grands aquariums. Pendant la nuit, la pression de l'eau avait fait éclater une vitre de onze millimètres d'épaisseur et quelque quatre à cinq cents litres d'eau avaient jailli, se précipitant dans l'escalier comme un torrent, emportant tous les scalaires et les abandonnant, morts et phosphorescents, dans tous les coins.

Après cela, la paix régna pendant une semaine. Puis un événement imprévu amena le désastre sous la forme du fléau le plus redouté de tous, l'ichthyo.

Un matin, Aal découvrit une petite tache blanche sur la queue d'un *Platy*. Il se borna à dire : « Ichthyo », mot qui ne signifiait rien pour moi, mais qui, de toute évidence, avait une sinistre portée, car il m'ordonna aussitôt de mettre tout l'aquarium en quarantaine. Le lendemain, le petit *Platy* avait trois ou quatre taches sur la queue et une sur le corps. Deux autres avaient chacun une tache.

Dès lors, pendant des semaines et des semaines, le fléau s'étendit. Le petit *Platy*, autrefois doré et pourpre, était mort, l'or ayant entièrement disparu sous une couche blanche de milliers de microbes qui, lentement, l'avaient dévoré vivant. Des centaines d'autres poissons avaient subi cette affreuse mort blanche jusqu'à ce que l'aquarium fût vidé, les plantes et les cadavres brûlés et l'eau soigneusement jetée. Mais deux charmants *Danio rerio,* dans un aquarium voisin, avaient déjà des petites taches et, inexorablement, le drame se reproduisit. Les poissons d'un merveilleux bleu azur se couvrirent de la même neige fatale et une partie de leur corps se désintégra lentement. Les malheureux essayaient encore de nager et laissaient derrière eux une traînée d'humeur blanchâtre et visqueuse.

Au début, nous essayâmes toutes sortes de traitements médicaux, par exemple des kilos de quinine et de bleu de méthylène, mais sans succès. Tous les aquariums contaminés devaient être séparés de ceux qui ne l'étaient pas, il fallait constamment stériliser les filets dans l'eau bouillante et nous devions sans cesse nous laver les mains. Mais toutes nos précautions étaient inutiles. De plus en plus d'aquariums se teintaient de bleu de méthylène, il fallait inventer des excuses de plus en plus compliquées vis-à-vis de nos clients – sans dire un mot de l'ichthyo. Lesdits clients s'impatientaient, ne pouvaient pas comprendre pourquoi nous ne fournissions plus les espèces les plus communes. Ils menaçaient d'acheter chez nos concurrents.

Enfin, au début de l'hiver, l'ichthyo disparut. Des douzaines de nos aquariums étaient aussi vides que des villages médiévaux après le passage de la peste noire. Je ne sais combien de poissons moururent ni combien d'argent je perdis. Tout ce que je puis dire, c'est qu'à partir de là je ne pris plus de plaisir à contempler la beauté des poissons exotiques. Je m'attendais toujours à voir de petites taches blanches réapparaître sur des poissons blancs qui laisseraient péniblement dans l'eau colorée au bleu de méthylène une traînée visqueuse. Et l'odeur des plantes pourries et de l'eau puante ne quittait jamais mes narines. Même aujourd'hui, quand je vois un aquarium, je suis souvent pris de nausée et d'un insurmontable dégoût.

Le coup dont le sort nous frappa ensuite fut d'un ordre différent car il ne s'agissait plus de poisson, mais de l'intelligente, grosse et laide Mme Aal. Avant de raconter cet accident, qui ne fut heureusement pas fatal, je dois décrire l'endroit où il se produisit. Au même étage que les locaux de l'Aquatropica, M. et Mme Aal avaient un petit appartement comprenant une cuisine, une chambre à coucher et une grande terrasse, au milieu de laquelle il y avait un châssis vitré surplombant un petit atelier situé en dessous.

Un matin, j'étais assis sur la terrasse tandis que Mme Aal marchait lentement de long en large près du châssis, apparemment plongée dans ses pensées. Tout à coup et de façon absolument inattendue, elle mit le pied sur la vitre et il en résulta qu'elle et quelques mètres carrés de verre disparurent dans l'atelier. Ce fut un vrai choc de ne soudain plus rien voir là où, un instant auparavant, remuait l'imposante silhouette de Mme Aal. Je me précipitai, en criant à l'aide, et le secours vint assez vite. Nous enfonçâmes la porte de l'atelier et trouvâmes la pauvre Mme Aal inconsciente, à quelque quatre mètres au-dessous du châssis. Nous la portâmes dans son lit, le docteur arriva et se mit à extraire les petits morceaux de verre de son dos charnu. À part cela, elle avait une commotion cérébrale, il fallut prendre des infirmières de jour et de nuit et le docteur dut venir régulièrement pendant près de trois semaines.

Ce triste événement m'affecta, moi aussi, car je devais payer le médecin, les infirmières et les nombreux médicaments ; Aal affirmait qu'il ne fallait pas regarder à la dépense quand la santé de sa femme était en jeu, mais comme il n'avait malheureusement jamais été capable de faire des économies, je dus lui avancer de l'argent (qu'il me rembourserait, bien entendu et le moment venu, sur ses bénéfices).

Après cet interlude, les ennuis avec les poissons recommencèrent.

Le printemps de 1935 fut aussi froid et humide que 1934, où était survenu l'accident avec nos pompes, avait été chaud et sec. Le 1er avril, ponctuellement dans toutes les maisons de Paris, et probablement dans toute la France, les propriétaires ont coutume d'arrêter le chauffage central (ainsi qu'il est stipulé dans chaque bail), indifférents au fait que les locataires peuvent mourir de froid dans leur appartement glacial. Quand arriva le 1er avril, il faisait dehors un froid mordant et cela ne valait guère mieux à l'intérieur. La température de l'eau de nos aquariums baissa de plus en plus, jusqu'à être bientôt au-dessous du minimum nécessaire aux poissons tropicaux. Nous fîmes une démarche auprès du propriétaire, en l'assurant que nous étions tout à fait disposés à payer le chauffage, mais il nous dit que ce n'était pas possible car nos locaux n'avaient pas d'installation séparée. Or la chaleur venait d'une grosse chaudière qui desservait tout l'immeuble et nous devions donc être prêts à payer non seulement pour nous, mais aussi pour le reste des locataires.

Nous achetâmes deux ou trois fourneaux à pétrole, mais l'air fut bientôt si empesté que nous dûmes y renoncer. Aal décida alors de verser de l'eau chaude dans les aquariums qui contenaient les poissons les plus coûteux pour tenter de sauver une partie au moins de notre stock.

Les deux semaines qui suivirent et la période de l'ichthyo furent les plus désagréables de toute l'histoire d'Aquatropica. Jour et nuit, des bouilloires pleines d'eau chauffaient sur les réchauds à gaz, mais c'était un travail de Sisyphe. Dès qu'un aquarium était chauffé à la température voulue, un autre commençait à refroidir. Nous faisions des efforts presque surhumains et, de fait, une grande partie de notre stock fut sauvé. Mais des centaines de poissons périrent, couverts d'une sorte de bactérie blanche qu'Aal appelait, cette fois, «mildiou», et tout cela se poursuivit longtemps après que le soleil eut percé les sombres nuages d'un printemps tardif.

Cette dernière catastrophe me fit abandonner tout espoir. Depuis un an, j'avais très peu peint et perdu beaucoup de temps. Je décidai de vendre ma part de l'affaire. Un acheteur se présenta, un certain Herr Lomar, qui, après avoir passé deux semaines à l'Aquatropica et avoir tout examiné, acheta ma participation. Il me donna cinq mille francs et me promit davantage une quinzaine plus tard. Il vint le jour fixé pour le second paiement, accompagné d'Aal. Il avait découvert, me dit-il, qu'il n'y avait en stock que de quinze à vingt mille poissons, et non quarante mille ainsi qu'on le lui avait dit. De plus, les livres de comptes n'étaient pas en ordre et Aal avouait les avoir falsifiés. Je regardai Aal fixement. Il hocha la tête. «En conséquence de quoi, dit Herr Lomar calmement, j'ai décidé de ne rien vous payer de plus. Si cela vous déplaît, vous pouvez toujours me faire un procès. L'affaire durera des années, mais je peux attendre», ajouta-t-il.

Je n'ai jamais su si ce que disait Lomar était vrai ou si Aal et lui avaient agi la main dans la main, mais il est possible qu'il y ait eu quelque vérité dans ses allégations. Bien plus tard, quelqu'un qui le connaissait intimement me dit qu'Aal, qui avait toujours l'air si fatigué, était souvent vu en compagnie de prostituées. Quoi qu'il en soit, s'il avait maquillé les comptes, j'étais un peu coupable moi-même. Je n'avais jamais l'œil sur lui et, chaque fois que je le pouvais, je me précipitais dans ma chambre pour peindre. Si j'avais pris un réel intérêt au côté commercial de l'affaire, Aquatropica aurait peut-être survécu et fait des bénéfices réguliers, sinon importants. Mais au plus profond de mon subconscient, il y avait toujours eu le désir de m'échapper du filet avant qu'il ne m'étranglât, même si cela signifiait faire sauter Aquatropica au grand complet.

Je ne sais pas trop ce qu'il advint d'Aal et de sa femme, mais on m'a rapporté qu'au bout de quelques mois Lomar les avait liquidés, croyant, à tort, qu'il pouvait diriger l'affaire tout seul. Après, Aal et sa femme auraient émigré au Paraguay et ouvert une pension, tandis que Lomar devait vendre l'affaire et émigrer au Brésil. Le nouvel acheteur vendit les aquariums et, peu après, les locaux étaient à louer.

La fin d'Aquatropica fut aussi la fin de mes entreprises commerciales. Il me restait très peu d'argent et je ne pouvais plus en attendre d'Allemagne. Je ne voyais aucune lueur d'espoir et mon avenir était aussi sombre que l'état de l'Europe. Rester à Paris et attendre un éventuel miracle équivalait à mourir lentement d'un cancer. J'avais journellement devant les yeux les clients des cafés, des épaves, des gens qui n'avaient ni la volonté ni l'argent nécessaires pour commencer une vie nouvelle. Ils restaient là, mornes et blêmes, les cols de chemise sales, à attendre la chute de Hitler ou de Mussolini, la restauration du tsar, de Napoléon, ou la venue du Messie. Je décidai de m'échapper avant qu'il ne soit trop tard. Peindre, c'était ce que je désirais le plus maintenant, j'abandonnais l'avenir au destin. Je n'avais aucune idée de l'endroit où aller. Je sollicitai et obtins un visa pour les Philippines, où j'avais un ami, mais je me rappelai tout à coup que le peintre Zügel, de Stuttgart, avait une maison en Espagne, à Tossa del Mar, sur la Costa Brava. Je lui écrivis et il m'invita à venir. On pouvait vivre là à bon marché, disait-il. (Ce que signifiait réellement « à bon marché », je devais l'apprendre beaucoup plus tard.)

Avant mon départ pour l'Espagne, on m'offrit d'exposer seul dans une petite galerie, Le Niveau, boulevard du Montparnasse, dirigée par M. et Mme Némont. Ils avaient beaucoup de mal à faire marcher la galerie[1]. Mais comme ils ne me demandaient que quelques centaines de francs de participation, j'acceptai. Il me faut expliquer qu'il était et est encore de règle à Paris que les peintres paient la location de la galerie et, le plus souvent, également les affiches, le catalogue et le texte de présentation. La location de la galerie variait selon son importance, tout comme les honoraires du critique d'art qui écrivait le texte[2]. Une

1. On savait que, la veille du jour où ils devaient payer leur loyer trimestriel, on pouvait acheter n'importe quelle peinture à moitié prix. Exemples : un grand et beau fusain représentant deux danseuses de ballet par Degas fut vendu pour sept mille francs et l'une des plus belles natures mortes de Bonnard – maintenant, je crois, dans la collection Eardley Knollys – pour cinq mille francs. Des petits Renoir furent vendus trois mille francs, des Utrillo mille francs, et ainsi de suite.

2. Un de mes amis qui était très riche, le peintre H., loua l'une des plus importantes galeries de Paris et engagea un critique bien connu, M. Meyer, pour écrire le texte de présentation. Meyer lui fit payer pour cela l'énorme somme de trois mille francs. Il

exposition ne durait jamais plus de deux semaines et il y avait tant d'expositions en même temps que même le plus consciencieux des critiques ne pouvait espérer les voir toutes. À de rares exceptions près, les critiques étaient mal payés par les journaux, mais il allait de soi qu'ils pouvaient se faire un bon revenu grâce aux toiles que leur donnaient les artistes et qu'ils vendaient plus tard aux enchères. Je me rappelle encore mon étonnement lorsque, à ma première exposition, Némont me demanda combien de toiles j'avais apportées pour les donner aux critiques[1].

Mon exposition dura du 5 au 16 février. J'exposai environ vingt petites toiles, mais n'en vendis pas une seule. Ce fut toutefois très encourageant. Westheim fit un compte rendu chaleureux. André Lhote parla de moi

écrivit deux pages, dans lesquelles il mentionna à peine le nom de l'artiste, mais, au bas de la page 2, exprima l'espoir que la douceur du climat français «adoucirait son tempérament teuton».

1. Chirico se plaignit un jour à moi du nombre de toiles qu'il lui fallait donner aux critiques. Juste avant la guerre, j'allai voir Maximilien Gauthier, qui était en train d'expédier, pour une vente aux enchères, un grand nombre de peintures qu'on lui avait données. Il pouvait y en avoir de vingt à quarante, et cela faisait un agréable supplément à son revenu.

dans *La Nouvelle Revue française* et m'invita à peindre gratuitement dans son école. Après l'exposition, j'attendis à Paris quelques semaines de plus, peut-être, après tout, un miracle se produirait-il… je ne saurais dire. Puis, un jour, je me rendis à la gare… où il n'y eut personne pour me dire au revoir[1].

1. J'eus deux autres expositions chez les Némont, en 1937 et en 1938. Le gouvernement français et le musée de Grenoble achetèrent des toiles. En décembre 1938, je fus invité à concourir pour le prix Guillaume, à ce moment le plus convoité des prix. Le jury avait finalement décidé de me l'accorder lorsque l'un des membres se leva et dit que Ribbentrop était attendu à Paris le lendemain et que donner le prix à un réfugié allemand serait considéré comme un geste politique. C'est ainsi que le prix Guillaume fut donné à un certain M. Heuzé «parce qu'il était dans la misère» (voir *Marianne…* du 14 février 1939).

Ma dernière exposition à Paris eut lieu en 1939 à la galerie Jeanne Castel. Je savais que la guerre n'était plus qu'une affaire de quelques mois et mes peintures étaient sombres et pleines de désespoir. Le dernier jour de l'exposition, Mme Paul Guillaume m'invita à voir sa fabuleuse collection : des Renoir, des Cézanne, des Picasso, etc. Elle me dit qu'elle avait appris de source sûre que la guerre éclaterait dans quelques semaines, et comme elle avait décidé de passer quelque temps sur la Côte d'Azur, elle estimait que les coffres de la Banque de France était l'endroit le plus sûr pour y mettre ses tableaux. La guerre éclata précisément sept semaines plus tard.

# 14

# L'Espagne

Le 1er avril 1936, j'arrivai à Tossa del Mar, un petit village de pêcheurs sur la Costa Brava encore assez préservé. Zügel, peintre abstrait, me reçut à bras ouverts, ainsi que ses amis, surtout les Johnson : Archie, qui devait partir pour la Russie après la guerre civile espagnole, et devenir citoyen soviétique, et Nancy, sa femme, auteur de deux livres : *Hôtel en Espagne* et *Hôtel en fuite.* Cependant, il y avait d'autres gens, prêts à me détester avant même mon arrivée, car ils étaient les ennemis de Zügel. Une telle situation se produit parfois parmi des étrangers vivant dans de petits endroits comme Tossa. Durant la saison, les membres des deux coteries se tenaient à l'écart les uns des autres mais, quand les derniers visiteurs de l'été étaient partis et que venait le long hiver, les Zügéliens et les Steyeriens en étaient bientôt réduits à partager le même coin de feu et leur inimitié ne renaissait qu'au printemps, avec la réapparition des visiteurs. La plupart des étrangers étaient des réfugiés allemands, qui tous faisaient quelque chose – Steyer tenait un hôtel, Marcus un bar, Frau von B. une bibliothèque de prêt, quelqu'un d'autre un café. Zügel et son beau-frère étaient riches et n'avaient pas besoin de gagner leur vie – André Masson, qui avait là une maison, et son beau-frère, Henry Bataille, étaient des habitués de Tossa.

Nous étions tous des étrangers. Nous n'avions pas de racines dans le village et je me suis souvent demandé ce que les gens du pays pensaient de nous avec nos étranges coutumes, nos querelles et nos idées bizarres sur tout ce qui touchait au sexe.

Je dis «nos» parce que, au bout de quelques jours, j'avais déjà l'impression d'être là depuis plusieurs années. Je savais «tout» : qui était marié à qui, qui ne l'était pas, avec qui il était sage d'être prudent, ou amical, ou distant, et qui était neutre à l'égard des Zügéliens et des Steyeriens.

Il m'aurait été plus facile de savoir ce qui se passait dans le village lui-même si j'avais été capable de comprendre le catalan. Il m'était toutefois possible de faire quelques déductions. C'est ainsi qu'un jour où j'avais laissé deux jeunes filles anglaises payer leurs consommations parce qu'elles avaient tellement insisté pour le faire, Emilio, notre serveur, fut si choqué par ma conduite qu'il m'évita pendant deux jours. En une autre occasion, la fille de Steyer, âgée d'environ dix-sept ans, partit en promenade avec le fils du forgeron, un jeune homme d'une vingtaine d'années, excessivement fier de ses deux dents de devant en or. La *guardia civile* fut envoyée à leur poursuite, ils furent arrêtés, ramenés, et Steyer, craignant d'avoir à fermer son hôtel, gifla publiquement le jeune homme. La police interdit à la jeune fille de sortir sans chaperon. Il y avait des règles pour les résidents et d'autres pour les non-résidents. La police s'inquiétait beaucoup moins de la conduite des visiteurs que de celle des gens du pays.

D'autre part, il semblait y avoir quelques fissures dans les anciennes structures bien établies de cette société. Les jeunes gens aux cheveux bruns découvraient que, lorsqu'elles étaient loin de leur climat froid, les blondes jeunes filles anglaises étaient fort disposées à explorer les plantations d'oliviers et les étroites cavernes qui bordaient les plages ensoleillées. Il n'y avait, bien entendu, aucun danger de vendetta ou de guerre tribale. Les jeunes filles venaient et s'en allaient, mais j'avais bien peur qu'un jour les jeunes gens ne deviennent des petits gigolos et des maquereaux, comme il y en avait tant sur la Côte d'Azur.

Mais bien plus intéressants étaient certains incidents qui, me dit-on, auraient été impensables quelques années plus tôt, par exemple : sur son lit de mort, une vieille dame avait refusé de voir un prêtre, ou une femme était retournée chez ses parents parce que son mari la battait. Il se passa aussi autre chose que je vis de mes propres yeux peu de temps avant que n'éclate la guerre civile.

Le jour de la Fête-Dieu, j'étais à l'entrée de l'église pour voir l'arrivée de la procession, les femmes en blanc, la *guardia civile* en noir et rouge, les dignitaires qui portaient des drapeaux or et blanc. La procession, beaucoup plus réduite, me dit-on, qu'à l'ordinaire, comprenait principalement les gens les plus riches du pays, les personnalités officielles, ainsi qu'un grand nombre de femmes et d'enfants. Des groupes importants d'hommes d'un certain âge attendaient plus loin et, près de l'endroit où j'étais, il y avait une bande de jeunes gens, les mains dans les poches.

La tête de la procession était déjà dans l'église lorsque, dans toute sa splendeur, le prêtre arriva. Tout à coup, à la vue des jeunes gens (qui, probablement, avaient été ses élèves), il s'arrêta, se dirigea droit sur eux et, élevant l'ostensoir presque sous leur nez, tenta de les forcer à s'agenouiller. Je n'ai jamais vu de ma vie un visage d'une si mortelle pâleur, empreint d'une furieuse expression de haine impuissante, que celui du vieux prêtre élevant l'ostensoir et s'efforçant, avec cette seule arme magique, de briser la résistance des jeunes gens de Tossa. Combien je souhaitais alors ne pas être au premier rang, mais plus loin, parmi les touristes occupés à prendre des photos. Tout le monde dévisageait le visage pâle et fatigué du vieux prêtre qui dut se retirer lentement, pas à pas, les mains crispées autour de l'ostensoir, comme s'il avait le pouvoir de le protéger contre la révolte qu'il lisait dans les yeux des jeunes pêcheurs qui le regardaient fixement. Il leur avait fallu du courage pour le défier ainsi. Ils se tinrent tranquilles jusqu'à ce que le dernier enfant fût entré dans l'église. Alors, en souriant, ils quittèrent la silencieuse et chaude *plaza*.

Mais, somme toute, la vie était agréable. Je peignais le matin, passais l'après-midi sur la plage et la soirée chez Marcus.

J'avais cessé de me tourmenter pour l'avenir car, pour la première fois de ma vie, je me détendais et acceptais le présent comme si les choses devaient continuer ainsi à jamais. Rien n'importait plus aussi longtemps que je pourrais continuer à peindre et, si c'était là un suicide, c'était du moins ce que Fromentin appelait un « suicide voluptueux ». Je voyais souvent André Masson, Henry Bataille, le professeur Landsberg et le peintre Kars. Un jour, je vis une vieille dame vêtue de noir, sous un parapluie noir, qui peignait un bateau bleu sur une mer bleue. Elle venait là tous les jours et continuait à peindre pendant des heures en dépit de la terrible chaleur de midi. Quelqu'un me dit que c'était une certaine Mrs. Carline. J'étais alors loin de penser que je la rencontrerais de nouveau à Londres et que les Carline, ainsi que leurs parents, les Spencer, deviendraient de mes amis.

Le 27 avril, je me rendis, comme à l'ordinaire, chez mon ami Marcus, qui ressemblait à l'empereur Trajan et dont le petit bar était le rendez-vous des visiteurs étrangers et des pêcheurs espagnols, lorsque deux jeunes filles, des Anglaises de toute évidence, entrèrent. Toutes deux étaient belles, toutes deux avaient l'air distingué et j'hésitai avant d'inviter l'une d'elles à danser. Elle accepta, je me présentai et, lorsque je lui demandai son nom, elle dit : «Betty Sackville-West.» Était-elle française? lui demandai-je, et elle me répondit que sa famille était d'origine normande.

Encouragé par mon succès, j'invitai également l'amie de Miss Sackville-West à danser et elle acquiesça, elle aussi. Nous dansâmes peu, mais nous parlâmes beaucoup, en allemand et en français, de Tossa et de la situation politique en Allemagne. Son nom, me dit-elle, était Diana Croft. Elle était en route pour Barcelone, mais, se sentant fatiguée après un long voyage, avait décidé de s'arrêter un jour ou deux à Tossa.

Je rencontrai de nouveau Miss Croft et Miss Sackville-West le lendemain et le surlendemain, puis elles partirent.

Même si cela me gêne un peu de le dire, la vérité est que je voulais tout simplement revoir Diana Croft. Je n'avais aucune idée de l'endroit où elle et son amie étaient allées, je n'étais même pas certain d'avoir bien compris son nom, n'ayant jamais été capable d'en retenir un, et je ne me rappelais Sackville-West que parce qu'il m'avait paru étrange pour une jeune fille anglaise. J'allai à la bibliothèque de Frau von B. pour voir si Diana, qui y avait emprunté un livre, avait laissé son nom. Oui, il était inscrit : Croft. J'envoyai une carte postale à toutes les succursales de l'agence Cook auxquelles je pus penser : Séville, Grenade, Burgos, Tolède, toutes les villes que deux jeunes filles anglaises pouvaient avoir envie de visiter.

Mes cartes portaient toutes le même message : « Puis-je avoir de vos nouvelles ? » L'une d'elles rejoignit Diana à Tolède et elle y répondit.

Quelques mois plus tard, la guerre civile éclatait. On parlait à la radio de bagarres à Barcelone, mais Zügel disait que tout serait fini au bout de quelques jours, que ce n'était qu'un petit putsch, il n'y avait pas à se tourmenter. Steyer disait que c'était ennuyeux juste au milieu de la saison et que des gens nerveux pourraient même annuler leurs réservations. Oui, c'était désagréable. Au bout d'une semaine, les choses commencèrent à paraître sérieuses, Zügel lui-même faisait grise mine et le consul d'Angleterre dit aux ressortissants anglais de rentrer tout de suite chez eux. Beaucoup suivirent son conseil.

Un matin, ma logeuse me dit : « *Muy malo, muy malo.* » Des anarchistes étaient venus de Barcelone et ils voulaient incendier l'église. Je lui demandai à quel moment cela pourrait arriver et elle me dit que ce serait après la *siesta*, lorsque les hommes auraient fini leur petit somme.

Je me rendis à l'église vers 4 heures. Il n'y avait personne. La *plaza* était déserte et le haut bâtiment avec ses tours jumelles se dressait, doré, contre un ciel intolérablement bleu dans la brume de chaleur de juillet. C'est alors qu'un mouvement commença de se produire. Des hommes qui faisaient penser aux sans-culottes sur une image de livre pour enfants apparurent, le fusil jeté sur l'épaule. Ils entreprirent de vider l'église de son contenu, qu'ils brûleraient, dirent-ils, plus tard, sur la plage. L'église elle-même ne serait pas incendiée à cause du danger que cela pourrait présenter pour le village.

Les « sans-culottes » se mirent à l'œuvre et firent de la bonne besogne. Quantité d'accessoires du culte furent entassés sur les marches conduisant à l'église : des candélabres, des centaines de cierges, des cadres ornés de glands argentés, des stalles, des bannières, des drapeaux, des reliques de saints, des bibles, des vêtements sacerdotaux violets et mauves, des rideaux bleus…

Tout à coup, de l'une des tours, descendit en flottant un saint de plâtre, ses larges jupes et ses sous-vêtements de dentelle s'ouvrant comme un parachute, et il atterrit dans une attitude presque obscène sur l'amas d'objets de piété. Il fut suivi par une sainte, également vêtue de soie et de dentelle, qui tomba sur le saint, presque comme si elle voulait l'étreindre. Quelques autres saints suivirent, puis vinrent deux ou trois gros paquets enveloppés de papier d'emballage qui s'ouvrirent en heurtant le sol et il en sortit d'autres saints fraîchement dorés, qui avaient peut-être été tenus en réserve en cas d'urgence.

Les « sans-culottes » s'acquittèrent de leur tâche avec un tel zèle anticlérical que l'église fut bientôt vide.

À l'extérieur, dense, sombre et silencieuse, une foule regardait le spectacle. Au premier rang, il y avait quelques petits enfants, puis venaient surtout les femmes et, derrière eux, se tenaient les gens âgés, tremblant de crainte que la colère céleste n'anéantît Tossa. Mais rien ne se passa. Cela devait avoir échappé à Dieu. Le ciel demeurait aussi sereinement bleu et il n'y avait pas la moindre brise pour agiter les vêtements chiffonnés des saints.

Un petit enfant voulut ramasser quelques objets argentés qui gisaient sur le sol, mais sa mère fondit sur lui comme un aigle, craignant que s'il touchait la moindre de ces choses son âme ne fût souillée à jamais par ce sacrilège.

Dans la soirée, je revins contempler la pathétique montagne de débris. Un anarchiste montait la garde pour que rien ne fût soustrait à l'autodafé imminent. Je m'approchai lentement et, sans me pencher, poussai doucement du pied la tête d'une madone du XVe siècle et recommençai jusqu'à un coin obscur où, sans être vu de la sentinelle, je la ramassai et la mis dans ma poche.

Plus tard, l'amoncellement fut transporté sur la plage et les flammes eurent tôt fait de tout détruire. Tout… à l'exception de la petite tête de madone, qui est maintenant dans mon atelier à Londres.

Quelques jours plus tard, une vedette anglaise arriva et le dernier Anglais de Tossa disparut dans une fumée glorieuse. La saison avait définitivement pris fin.

Nous étions maintenant complètement coupés du monde extérieur. Quatre-vingt-dix barricades, me dit-on, avaient été dressées entre Tossa et Barcelone.

Vers la fin de juillet, un premier visiteur arriva de Barcelone. D'une petite auto descendit, flanqué d'un soldat républicain pour escorte, le journaliste et écrivain allemand A.

(Je n'ai jamais découvert ce qu'il était vraiment venu faire à Tossa.)

Il nous donna des nouvelles des combats à Barcelone et nous apprit que se constituait une Brigade internationale. Je lui demandai s'il pouvait m'emmener avec lui, car je voulais m'engager dans la brigade. Il me dévisagea d'un regard étrange. « En êtes-vous sûr ? demanda-t-il. – Certainement », répondis-je. Avec la même étrange inflexion de voix, il répéta : « En êtes-vous absolument sûr ? » Je le lui confirmai : « Absolument sûr. » Il se mit alors à la recherche du maire sans le permis duquel je ne pouvais quitter Tossa. Il était sorti. Nous attendîmes une demi-heure et A., qui ne pouvait attendre plus longtemps, s'en alla. Je l'avais échappé belle. Le maire revint cinq minutes plus tard.

Je m'attardai à Tossa encore quatre jours. Les hôtels étaient vides, les plages désertes. Les réfugiés allemands discutaient entre eux et se demandaient comment ils se tireraient d'affaire dans la tempête qui se levait.

Quelqu'un me dit qu'un train quittait Gérone pour la frontière française et je me débrouillai pour le prendre. Le 1er août 1936, j'arrivai à Marseille.

Je téléphonai à Londres d'un café. Diana répondit elle-même et nous convînmes de nous retrouver à Paris. Je regagnai ma table après avoir téléphoné et constatai que mon portefeuille avait disparu. Dans ma surexcitation, je l'avais laissé sur la table. Dedans, il y avait de l'argent et mon bien le plus précieux : mon passeport. Il est à peu près impossible à quiconque d'imaginer ce que j'éprouvai alors. Aujourd'hui, si on perd son passeport, on en demande un autre à son consulat le plus proche. Mais moi, en un instant, j'étais devenu un apatride, à la merci de n'importe quel fonctionnaire qui, pour une raison quelconque, voudrait se débarrasser de moi et, pis que tout, je ne pourrais plus voyager. Il n'était pas question de faire appel aux nazis parce qu'ils m'avaient, entre-temps, déchu de ma citoyenneté allemande. Si j'avais la chance d'obtenir un passeport Nansen, cela vaudrait mieux que rien dans un monde en folie. Je quittai Marseille en proie au plus profond désespoir. J'avais donné mon numéro de téléphone à Paris au propriétaire du café, mais je n'avais aucun espoir, la réputation de Marseille n'étant pas meilleure que celle de Chicago.

Le lendemain, à mon hôtel parisien, je reçus un appel téléphonique de Marseille.

Une voix dit : « On a trouvé votre passeport. » Le propriétaire de la voix ajouta qu'il l'envoyait par la poste, qu'il était mon « coreligionnaire » et avait déduit dix pour cent de l'argent contenu dans le portefeuille pour le serveur qui l'avait « trouvé ».

Le passeport et le portefeuille arrivèrent le lendemain matin.

Une heure plus tard, je retrouvai Diana à la gare Saint-Lazare.

# 15

# L'Angleterre

Car ce n'est pas que l'Anglais soit insensible… c'est qu'il a peur de ne pas l'être. On lui a appris, au lycée, qu'être sensible n'est pas de bon ton…

L'ennui est que la nation anglaise n'est pas du tout facile à comprendre. Elle a un grand air de simplicité, elle se prétend simple, mais plus on y songe, plus grand est le problème que nous abordons. On parle du mystérieux Orient, mais l'Occident est mystérieux, lui aussi.

E. M. FORSTER
*Notes sur le caractère anglais*, 1920.

J'arrivai en Angleterre le 3 septembre 1936, mais si ç'avait été la Chine, je n'aurais pas été plus ignorant du pays qui allait devenir ma seconde patrie. J'imaginais vaguement un paysage tout plat, sans fin, un peu comme un parc vert et plaisant à l'œil, mais plutôt morne, avec, partout, des chevaux et des vaches... sauf là où de sinistres villes industrielles étaient enfouies sous un voile de fumée noire. Je n'avais jamais entendu parler de Stonehenge, ni d'Ely, ni de Bath, ni de Winchester, ni de Boswell et du Dr Johnson, ni de Jane Austen, de Trollope et des quatre George.

Je n'avais jamais vraiment vu un seul Gainsborough, ni un Turner, ni un Reynolds, et tout le monde à Paris était d'accord pour dire que, si l'on avait envie d'une bonne rigolade, il fallait aller voir les préraphaélites. Quand, peu de temps après mon arrivée, je visitai la Tate Gallery, je vis que mes amis français n'avaient pas exagéré : les peintures préraphaélites étaient vraiment des choses affreuses, mais je trouvai plus extraordinaire encore un tableau de Stanley Spencer, *La Résurrection*. Je me pris à détester autant, sinon plus, Blake, dont un critique français m'avait dit : « C'est de la littérature », et je fus d'accord avec mes amis parisiens qui disaient que l'Angleterre n'avait pas produit un seul grand artiste depuis Constable et Turner. Quelqu'un m'avait parlé d'un peintre nommé Sicker, mais m'avait affirmé que ce n'était qu'une pâle copie de Vuillard et que je pouvais m'en passer.

Peu de temps après mon arrivée, Diana me présenta à Naomi Mitchison, auteur distingué selon Diana, mais dont je n'avais jamais entendu parler. Quelques jours plus tard, les Mitchison nous invitèrent à une soirée dans leur belle maison de Chiswick, où je rencontrai une foule de gens dont la plupart, me dit Diana, étaient célèbres, y compris Jack Haldane et un personnage d'aspect extraordinaire, vêtu d'un pantalon de velours côtelé et d'un gilet rouge, nommé Julian Trevelyan – des noms qui pour moi ne signifiaient rien.

Un Anglais pourrait trouver difficile de croire que j'aie ignoré à ce point le domaine culturel anglais, et je m'en étonne moi-même. Mais, en même temps, il est surprenant de constater à quel point on connaît mal l'Angleterre hors de ses frontières, et tout particulièrement en Allemagne. Il y a seulement quelques semaines, l'un des architectes les plus réputés d'Allemagne, le professeur D., vint séjourner chez moi et il n'en savait pas plus que moi vingt ans auparavant. Évidemment, il avait un peu entendu parler d'Oxford, de Cambridge, de la Tour de Londres, de Liverpool, de Glasgow, de Manchester et de Birmingham, et moi aussi.

Par contre, je connaissais bien Shakespeare. J'avais vu presque toutes ses pièces, même

*Timon d'Athènes, à* Stuttgart. Comme beaucoup d'Allemands, j'avais eu l'impression qu'en réalité il *nous* appartenait et que nous l'aurions mérité bien plus que les Anglais. Voilà qui peut paraître fantastique à un Anglais, mais c'était ainsi.

Grâce à de merveilleuses traductions, Shakespeare, avec Goethe et Schiller, faisait partie du patrimoine allemand, l'un des rocs sur lesquels notre éducation était fondée. Quoi qu'en puissent dire les Anglais, tout Allemand sent au plus profond de son cœur que Shakespeare était – ou en tout cas aurait dû être – allemand, et personne en Allemagne ne serait surpris si on découvrait tout à coup qu'il était né à Weimar et non à Stratford-upon-Avon.

Il est probable que peu de gens, en Angleterre, se rendent compte de l'important apport shakespearien dans la langue allemande. Nombre de ses expressions y sont d'usage courant : *Ein Pferd, ein Pferd, ein Königreich für ein Pferd, es ist etwas faul im Staate Dänemark, die Zeit ist aus den Fugen*, et ainsi de suite.

À part Shakespeare, que connaissais-je ? *Le Portrait de Dorian Gray*, qui jouissait d'une immense popularité en Allemagne, *De l'importance d'être constant* et, bien entendu, les pièces de Bernard Shaw, qui faisaient partie du répertoire de tous les théâtres allemands, de Stuttgart à Breslau. J'avais également lu *The Forsyte Saga*, qui avait eu un grand succès en Allemagne et était comparé par beaucoup aux *Buddenbrook* de Thomas Mann.

J'avais entendu parler d'Henri VIII et de ses femmes, de Marie Stuart à cause de la tragédie de Schiller et, comme mon ami le professeur, d'Oxford, de Cambridge, et même d'Eton, mais tout le reste m'était aussi étranger qu'Omsk ou Irkoutsk ou la mer Caspienne.

Comment expliquer une telle ignorance? Était-ce simplement le fait d'une éducation exceptionnellement mauvaise? Je ne le crois pas. J'avais beaucoup lu. Dans ma bibliothèque à Stuttgart, j'avais de nombreux livres russes et français aussi bien que des livres allemands, et j'avais beaucoup voyagé. Je crois que l'isolement culturel de l'Angleterre par rapport au continent peut me servir d'excuse. L'Angleterre était davantage une puissance commerciale, raison pour laquelle nous connaissions tous Birmingham, Sheffield et Liverpool, mais c'était une île, ce qui rendait difficile les relations de voisinage.

En outre, on parlait rarement de l'Angleterre à mon école et je suis certain que ce n'était pas exceptionnel. Il n'y avait tout simplement pas assez de place dans les programmes scolaires pour y inclure l'Angleterre. Il y avait les Romains et les Grecs, il y avait l'histoire allemande, assez facile jusqu'aux Hohenstaufen, mais terriblement compliquée au Moyen Âge, quand le pouvoir des empereurs commençait à décliner. À partir de là, avec toutes les fluctuations politiques, c'était un cauchemar pour l'élève, qui devait connaître non seulement les grandes lignes de l'histoire allemande, mais également l'histoire de son État particulier, dans mon cas le Wurtemberg, et l'histoire de la Prusse par-dessus le marché. L'histoire française était importante, elle aussi, à cause de l'influence culturelle de la France aux XVII^e^ et XVIII^e^ siècles, où l'on parlait le français dans toutes les cours allemandes.

Si, de temps à autre, nos professeurs mentionnaient l'Angleterre, c'était avec un mélange de dépit et d'envie. Herr Ströhle y excellait : « Vous devriez, disait-il, être comme les Anglais : absolument impitoyables. Comme eux, vous devriez n'avoir qu'une devise : "Ma patrie, qu'elle ait tort ou raison." Sinon, comment auraient-ils pu s'assurer la puissance mondiale ? Comment auraient-ils pu conquérir l'Inde et la moitié du monde ? Mais qui a combattu pour eux ? Les soldats allemands !

Par exemple, qui s'est battu contre les Américains ? Les soldats allemands, achetés trente thalers l'un et commandés par des officiers anglais. Qui a gagné la bataille de Waterloo ? Vingt-sept mille Hanovriens et Hessiens. Et qui a sauvé Wellington du désastre ? Blücher. » Et ainsi de suite.

C'est là, je crois, la meilleure explication que je puisse offrir, mais il y a aussi une raison plus personnelle : je n'ai jamais été attiré par les pays nordiques. Je n'ai jamais eu envie d'aller en Norvège ou au Danemark. Stuttgart n'était en train qu'à quelques heures de la France ou de l'Italie et, s'il me fallait choisir entre Venise et Uppsala, Paris ou Londres, Taormina ou Trondheim, je n'hésiterais jamais. J'avais toujours considéré que la Méditerranée était ma vraie patrie, le Nord ne m'attirait pas. Famagouste, Palmyre, Chirāz, Samarkand, Baalbek m'avaient paru mystérieux et séduisants, mais pas Oxford ni Brighton.

Non seulement j'ignorais tout de la peinture, de l'histoire et de la littérature anglaises, mais je ne savais pas un mot d'anglais. Pis encore, je n'avais pas la moindre idée de ces tabous et coutumes étranges qui rendent les

Anglais si bizarres et souvent exaspérants. J'étais loin de soupçonner que de telles chaînes himalayennes, de tels rideaux de fer existaient et existent encore entre les classes sociales. Je n'avais jamais entendu parler de *l'understatement* et ne voyais absolument pas pourquoi, lorsqu'on me demandait : « Comment votre exposition a-t-elle marché ? », il ne fallait surtout pas répondre : « Formidablement, j'ai tout vendu », mais : « Pas trop mal », ce qui me paraissait de l'hypocrisie pure. Je n'arrivais pas à comprendre pourquoi il ne fallait pas demander à quelqu'un quelle était sa profession et combien il gagnait, ni s'il avait voté tory ou travailliste, questions normales, à mon avis, dans la bouche de tout être humain sensé. Et pourquoi semblait-il déplacé de s'enthousiasmer ou de se passionner vraiment sur quelque chose, et pourquoi était-ce mal de tenter de briller dans la conversation ? Toutes ces questions restaient pour moi des mystères. Je ne voyais pas pourquoi les gens seraient embarrassés si je disais qu'à mon avis lire un bon livre était plus important que courir après un ballon, ou qu'il était cruel et monstrueux d'envoyer un enfant de sept ou huit ans dans un internat et que les collèges privés créaient une classe de snobs et violaient le principe selon lequel tous les enfants devraient avoir les mêmes chances dès le départ dans la vie.

Tout me paraissait étrange. Je venais d'un pays déchiré par les guerres civiles, ruiné par l'inflation, où la liberté et, en vérité, la vie de chacun étaient souvent en danger, où l'on pouvait être arrêté et envoyé en prison ou dans un camp de concentration sans procès et où sa race, sa religion, ses opinions politiques pouvaient mettre en péril non seulement un individu, mais aussi toute sa famille.

L'Angleterre – du moins me sembla-t-il – était un paradis, un pays où la souffrance n'existait pas, un pays immuable, une île heureuse de Lotophages.

Il y avait de délicieuses créatures appelées «débutantes», dont les agissements semblaient intéresser le public beaucoup plus que ceux des nazis et qui passaient leur vie à aller d'une magnifique soirée à une autre. Il y avait des maîtres d'hôtel et des valets de pied et des nounous qui prenaient soin des riches et de leurs rejetons dorlotés. Il y avait – c'était le plus étonnant de tout – des agents de police qui ne portaient pas de revolver, vous appelaient «Sir» et vous priaient de vous asseoir lorsque vous veniez leur faire part d'un changement d'adresse.

Ma manière de voir était certainement partiale et mes premières impressions peuvent sembler superficielles, mais je ne vois pas comment elles auraient pu être très différentes. Ce pays m'était plus étranger que tous ceux que j'avais connus auparavant, aussi loin de l'Europe que Pékin, et ses habitants me semblaient appartenir encore à l'ère edwardienne. C'était un pays surréaliste où un ministre de la Défense pouvait annoncer avec fierté que quatre cent trente-six volontaires s'étaient enrôlés dans l'armée, alors que Hitler disposait de millions d'hommes prêts pour la guerre. C'était un pays où des gens, qui paraissaient sains d'esprit à tous autres égards, étaient disposés à écouter la parole d'un fou, mais refusaient de croire aux camps de concentration et soupçonnaient que mon seul motif de conjurer mes amis à prendre les armes, établir la conscription, aider la république espagnole, était la soif de revanche d'un réfugié !

Au début, Londres ne m'impressionna guère. Trafalgar Square n'était rien à côté de la place de la Concorde, Whitehall un pauvre substitut des Champs-Élysées et la Tamise ne pouvait rivaliser avec la Seine. C'était stupide de ma part, mais je suis sûr qu'un Français aurait réagi de la même façon.

Mais je m'épris immédiatement de la campagne anglaise. Tout y était nouveau, inattendu. Je découvris les Cotswolds, Burford, Chipping, Camden, Winchcombe. Je découvris Cambridge et Bath. Je ne m'attendais pas à trouver de tels contrastes ni à ce que, loin de se contenter d'être verts et plats, les comtés puissent être accidentés, montagneux même, et si riches en couleurs, avec des taches de rouge et d'ocre. Pour la première fois, je vis les cathédrales d'Angleterre, dont j'avais jusque-là ignoré l'existence. Je vis Stonehenge, Maiden Castle, Avebury et l'étrange pyramide de Silbury Hill. Je n'avais encore jamais vu d'arbres aussi merveilleux, de telles maisons de campagne. Je m'émerveillais de leur importance, et ce qui me semblait être un grand manoir, ou même un château, n'était parfois qu'une villa ou un presbytère !

Mais je m'épris aussi des Anglais. Quel contraste avec la franche rudesse des Allemands et le mince vernis de politesse des

Français ! Ces gens étaient tolérants, aimables, serviables, bien élevés, disciplinés, cordiaux. La grossièreté était exceptionnelle et la violence rare.

J'ai récemment entendu à la B.B.C. une causerie de Lili Komalska. Je ne sais pas qui elle est, mais comme je suis d'accord avec elle ! « L'Angleterre, dit-elle, exerce une puissante influence sur les individus, ce qui peut paraître étrange quand on sait que c'est peut-être le pays du monde où l'on se mêle le moins de la vie privée des gens. Et pourtant, cette influence est constante. Elle est dans la voix calme des passagers du bus ou du métro, qui oblige l'étranger excité à baisser le ton et à essayer inconsciemment d'adapter son comportement à l'ambiance générale. Elle est dans la politesse avec laquelle vous êtes traité quand vous avez affaire à l'administration. À l'étranger, les fonctionnaires vous font sentir que vous êtes un gêneur, un mal nécessaire. Au début, j'étais saisie d'étonnement devant la façon de faire des Anglais. Je suis sûre qu'eux-mêmes ne se rendent pas compte à quel point l'étranger nouvellement arrivé est impressionné par leur calme et leur courtoisie. »

Lorsque, pour la première fois, j'allai dans un cinéma à Londres, la salle était pleine et je dus rester debout, ainsi qu'une foule d'autres personnes. Quelqu'un se leva et je pris son fauteuil. À ma grande surprise, on me demanda de laisser cette place à quelqu'un d'autre car ce n'était pas mon tour. À l'étranger, j'aurais gardé mon siège sans même accepter de discuter.

Un jour, j'assistai à un accident d'auto. Au lieu de crier et de s'injurier mutuellement, comme on le fait en France et en Allemagne, les deux conducteurs, avec calme, échangèrent les noms de leurs compagnies d'assurances et se comportèrent comme des êtres humains raisonnables et civilisés et non comme des fous furieux.

En Allemagne, on peut diffamer n'importe qui sans véritable risque d'être poursuivi et encore moins condamné à une forte amende. Un juge français ou allemand crie contre vous et fait de son mieux pour vous intimider. En Angleterre, votre honneur est protégé par des lois sévères que personne ne peut enfreindre, pas même la police, et les juges sont généralement dignes et impartiaux.

Oui, c'est un pays étonnant. Pour quiconque vient du continent, c'est un havre et un paradis.

Ainsi que je l'ai dit, je ne parlais pas l'anglais et, pendant les deux premières années, je dus, la plupart du temps, m'exprimer en français et en allemand. (Ma femme, au contraire, est très douée pour les langues. Elle a gagné le prix Maréchal-Foch à l'école et parle l'allemand si couramment que le professeur Deutsch lui a dit un jour qu'elle était la première dame allemande qui, à sa connaissance, parlait un anglais « presque » irréprochable !)

Il me fallait commencer à parler et aussi commencer à lire. L'une de mes premières lectures fut *Orgueil et Préjugés* de Jane Austen, qui me déplut profondément. Je détestais tout ce que disait Mrs. Austen sur l'argent, la situation sociale et l'amour. Je réprouvais son esprit de caste. J'ai relu ce livre des années plus tard, cette fois avec le plus grand plaisir, et j'ai compris alors que je n'aurais jamais dû commencer par cet auteur.

Je lus pour la première fois E. M. Forster, Virginia Woolf, Aldous Huxley, Trollope, Conrad et beaucoup d'autres. En résumé, je découvrais un nouvel univers, ce qui ne serait peut-être jamais arrivé sans cette rencontre providentielle à Tossa.

Quelques semaines après mon arrivée en Angleterre, je me fiançai à Diana. Mais comment annoncer la nouvelle à sa famille ?

Nous ne pouvions la retarder trop longtemps car une cousine germaine avait déjà informé la tante de ma femme qu'on avait vu Diana «se promener avec un petit Juif dans Kew Gardens». La tante avait déclaré que, lorsqu'un Juif se trouvait dans la même pièce qu'elle, elle le savait toujours parce qu'elle éprouvait un malaise, comme lorsqu'on marche sur une couleuvre dans l'herbe.

Un jour, Diana invita donc sa mère à prendre le thé et lui fit part de son intention de m'épouser (je n'avais à ce moment aucune idée du courage qui lui avait été nécessaire) La pauvre femme en resta sans voix. La seule chose qui plaidât en ma faveur est que je n'avais jamais été divorcé. Tout le reste était «simplement épouvantable». Elle me quitta d'autant plus consternée qu'il lui fallait maintenant annoncer la nouvelle à son mari.

Peu de temps après, sir Henry Page Croft demanda à me voir.

J'achetai une paire de souliers neufs et un chapeau dans le faible espoir d'avoir ainsi l'air plus conventionnellement respectable, puis me rendis à mon rendez-vous au bureau de l'Empire Industries Association dans Victoria Street.

Je n'étais pas inquiet. Pourquoi l'aurais-je été ? Je n'avais pas d'argent, certes, mais j'étais docteur en droit. J'avais eu ma part, petite, mais somme toute honorable, dans le combat contre Hitler et tout le monde ne pouvait en dire autant. Plus important encore, j'étais un artiste, avec quelque espoir de pouvoir réaliser un jour quelque chose. De toute façon, les artistes étaient alors pour moi, comme ils le sont encore aujourd'hui, le sel de la terre et valaient plus que n'importe quel politicien, directeur de compagnie ou agent de change. Je savais alors si peu de chose de l'Angleterre et de la société anglaise que j'espérais être reçu sinon à bras ouverts, ce qui eût été trop demander, mais au moins sans a priori.

Les bureaux de l'Empire Industries Association étaient situés au deuxième ou au troisième étage d'un morne bâtiment de brique de l'époque victorienne. Je frappai et fus aussitôt introduit en présence de sir Henry. C'était un grand et bel homme aux larges épaules, qui me dominait de plus d'une tête, ce qui me donna aussitôt l'impression d'être ridiculement petit.

Il était fort bien habillé d'un costume bleu admirablement coupé. Ce qui me frappa le plus était son teint frais et rose et son visage poupin, ce qui dénotait une bonne alimentation et une vie au grand air. Au premier regard, on savait qu'on se trouvait devant un homme qui avait mené une vie saine, couronnée de succès et avait l'habitude de commander, d'être respecté et écouté. Il était impressionnant, intimidant et glacial.

Il me pria de m'asseoir et m'offrit une cigarette. Nous n'étions pas seuls car sir Henry, à l'encontre de sa fille si douée, ne parlait que l'anglais et moi seulement le français et l'allemand, ce qui rendait nécessaire la présence d'un interprète. (Je ne puis me rappeler son nom, mais c'était un ami de sir Henry et un membre du Parlement.)

Au bout de quelques secondes, l'interprète ouvrit le bal. Il m'expliqua en excellent allemand que c'était pour lui… là il toussota… une tâche assez… il toussota encore… embarrassante de poser des questions sur ma vie et mes affaires personnelles, mais, puisque j'avais l'intention d'épouser sa seconde fille, sir Henry avait le droit de savoir quelque chose de l'homme qui souhaitait devenir son gendre.

Là, je l'interrompis et dis que j'étais entièrement d'accord. Sir Henry avait non seulement le droit, mais le devoir de me poser toutes les questions qu'il jugeait nécessaires et je serais heureux d'y répondre.

L'interprète était visiblement soulagé. Après avoir traduit, il m'informa que sir Henry avait préparé un questionnaire et un exposé de l'histoire de sa distinguée famille. Sir Henry désirait qu'avant de passer aux questions il me fût donné une esquisse de ses antécédents historiques.

L'interprète me lut alors la première partie de L'*Histoire de la famille Croft*, qui commençait ainsi :

> « La famille Croft est l'une des plus anciennes d'Angleterre, probablement d'origine anglo-saxonne. Elle est déjà mentionnée dans le Domesday Book[1]. » (Quel livre ? me demandai-je.)
>
> « Les Croft ont donné à la nation beaucoup d'évêques, d'hommes d'État et de soldats. L'un d'eux, sir James, était administrateur de la Maison royale sous le règne d'Élisabeth Ire, un autre… »

et cela continuait, mais hélas, j'ai oublié le reste de la partie historique de mon interview.

1. Livre du Jugement dernier. Recensement des domaines de l'Angleterre établi à des fins administratives (probablement fiscales) sur l'ordre de Guillaume le Conquérant (1086).

Puis vint un chapelet de questions. Je me rappelle quelques-unes d'entre elles telles que :

« Pourquoi avez-vous quitté l'Allemagne ?

– Pour des raisons politiques, répondis-je.

– Seulement politiques ?

– Oui. »

Ici, sir Henry s'interrompit pour dire qu'il connaissait un autre cas. Son ami Brüning, par exemple, était parti aussi pour des raisons politiques.

« Avez-vous déjà été marié ? »

« Combien pouvez-vous gagner en tant qu'artiste ? »

« Avez-vous des revenus personnels ? »

« Quelle est la profession de votre père et combien est-il disposé à vous constituer comme annuité ? » (Là, je dus demander à l'interprète la signification de l'expression « constituer une annuité ».)

Lorsque j'eus compris, je lui expliquai qu'il était peu probable que Hitler permît de telles transactions en 1936.

Je ne puis me rappeler les autres questions. À la fin de l'interview, sir Henry me dit qu'il ne donnerait son consentement au mariage que si j'attendais six mois et si sa fille rendait visite à mes parents à Stuttgart, « parce qu'il serait impoli de sa part de ne pas le faire ».

Nous nous levâmes tous deux. Je m'inclinai devant sir Henry et il s'inclina devant moi. Puis je m'inclinai devant l'interprète et il s'inclina aussi. Nous étions tous d'une exquise politesse. En m'en allant, j'espérais ne pas avoir fait une impression trop défavorable, mais, comme souvent auparavant et depuis lors, je me trompais tristement.

C'est ainsi que prit fin ma première rencontre avec sir Henry. Diana alla en Allemagne, mais seulement après notre mariage, et fit la connaissance de mes parents. (Ma chère vieille grand-mère était morte quelque temps auparavant. Comme elle aurait été heureuse de voir Diana !) Le 4 novembre, bien avant que les six mois ne fussent écoulés, nous nous mariâmes civilement en présence de quelques amis. Nous avions pris les plus grandes précautions pour que rien ne filtre dans la presse anglaise. Nous imaginions trop bien les titres : *Idylle en Espagne. Un réfugié socialiste épouse la fille d'un tory, membre du Parlement*, etc. – mais je ne sais comment, le journal le plus important de Stuttgart annonça la nouvelle sous le titre : *Lady Uhlman, née Croft*. L'article disait qu'on était toujours sûr de trouver un Juif derrière toutes les décisions du gouvernement anglais. Pourquoi, on pouvait se le demander, le gouvernement anglais refusait-il de restituer les anciennes colonies allemandes ? Et pourquoi sir Henry, précisément, s'y opposait-il ? Tout était maintenant clair comme le jour : *l'ancien avocat Uhlman, marxiste et juif bien connu*, était derrière, et ainsi de suite.

Tout cela était très flatteur pour moi, mais très gênant pour mes parents, qui ne pouvaient plus sortir sans être insultés en public.

Quelques jours après mon mariage, je me rendis au consulat allemand pour signer une déclaration de séparation de biens parce que, sans cela, j'aurais eu le droit, selon la loi allemande, d'administrer les biens de ma femme. Pour apaiser les craintes de sir Henry, je lui envoyai ce document et il en accusa réception dans une lettre courtoise.

Sir Henry ne devait jamais me pardonner. Mais je ne vois pas comment il aurait pu agir de façon différente. À certains égards, ses réactions envers moi étaient plus normales que ma propre attitude envers lui. J'étais un étranger qui l'avais blessé dans sa fierté en lui faisant perdre tout espoir de voir sa fille épouser un Anglais distingué. J'étais un déclassé, un déraciné et, sous bien des rapports, le dernier individu qu'il avait envie de connaître. Ses racines étaient profondément enfouies dans le sol anglais. La société et la classe auxquelles il appartenait considéraient avec méfiance tous ceux qui n'étaient pas anglais. (Je doute que dans toute autre langue que la langue anglaise il y ait tant de mots insultants pour désigner les étrangers : métèque, bicot, grenouille, Hun, macaroni, rital, etc. Il n'y a rien de tel en Allemagne, où un Français est un *Franzose* et un Anglais *ein Engländer.*)

Même dans son propre milieu, sir Henry était considéré comme «assez extrémiste» et, dans les cercles de la gauche, comme une intéressante relique du passé, une sorte de fossile rare. Dans ses relations avec ses enfants, il était toujours correct, froid et réservé. C'était un homme très occupé et sa femme et lui menaient une vie sociale active qui ne leur laissait guère de temps pour les choses moins importantes. Diana avait été envoyée dans un internat à l'âge de sept ans! Je voudrais être absolument équitable. Je crois avoir représenté tout ce qu'il détestait le plus : il haïssait les Allemands, les socialistes et les Juifs, et, probablement, les artistes tout aussi bien. Dans les rares occasions où nous nous sommes rencontrés il était toujours parfaitement poli et correct. Mon père avait tempêté et vociféré lorsque ma sœur s'était mariée avec un homme qu'il réprouvait. Sir Henry n'oublia jamais qu'il était un gentleman anglais. Il regrettait la décision de sa fille qui, disait-il, équivalait à un suicide social, mais il n'oublia jamais les devoirs naturels d'un père. Je suis certain qu'il était sincère et ne vit jamais de raison de changer d'opinion sur la mésalliance de Diana. Une fois l'an, la veille de Noël, il venait rendre visite à ses petits-enfants, quelque peu intimidés par le grand étranger. De là, il se mettait en route pour Fanhams Hall, près de Ware, où il passait toujours Noël avec le reste de sa famille anglo-saxonne.

Après notre mariage, Diana et moi allâmes habiter au numéro 3, Justice Walk, l'une des plus petites villas de la plus petite rue de Chelsea, à quelques pas seulement de la vieille église de Chelsea et proche de l'Embankment, là où Carlyle et Whistler avaient vécu. Chelsea n'était pas alors aussi « chic » qu'aujourd'hui et Lawrence Street, dans laquelle donnait Justice Walk, était assez sordide. Notre propriétaire s'appelait sir Alexander Lawrence. Les Lawrence, qui allaient devenir nos amis, en dépit du « suicide social» de ma femme, avaient deux belles maisons dans Saint Leonard's Terrace, à quelques pas de notre amie Alys Russell, la première femme de lord Russell et la sœur de Logan Pearsall Smith.

La vie aurait été agréable sans la guerre d'Espagne qui me bouleversait profondément. C'était l'avant-première de la guerre mondiale désormais imminente. Si l'Espagne était perdue, notre force de résistance à une nouvelle agression serait dangereusement affaiblie. Depuis que Hitler avait pris le pouvoir, j'avais compris que, s'il se maintenait, la guerre était inévitable et je m'étonnais de l'aveuglement des politiciens qui ne voyaient pas, ou refusaient de voir, ce qui, pour moi, était aussi clair que le jour : à savoir que Hitler *voulait* la guerre. Ma femme et moi travaillions pour la République espagnole, comme tous nos amis sans exception, tandis que le père de Diana faisait de son mieux pour aider «ce brave gentleman chrétien, Franco».

Après l'Espagne, ce fut la Tchécoslovaquie et le désastre de Munich. Aujourd'hui encore, je ne puis rien lire sur cette période avec calme et détachement. Je ne puis entendre prononcer les noms de Baldwin, de Chamberlain, de Henderson et de Wilson sans éprouver un intense sentiment de colère. Je suis maintenant convaincu – comme je l'étais alors – qu'ils auraient dû comprendre que Hitler, c'était la guerre, et consacrer tous leurs efforts à être prêts lorsqu'elle éclaterait, ce qui était inévitable.

Mes parents avaient toujours résisté à toute suggestion de quitter l'Allemagne. J'avais avancé diverses idées qui, invariablement, étaient repoussées. Maintenant, les choses empirant en Allemagne, la question devait être de nouveau débattue. Voici comment les faits se présentaient : j'avais dû signer une déclaration de ne prendre aucun emploi salarié en Angleterre. Je dépendais donc financièrement de Diana, à part quelques peintures que j'arrivais à vendre de temps à autre. Diana avait un petit revenu provenant d'un legs fait par son grand-père avant sa mort. Comme nous nous étions mariés contre le vœu de ses parents, Diana ne pouvait attendre d'eux aucune aide financière, et elle ne pouvait disposer de son capital, qui était inaliénable. La question était de savoir comment, avec le peu d'argent dont nous disposions, sauver mes parents, ma sœur et ma grand-mère maternelle qui vivait encore.

Comme le coût de la vie était beaucoup moins élevé en France qu'en Angleterre, j'allai à Paris pour y sonder les possibilités. J'avais une introduction auprès d'un inspecteur de police français et j'eus avec lui un long entretien sur les formalités et les moyens d'obtenir pour ma famille un permis de séjour. Tout ce qu'il m'exposa paraissait très facile. Mais mes suggestions de les faire venir en France furent de nouveau repoussées par mes parents. Mon père me demanda de concentrer mes efforts à faire sortir ma sœur d'Allemagne. J'ai déjà raconté comment nos démarches furent vaines parce qu'elle refusait de se séparer de ses meubles qu'elle espérait emporter en Amérique.

Cet épisode est le plus terrible de ma vie et le sentiment de culpabilité que j'en garde est partagé par de très nombreux réfugiés qui ont réussi à partir, mais n'ont pu sauver des membres de leur famille.

Nous apprîmes alors qu'un groupe d'artistes allemands, qui avaient trouvé asile à Prague, se trouvaient en danger imminent d'être renvoyés en Allemagne, où ils auraient été mis dans un camp de concentration. Un appel signé d'Epstein, de Henry Moore, de

Wilson Steer, de Muirhead Bone, de Paul Nash et de beaucoup d'autres fut envoyé et l'Artists Refugee Committee formé. Les secrétaires étaient Stephen Bone et ma femme. De l'argent et des offres d'aide affluèrent, venant de centaines d'artistes à travers toute l'Angleterre. Une lettre touchante arriva d'un colonel, membre de l'Army Officers'Art Society. Il nous offrait une pièce de trois mètres cinquante sur trois mètres quatre-vingts et disait : «Je suis tout à fait incapable de parler ou de comprendre une langue étrangère et, si les réfugiés étaient juifs, il me serait impossible de leur procurer de la viande d'animaux tués selon leurs lois religieuses. Il faudrait donc qu'ils soient d'un rang social qui me permette de les recevoir en amis.»

Je ne me rappelle pas ce que je lui ai répondu, mais nous avons trouvé quelqu'un qui lui convenait, ancien officier, et, pendant des années, tous deux vécurent heureux ensemble comme père et fils. Une autre lettre vint de Suisse dans laquelle Herr Rochman, artiste de music-hall connu sous le nom de «Waldow, la Merveille médicale», demandait de l'aide et nous offrait son «numéro sensationnel», qui consistait à avaler de petits animaux et des objets tels que billes de verre, citrons, lames de rasoir, boules de billard, montres d'homme et de femme et cinquante verres d'eau à la suite. «Des photocopies de certificats médicaux, ajouta-t-il, sont à votre disposition.»

Il nous fallut, hélas, décevoir la Merveille médicale, à notre plus vif regret.

L'un des premiers réfugiés à arriver fut Oskar Kokoschka, le peintre assurément le plus distingué d'Allemagne, célèbre dans toute l'Europe centrale, mais, à l'époque, presque complètement inconnu en Angleterre. Comme il était presque sans argent, je téléphonai à mon jeune beau-frère, lui affirmant que Kokoschka était un grand artiste et qu'il devrait faire son portrait. Ce fut la première commande de l'artiste en Angleterre. Puis ma belle-sœur lui demanda aussi son portrait et mon beau-frère acheta un grand nombre de ses toiles au cours des années qui suivirent.

J'ai beaucoup d'admiration pour Kokoschka. Sa conversation était passionnante. C'était un merveilleux acteur, aussi charmant que peut l'être un Viennois. Il lui fallait toujours un auditoire admiratif. Il détestait Picasso. Il me montra un jour une de ses peintures du début et me demanda : «Ne voyez-vous pas?» Je ne voyais rien. «Ne voyez-vous pas ? répéta-t-il. Il m'a tout pris (*Er hat alles von mir*), tout. »

Johnny Heartfield arriva aussi. C'était l'un des tout premiers dadaïstes et l'inventeur du photomontage, qu'il avait fort brillamment utilisé pour les affiches antinazies. Diana et moi lui offrîmes l'hospitalité pour quelques nuits. Il resta chez nous pendant cinq ans. Comme je ne l'avais jamais vu auparavant et ne connaissais que ses photomontages féroces, je m'attendais à trouver quelqu'un d'agressif, mais c'était un homme charmant, modeste, humble et doux qui ne s'excitait que lorsqu'il était question de politique.

Lorsqu'il nous quitta enfin pour aller habiter Highgate, je lui fis cadeau d'un couple de lapins, qui se multiplièrent si rapidement que tous les jours Johnny devait passer des heures à cueillir de l'herbe pour eux à Hampstead Heath. Après la guerre, il regagna l'Allemagne de l'Est, où il fut nommé professeur de typographie à l'université de Leipzig. Il ne nous écrivit jamais une seule ligne.

Pendant plusieurs semaines, des artistes de Tchécoslovaquie arrivèrent chez nous en flot continu. Presque chaque jour, nous trouvions un nouveau venu dans notre cuisine, non loin du « frigo ». Tous s'étaient échappés avec les plus grandes difficultés, la plupart d'entre eux à pied, à travers les montagnes couvertes de neige qui séparent la Tchécoslovaquie de la Pologne. Tous étaient enfin en sécurité à Londres, à l'exception d'un seul : Kirste.

Un jour, revenant d'un week-end à la campagne, ma femme et moi trouvâmes Kirste dans la salle à manger. On racontait sur lui d'étranges histoires : pris par les nazis, il travaillait maintenant pour la Gestapo, mais avait dit à ses amis de ne jamais l'aborder dans la rue parce qu'il était employé comme appât. Quelle que soit la vérité, il était là, à Hampstead.

Une seule chose était claire : il avait les nerfs détraqués. Il marchait de long en large en murmurant : « Il faut que je voie mon chef. Il faut que je voie mon chef. – Quel chef? lui demandai-je. – Oh! répondit Kirste comme s'il n'y avait rien de plus normal, mon chef à la Gestapo de Londres. » Je lui demandai comment il était venu. « Oh! dit-il, par le train, en traversant l'Allemagne. » Et pour nous montrer que c'était vrai, il produisit un passeport allemand avec un visa pour l'Angleterre et la croix gammée.

Il était évident que quelque chose de terrible lui était arrivé! Je n'ai jamais découvert comment la Gestapo l'avait fait parler.

Quelques mois avant le début de la guerre, je fondai la Ligue allemande libre pour la culture, avec l'idée de réunir les milliers de réfugiés allemands en Angleterre en une organisation antinazie efficace.

Je n'ai jamais haï les Allemands et ne puis comprendre pourquoi tant de réfugiés allemands se sont réjouis du désastre qui s'est abattu sur la nation allemande. Je me rappelle un avocat allemand qui, lorsque je lui dis que j'avais pitié des gens très âgés et des très jeunes, s'écria : « *Verreken sollen sie alle ! Alle !* Qu'ils crèvent tous comme des chiens, tous ! »

J'avais en horreur certains individus : Hitler, Mussolini, Goebbels, Himmler, et je n'éprouvai que du soulagement à apprendre leur mort ignominieuse. Mais comment aurais-je pu haïr une nation entière, non seulement les coupables, mais des millions et des millions d'innocents ? Lorsque, plus tard, Dresde, Würzburg et Nuremberg et la moitié de ma ville se mirent à flamber, comment aurais-je pu ne pas sentir que le monde entier en était appauvri ?

J'étais sûr d'une chose : dans l'intérêt de l'Allemagne et du monde entier, Hitler devait être détruit et, comme il était impossible de le faire à l'intérieur du pays, le coup devrait être porté de l'extérieur et viendrait de la guerre que Hitler était décidé à faire. Dans cette guerre, la Ligue allemande libre pour la culture pouvait jouer son rôle et, en la fondant, j'espérais forger une arme qui pourrait être de quelque utilité aux Alliés.

Au début, tout sembla bien aller. De nombreux exilés allemands se joignirent à nous. Albert Einstein se déroba. Il nous écrivit : « C'est avec le plus grand regret que je décline votre invitation, parce que je crois que, du point de vue politique, il est actuellement inopportun de faire quoi que ce soit qui pourrait rehausser le renom de l'Allemagne. Je comprends, bien entendu, que votre organisation a été fondée pour une raison tout à fait différente, mais le public non engagé pourrait la voir sous un autre jour. Je crois que nous devrions éviter de créer toute organisation donnant l'impression d'appartenir à une communauté allemande. En raison de la méprisable attitude à notre égard de l'écrasante majorité des Allemands, il me semble qu'il est de notre dignité de rester à l'écart de tout ce qui est allemand. »

Kokoschka, Stefan Zweig, Berthold Viertel, Max Herman Neisse, Franz Reitzenstein, Walter Goehr, Franz Osborn et beaucoup d'autres se joignirent à nous, mais je découvris bientôt que nous avions introduit en notre sein le cheval de Troie. Les communistes et leurs sympathisants s'étaient – comme à l'habitude – infiltrés dans notre organisation et occupaient les postes les plus importants. La Ligue eut bientôt la réputation d'être un organisme crypto-communiste, avec Kokoschka et moi pour hommes de paille, et, au lieu des milliers d'adhérents que j'espérais, quelques centaines d'exilés seulement se joignirent à nous, dont un fort pourcentage de communistes.

Quand la guerre éclata, la Ligue entra aussitôt en action. Une lettre signée des membres du comité exécutif fut envoyée au ministère de l'Intérieur.

> «Nous, soussignés, saisissons l'occasion, à cette heure grave, de transmettre nos remerciements au peuple anglais pour l'hospitalité et l'aide qui nous ont été données.
>
> «Les artistes et hommes de science allemands, ainsi que tous ceux qui ont défendu la liberté culturelle, ont été parmi les premières victimes de la barbarie nazie. Ils sont convaincus que le meilleur service qu'ils peuvent rendre au

peuple allemand et au monde entier, c'est de jouer loyalement leur rôle dans la défense de la liberté, de la culture et de la démocratie. »

En même temps, toutes les sections de la Ligue, écrivains, artistes, musiciens et autres, rédigèrent un mémorandum sur la façon dont elles croyaient pouvoir contribuer à l'effort de guerre. Le mémorandum, avec des propositions détaillées, fut envoyé au War Office, mais, pour autant que je sache, cela ne déboucha sur rien.

Puis vint le partage de la Pologne, acclamé par nos communistes, et la déclaration de Staline que la guerre n'était, en vérité, qu'une affaire purement impérialiste. Aussitôt, tous les communistes perdirent tout intérêt pour les activités de la Ligue. « Le grand homme sage du Kremlin, ainsi que le professeur Meusel appelait Staline, les yeux mi-clos et la voix tremblante comme si les cieux s'étaient ouverts et que le Messie était venu, savait tout mieux que les autres. » Et s'Il disait que c'était une guerre impérialiste, qui était-il, lui, le professeur Meusel, pour mettre sa parole en doute ?

Mais tout changea soudain. Les Allemands attaquèrent le « grand homme sage du

Kremlin» et, d'un instant à l'autre, se déploya une fébrile activité. Plus de résistance passive, d'indifférence, de doute : la Russie, la mère patrie, était en danger. Tout le monde travaillait, peinait, recueillait de l'argent. C'était de nouveau «leur guerre».

Après la guerre, beaucoup de communistes, membres de la Ligue, regagnèrent l'Allemagne de l'Est. Nombre d'entre eux obtinrent des postes importants. Meusel, le plus dangereux et le plus intelligent, fut nommé recteur de l'université de Berlin. Wieland Herzfelde, ancien rédacteur en chef de *Malik Publications*, la firme qui avait publié la plupart des illustrations de Georg Grosz, fut nommé professeur de littérature, et Kamnitzer, qui n'avait jamais passé son examen d'entrée à l'université, devint maître de conférences. Schmidt fut nommé directeur de la radio de l'Allemagne de l'Est, Kahle, préfet de police de Mecklembourg-Schwerin, etc.

La plupart d'entre eux, à de rares exceptions près, étaient des médiocres, de petits fanatiques qui ne devaient leur carrière qu'au fait d'avoir été membres du parti, *et prêts à faire tout ce que le parti voulait*. J'ai souvent pensé à quel point c'était ironique d'avoir contribué à sauver de la mort des hommes qui, s'ils avaient été au pouvoir, m'auraient envoyé sans la moindre hésitation à la potence.

Même le gentil Johnny, qui avait vécu chez moi pendant cinq ans et ne pouvait se résoudre à tuer un lapin, aurait admis que « le parti était le meilleur juge. » Il en aurait été désolé pour moi, mais n'aurait pas levé le petit doigt pour me sauver de la mort.

La guerre constitua pour moi l'éveil d'un cauchemar. Selon un proverbe allemand, *Lieber ein Ende mit Schrecken wie ein ohne Ende*, « Mieux vaut une fin terrible qu'une terreur sans fin ». Ce sentiment que le pire était passé, que la vie ne pouvait être désormais que meilleure, se refléta immédiatement dans mes tableaux. Avant la guerre, mes sujets favoris avaient été des cimetières sous un ciel lourd et gris, des ruines et des bâtiments délabrés. La couleur dominante était toujours le gris. Et tout à coup, comme si j'avais été libéré d'un intolérable fardeau, ma palette devint plus claire, le ciel était souvent bleu et, pour la première fois depuis bien des années, le soleil apparut sur mes toiles.

Dès que la guerre éclata, je m'engageai dans l'A.R.P. (Air Raid Precautions[1]) mais je

1. « M. Fred Uhlman a été chef d'îlot à ce poste de décembre 1939 à mai 1940. Il en a acquis le titre en passant les examens de chef d'îlot, s'est loyalement

continuai à peindre exactement comme auparavant : chaque jour de 9 heures du matin jusqu'à 4 heures de l'après-midi, avec une courte interruption pour le déjeuner. Je m'en suis toujours tenu à cet horaire dans toute la mesure du possible. Je me méfie des gens qui me disent qu'ils attendent l'inspiration. Attendre ne sert à rien. Il faut être prêt à la recevoir. Je ne me livrais à mes autres activités qu'après avoir fini ma peinture de la journée.

Un jour, je reçus un message urgent d'un étudiant de Cambridge qui me demandait de venir le voir immédiatement pour une affaire de la plus grande importance politique. Il ajoutait qu'il serait bon d'amener avec moi un ami en qui j'aurais une entière confiance.

En réponse à cette étrange convocation, mon ami Paul Haman et moi prîmes le premier train pour Cambridge et rencontrâmes W. «J'ai fait appel à vous, dit-il, parce que l'on

acquitté de toutes les charges qui lui étaient dévolues et s'est montré très obligeant en comblant volontiers les vides si d'autres chefs d'îlot étaient absents. Il a fait de bon cœur tout ce que réclamait sa tâche, à toute heure du jour ou de la nuit, avec tact et diligence. Le poste regrette beaucoup qu'il ait trouvé nécessaire de démissionner et espère sa collaboration dans l'avenir lorsque la loi concernant les étrangers sera modifiée.» (Lettre de H. Gray, directeur du poste.)

m'a dit que vous avez combattu les nazis et que vous êtes un expert de la mentalité du peuple allemand. »

Je baissai modestement les yeux et il poursuivit : « J'appartiens à une vaste organisation possédant des agents dans toute l'Allemagne et nos messagers nous tiennent minutieusement au courant de ce qui s'y passe. Le problème que nous avons maintenant à affronter est d'une immense importance et ne peut être résolu que par un expert tel que vous. »

Il s'interrompit un instant et j'attendis.

« Voici le problème : *Devons-nous tuer Hitler maintenant ou attendre ?* »

Dire que j'en restai muet de surprise serait bien au-dessous de la vérité. (Qui étais-je, après tout, pour changer le cours de l'histoire ?) Paul Haman et moi échangeâmes un regard, puis tous deux dévisageâmes W. Il n'y avait aucun doute : il était tout à fait sérieux.

Au bout d'un certain temps, je découvris que j'avais retrouvé l'usage de la parole et, ayant médité sur un problème dont la gravité ne pouvait être surestimée et l'immense responsabilité que je prenais en donnant mon avis, je répondis d'une voix hésitante que je considérerais comme une grave et terrible erreur de le tuer *maintenant*, parce que en mourant à l'apogée de sa gloire et avec sa réputation intacte, il resterait à jamais un héros et un martyr dont la mort prématurée aurait privé l'Allemagne d'une victoire certaine, au lieu d'être déshonoré aux yeux de toute la nation allemande et révélé pour ce qu'il était en réalité, c'est-à-dire le plus dangereux charlatan de l'histoire allemande. Il était regrettable que la guerre dût continuer, mais l'Allemagne ne se remettrait jamais sans avoir d'abord été complètement défaite.

W. dit qu'il m'était très reconnaissant, qu'il était dommage que ses hommes ne pussent tuer Hitler *maintenant*, ce qui aurait été facile, mais qu'il respectait mon jugement. Il rendrait compte de notre entretien à ses supérieurs et ne doutait nullement que Hitler – pour le moment – bénéficierait d'un sursis.

Nous échangeâmes quelques mots de politesse. W. nous emmena à la gare et nous rentrâmes à Londres. Quelques jours plus tard, il m'apprit que lady M. désirait me parler. J'allai chez elle avec W., qui me dit être un ami intime de son fils. Elle était sortie. Nous l'attendîmes pendant une heure et, comme elle ne revenait pas, nous partîmes.

Je ne sais encore si W. était complètement fou ou s'il vivait dans un monde imaginaire et ne pouvait plus distinguer le rêve de la réalité. Je n'ai plus jamais entendu parler de lui, mais j'ai appris d'autres sources qu'il existait avant la guerre, à Oxford, une mystérieuse organisation connue sous le nom d'« Oncle », pour avoir eu un vaste réseau clandestin d'espions et d'agents dans toute l'Europe.

(Je crois savoir qui était « Oncle », mais ne vois aucune raison de le trahir. Tout ce que je puis dire est que cet homme est mort il y a quelques années.)

Quelques mois après le début de la guerre, je décidai d'acheter une maison à la campagne pour ma femme qui attendait un bébé, pas trop éloignée de Londres et aussi sûre que possible pour la mère et l'enfant. J'étudiai la carte : l'Essex, aux alentours de Dunmow, paraissait suffisamment à l'écart. Pas d'usines, de lignes de chemin de fer, de grandes villes ni d'aéroports que les Allemands trouveraient opportun de bombarder... troublant en même temps le sommeil de mon futur enfant.

Je trouvai exactement ce que je cherchais : un cottage du XVIe siècle, noir et blanc, qui me faisait penser à l'arche de Noé, avec « tout le confort », dans le village appelé Bambers ou Bambrose Green, à côté de Takeley. La campagne était aussi plate qu'une galette, si plate qu'un an plus tard je pouvais voir, de mon jardin, les incendies de Londres.

Notre cottage faisait face à la pelouse communale et à un grand parc au milieu duquel, entouré des vieux chênes les plus magnifiques que j'eusse jamais vus, se dressait Easton Lodge, qui appartenait à lady Warwick. Il s'y trouvait alors quelques chèvres sauvages, mais elles devaient toutes mourir en 1944, tandis que le parc allait être miné. Un jour, en 1943, quelques centaines de jeunes Américains étaient arrivés et, pendant neuf mois, ils avaient dynamité les arbres et construit des pistes d'envol en ciment. Après la guerre, Michael Rothenstein alla se promener *dans le vieux parc solitaire et glacé*, et rencontra un garde-chasse. L'homme se mit à lui parler du bon vieux temps, où le roi Édouard VII – pour qui la gare d'Easton Lodge avait été spécialement construite – venait visiter Madame la comtesse.

« Oui, dit-il une merveilleuse époque. C'était là – et il désigna du doigt un petit bâtiment – leur nid d'amoureux. Et je me souviens qu'il y avait une statue du dieu Pan à l'extérieur, mais il n'est plus sur son piédestal. »

Avant son mariage, lady Warwick avait été la jeune fille la plus riche d'Angleterre, avec un revenu de quarante mille livres par an. Un jour, écrit-elle dans ses Mémoires, elle donna un bal de charité, mais au lieu d'en être remerciée, elle fut âprement attaquée dans *The Clarion*, dont Robert Blatchford était le rédacteur en chef. Furieuse, elle s'arma d'un fouet et prit le premier train pour Londres. Elle vit Robert Blatchford, mais, loin de l'avoir fouetté, elle le quitta quelques heures plus tard, convertie au socialisme. Elle fut, je crois, l'une des premières dames titrées d'Angleterre à devenir socialiste. Elle tenta même de convertir le roi Édouard VII. « Il n'a fait que sourire », écrit la pauvre lady Warwick.

# 16

# La guerre et l'internement

Mais j'ai anticipé. De fait, je n'emménageai dans notre cottage que le 1er janvier 1941 à cause d'un contretemps imprévu.

Pendant la « drôle de guerre », des tribunaux avaient été créés dans toute l'Angleterre pour sonder la loyauté des milliers d'Allemands et d'Autrichiens qui avaient fui les nazis. Beaucoup de mes amis, moi-même et ma femme, qui avait perdu sa nationalité et était maintenant une « étrangère ennemie » (!), dûmes nous présenter devant l'un de ces tribunaux. On nous déclara « sûrs » et donc « exemptés d'internement ».

Peu de temps après l'invasion de la Hollande, une charmante vieille dame, une de nos amies intimes, me téléphona.

« Mon cher Freddy, avez-vous entendu le discours de notre ambassadeur à La Haye ? Il a dit : "Ne vous fiez à aucun Allemand, même s'il est votre meilleur ami!" »

Je lui répondis poliment que j'avais entendu le discours et pouvais seulement supposer que cet imbécile avait perdu la tête. J'ajoutai que j'étais prêt à parier qu'il ne connaissait pas un seul Allemand antinazi, ni un Juif, et que sans doute tous ses prétendus «amis» devaient être de sacrés nazis avec des noms tels que Herr von und zu Donnerblitz ou *Prinz* Rupertus Schleim-Gleim-Gugelhupf-Gotha. Tant de diplomates anglais étaient de stupides snobs aisément abusés par la flatterie et les titres que j'en savais plus à propos des nazis que toute cette bande de sacrés professionnels et dix fois plus que le plus imbécile de tous les imbéciles, Chamberlain. Personne n'aurait pu m'abuser, *moi*, parce que j'avais des nazis une expérience de première main! Il n'était pas nécessaire d'être très intelligent pour voir que leurs buts ne pouvaient être atteints sans la guerre. Le simple peuple de Paris qui, une fois Hitler venu au pouvoir, s'était écrié «Hitler, c'est la guerre» en savait plus que tous les gouvernements. Mais, bien entendu, je n'avais pas d'amis nazis, pas de Putzi Hanfstängls, je n'allais pas à la chasse avec Goering! Ni à Berchtesgaden, comme tant d'Anglais ! Pourquoi ne pas les interner, ceux-là, en tout premier lieu ?

« Mon cher Freddy, dit la charmante vieille dame, ne vous emportez pas. Je sais exactement ce que vous éprouvez. Sans doute avez-vous raison de les maudire, à l'exception de ce cher M. Chamberlain, qui a seulement voulu faire de son mieux, mais je dois vous dire que nous avons tous peur des Allemands qui sont chez nous. Vous devriez tous être internés. Je ne dis pas que *vous* êtes un espion. Mais imaginez le mal que peut faire un espion, même s'il est le seul parmi vingt mille Allemands ! Non, je ne crois pas que je pourrai dormir avant que vous ne soyez tous enfermés. Cela n'a rien d'effrayant. Mon beau-frère, le général Archibald, dit que c'est plutôt amusant. On peut jouer au tennis toute la journée et on n'a pas besoin de se tourmenter à propos de la guerre. »

Je calmai la vieille dame aussi bien que je le pus. Pourquoi donc m'internerait-on ? Tout dans ma vie n'était-il pas clair comme le jour ? N'avais-je pas inspiré toutes les offres d'assistance de la Ligue allemande libre ?

Cela me paraissait si ridicule que j'oubliai la conversation dès que la vieille dame eut raccroché.

Ma femme attendait son enfant pour le début de juillet et je décidai de rester auprès d'elle jusque-là. Elle séjournait alors chez une tante, près de Ware. J'arrivai de Londres le 24 juin, juste dix jours avant la naissance de l'enfant. Le lendemain matin de bonne heure, deux policiers se présentèrent. L'un d'eux attendit à l'extérieur, l'autre entra et se mit à tripoter ses gants. Il s'assit. Puis il me dit qu'il était venu me chercher pour m'interner.

« Savez-vous que ma femme attend un enfant dans quelques jours ?

– Je sais », dit-il.

Il fut très poli. Il me laissa le temps de faire ma petite valise et de dire au revoir à ma femme, à la manière anglaise, c'est-à-dire sans montrer le moindre signe d'émotion.

« Au revoir, mon chéri, dit ma femme.

– Au revoir, ma chérie », dis-je. (Combien j'avais donc appris de choses en quelques années !)

Comme la voiture m'emmenait, la tante de Diana, d'une fenêtre, agita la main pour me dire au revoir. Je suis sûr qu'elle n'avait aucune idée de ce qui se passait et pensait que mon départ matinal en limousine, avec une escorte spéciale, signifiait que j'étais appelé pour une mission importante. Peut-être le Premier ministre avait-il besoin de moi !

En route vers le poste de police, nous cueillîmes un monsieur de soixante-huit ans, le professeur Pollack, de Manchester, avec qui je discutai de l'influence de Béranger sur la poésie politique allemande.

À la gare, nous attendîmes pendant des heures qu'on eût rassemblé quelques pères jésuites allemands. Ayant appris que j'étais encore à la gare, ma femme m'apporta un flacon d'encre de Chine, un porte-plume et du papier à lettres. C'était le plus merveilleux des cadeaux et elle n'aurait rien pu trouver de plus efficace pour maintenir mon moral.

De Ware, on nous emmena à Walford où nous fûmes d'abord fouillés et, si nous avions des couteaux de poche, des lames de rasoir, des ciseaux à ongles ou des allumettes, nous devions les donner. Puis on nous déposa dans une école où il y avait déjà quelques centaines de personnes, de seize à soixante-dix ans.

Là encore, nous passâmes des heures jusqu'à ce qu'on nous chargeât dans des camions, où nous nous étendîmes sur le plancher, et tout le convoi, escorté par des gardes à motocyclette, se mit en route pour une destination inconnue. Une ou deux fois, mon camion dut s'arrêter parce que quelques hommes âgés étaient pris de malaise à cause des vapeurs d'essence, mais nous arrivâmes enfin dans un petit bois. Je vis des huttes, des clôtures de fil barbelé, des tours de guet, mais aucun court de tennis. C'étaient les quartiers d'hiver du cirque Bertram Mills, à Ascot, transformé en camp de prisonniers. On nous expédia dormir dans les appartements des éléphants et des lions sur des matelas emplis de paille. Pendant des jours et des jours, les repas consistèrent en porridge brûlé et en kippers. Le premier jour, il n'y avait eu que du pain et du thé. Tout était sans sel. Tout était sale. Ni nouvelles ni journaux n'étaient autorisés, mais chaque prisonnier recevait chaque jour cinq morceaux de papier hygiénique. C'était une jolie pagaille et je souhaitais que la charmante vieille dame qui avait tant désiré mon internement eût pu me voir.

La première nuit, il me fut impossible de dormir et pourtant je m'étais bouché les oreilles avec de la cire. Les vieillards entre soixante et soixante-dix ans ne pouvaient pas rester étendus sur les bancs si durs et ils erraient dans l'obscurité pour tenter de trouver les toilettes, qui donnaient en partie sur nos dortoirs.

De toute évidence, les officiers anglais du camp ne se doutaient absolument pas que nous étions antinazis. Mais lorsque nous organisâmes un concert en le terminant par *God save the king*, quelque chose dut leur faire comprendre que nous étions différents des marins allemands qui avaient été prisonniers dans le camp juste avant notre arrivée.

Un ou deux ans plus tard, un de mes amis, le Dr Walter Zander, écrivit un article dont je citerai le début : « Le point de vue le plus intéressant du problème de l'internement n'est pas de savoir jusqu'à quel point les internés ont eu à souffrir – car actuellement, la souffrance est générale dans le monde entier – mais jusqu'à quel point ils ont été capables de résister, spirituellement, à leur épreuve et de transformer leur infortune en expérience productive. Pour juger équitablement de leurs efforts, il faut prendre en considération les circonstances particulières, car les inconvénients et les privations qui furent les leurs n'incombaient pas à des citoyens qui pouvaient espérer rentrer un jour dans leur foyer, mais à des gens sans patrie et sans protection, qui se trouvaient placés entre deux mondes en lutte, et qu'on identifiait même en partie à ceux qui avaient juré leur destruction. C'est contre ce sombre fond que la bataille devait être livrée. »

Comme Zander, je ne veux pas m'étendre sur mes souffrances. Je n'en ai pas le droit. Mes parents et ma sœur ont souffert tellement plus, ainsi que des millions de victimes des nazis à Bergen-Belsen et à Auschwitz (et en Sibérie, ce que l'on oublie généralement).

Mais il y avait deux aspects du problème qui rendaient l'internement spécialement difficile à supporter. L'un d'eux était le sentiment de son injustice et de la perte complète d'énergies qui auraient pu être tellement mieux employées. (Quel excellent usage Hitler aurait fait, lui, de milliers d'Anglais réfugiés en Allemagne !) L'autre était une torture spéciale connue sous le nom de « libération ».

Tout juge expérimenté sait que les hommes accusés d'un crime sont souvent dans un état d'extrême anxiété avant d'entendre leur sentence, mais s'apaisent miraculeusement dès qu'ils connaissent ce que sera leur sort. Dans notre cas, on pouvait être libéré aujourd'hui, demain, dans une semaine, ou rester prisonnier pendant des années. Cela dépendait d'une seule question : « Étiez-vous important ou non pour l'effort de guerre ? » Quelqu'un à Whitehall devait en décider et son avis, comme on pouvait s'y attendre de la part d'un Anglais, était que les hommes d'affaires, les techniciens, etc., étaient importants pour l'effort de guerre, mais non les artistes, les musiciens, les professeurs d'université, les dirigeants antinazis et autres.

Le premier d'entre nous à être libéré fut un dresseur d'éléphants, dont les éléphants avaient eu le bon sens de refuser d'être nourris par un autre que lui.

Les suivants furent quelques gros hommes d'affaires qui avaient fui avec leurs capitaux, mais n'avaient jamais levé le petit doigt contre Hitler et lui auraient même léché les bottes s'il le leur avait permis. Ils furent suivis par des techniciens et autres individus aussi utiles.

Il fallut des mois et une forte pression de la presse et du Parlement pour décider le gouvernement à créer de nouvelles catégories dans lesquelles entreraient des gens « inutiles » qui pourraient, eux aussi, être libérés. Tout ce lent processus causait une tension et une anxiété constantes qui nous empêchaient de nous résigner et d'essayer de faire contre mauvaise fortune bon cœur, comme un prisonnier de guerre qui sait qu'il lui faut simplement attendre, avec tous ses compagnons, la fin de la guerre. Car, ainsi que je l'ai dit, il en allait autrement pour nous : chaque jour, quelques hommes quittaient le camp, à la grande envie de ceux qui restaient. Vers

5 heures de l'après-midi, on annonçait les noms des libérés et, chaque jour, je me traînais pour regagner ma chambre, las et misérable. Au début, il y eut une autre cause d'amertume qui aurait pu être aisément évitée. Durant toutes ces semaines à Ascot, qui n'est, après tout, qu'à quelques miles de Londres, nous ne reçûmes pas une seule lettre et, pour autant que je le sache, aucune de mes lettres à moi n'arriva à destination. Pourtant tout cela n'était rien comparé aux souffrances des internés dans d'autres pays. En 1941, je reçus une lettre de mon vieil ami, Paul Westheim, maintenant professeur à Mexico, datée du 4 janvier 1941 : «Mes camarades et moi avons été très impressionnés par votre description de la fête de Noël dans votre camp. Mon Noël a été plus biblique. Je l'ai passé dans une étable, où je vis maintenant depuis trois mois. Les circonstances, hélas, sont loin d'être bibliques : depuis des mois, je souffre d'une sciatique grave, de rhumatismes et de dysenterie et je dors sur la paille. La température est de dix degrés au-dessous de zéro et, comme nous ne sommes pas chauffés et que les fenêtres sont brisées, je suis pour ainsi dire en plein air. C'est assez pénible, surtout lorsque je reçois de mon propriétaire des notes de chauffage qui doivent être

réglées. Mais je ne veux pas me plaindre. J'ai appris que l'on peut vivre sans chauffage... »

La « défense spirituelle » commença presque aussitôt que nous fûmes à l'intérieur des fils barbelés. Il y avait partout de petits groupes d'hommes écoutant une causerie. Heinz Beran en faisait sur la littérature anglaise. Sous un arbre, un rabbin discutait religion avec un père jésuite. Heinz Fraenkel, « Assiac », du *New Statesman*, proposait des problèmes d'échecs. Ce n'était là que le commencement. Plus tard, notre camp dans l'île de Man doit avoir été l'une des meilleures universités d'Europe. Nous fûmes transférés à l'île de Man le 12 juillet. Nous ignorions quelle chance nous avions eue. Des centaines de réfugiés se trouvaient encore dans l'abominable Wharf Mills Camp, une filature de coton désaffectée près de Manchester. Ce bâtiment m'a été dépeint comme le pire de tous, laissé à l'abandon et sale, presque toutes les fenêtres brisées et les parquets couverts de détritus. Le commandant était aussi voleur qu'une pie : il dérobait de l'argent, des machines à écrire, tout ce qui lui tombait sous la main. (Plus tard, il fut découvert et envoyé en prison.) Des amis me dirent, et je n'ai aucune raison d'en douter, qu'il y avait dans le camp cinquante à soixante hommes gravement malades, souffrant de tuberculose, de diabète et de cancer. Il y en avait quelques-uns avec une seule jambe ou un seul œil. Les médecins allemands n'avaient pas de seringues hypodermiques ni de médicaments. Trois cent quatre-vingt un internés dormaient dans une salle et des ruisseaux d'excréments coulaient sur le parquet. Pour uriner, il fallait utiliser des ustensiles de cuisine et les troubles mentaux suivis d'accès de violence devenaient courants.

Quand nous arrivâmes à Douglas, dans l'île de Man, entourés de soldats, baïonnette au canon, beaucoup de gens vinrent voir les prisonniers des victorieuses batailles de Hampstead et de Golders Green. Nous passâmes devant le monument aux morts et chacun de nous ôta son chapeau. L'un des soldats hurla : «Plus vite! plus vite!» Je lui dis que l'homme qui était devant moi avait soixante-dix ans et il se tut aussitôt.

Le camp se composait d'un groupe de petites maisons complètement entouré de fils de fer barbelés. Pour économiser les frais de matériel nécessaire au black-out, quelqu'un avait eu la «brillante» idée de peindre toutes les vitres en bleu et toutes les ampoules électriques en rouge. Il en résultait que, dans la journée, il faisait toujours aussi sombre que dans un aquarium et que, la nuit, on se serait cru dans un bordel. Dès notre arrivée, nous commençâmes à découper avec des lames de rasoir des silhouettes, des fleurs et des arbres dans la peinture bleue pour laisser entrer un peu de lumière. La plus belle fenêtre fut l'œuvre d'un chasseur de gros gibier qui, pendant des années, avait observé les animaux avec l'œil d'un homme des cavernes ou d'un Boschiman. Bien qu'il n'eût reçu aucune formation artistique, sa fenêtre, avec ses zèbres, ses girafes, ses singes grimpant aux arbres, était beaucoup plus belle que celles de tous les artistes professionnels.

Il y avait près de soixante maisons en tout, chacune d'elles abritant quelque trente ou quarante personnes dont la plupart dormaient à cinq par chambre. Je crois que le nombre total des prisonniers doit avoir été de deux mille environ.

Par chance, je découvris une petite chambre qui ne contenait que deux lits. Mon ami Frank obtint le deuxième. C'était un architecte qui travaillait pour Tecton, la firme qui avait construit High Gate, la maison des pingouins au zoo, et, plus tard, devait réaliser le projet Finsbury et bien d'autres.

En plus des lits, il y avait deux chaises et chacune d'elles, surmontée d'une valise, devait servir de table. Sur ma «table», je fis quelque deux cents dessins et beaucoup d'entre eux furent publiés par Jonathan Cape en 1944 sous le titre *Captivité*. Cette chambre, dans laquelle je pouvais être seul quand je le voulais, me paraissait plus belle que le château de Blenheim.

La chose la plus intéressante à observer était la réaction des internés aux fils de fer barbelés, à l'ennui, au fait de ne pouvoir s'isoler et à la torture quotidienne de la libération, dont j'ai déjà parlé. Ce n'étaient pas les hommes les plus intelligents qui tenaient le mieux le coup, mais ceux au quotient intellectuel le plus bas. Pour certains c'était le bon temps, puisque tout leur était procuré : asile, nourriture, compagnie, et ils étaient à l'abri des bombardements aériens. Assis sur la pelouse, ils jouaient aux cartes du matin au soir, parfaitement heureux aussi longtemps qu'ils recevaient de chez eux des lettres et des colis, et ils ne redoutaient que le fait d'avoir à affronter un jour de nouveau la vie hors de leur cage protectrice. Être dévisagés par les passants et les enfants ne les humiliait pas. Ils se sentaient libres, et les gens, à l'extérieur, étaient les prisonniers.

Bien que les intellectuels fussent beaucoup plus durement frappés, certains d'entre eux faisaient preuve d'un grand calme et d'une dignité stoïque, mais d'autres, visiblement très déprimés, étaient au supplice. L'un d'eux, un musicien, ne faisait que marcher de long en large en marmonnant. Un autre prisonnier perdit la raison et dut être emmené dans un asile d'aliénés. Rawicz était atteint de dépression, mais il nous distrayait en jouant du piano.

Pour ma part, je souffrais de crampes d'estomac et de vertiges entièrement dus à la tension nerveuse causée par ma haine de l'ambiance et la crainte que si quelque chose, au Home Office, empêchait ma libération, il me faudrait rester là pendant des années. Je suis absolument certain que si j'avais connu la « date », j'aurais été parfaitement à même de faire contre mauvaise fortune bon cœur.

Jamais, ni auparavant ni depuis, je n'ai rencontré un assemblage d'individus aussi extraordinaires en un lieu si réduit. Il y avait des gens qui ne parlaient que le yiddish ; âgés de soixante à soixante-dix ans, ils étaient probablement nés en Galicie quand François-Joseph était empereur d'Autriche. Il y avait quelques vieux capitaines de la marine marchande anglaise, avec des rangées de médailles, qui avaient oublié de se faire naturaliser anglais et ne connaissaient presque plus un mot d'allemand. Il y avait quelques individus qui ne savaient ni lire ni écrire, signaient les papiers d'une croix et, probablement, n'avaient jamais pris de bain de leur vie. Il y avait un jeune homme d'environ vingt-cinq ans qui portait un pull-over blanc orné du mot BRITAIN imprimé en lettres énormes. Lorsqu'on lui demandait comment il l'avait eu, il répondait en anglais qu'il avait couru pour la Grande-Bretagne aux Jeux olympiques de Berlin. Mais ce qui faisait notre fierté, c'était notre merveilleuse collection de plus de trente professeurs d'université, principalement d'Oxford et de Cambridge. Certains d'entre eux étaient des hommes de renom international. Je doute qu'il eût été possible de trouver ailleurs une plus grande variété de conférenciers. Nous n'avions que l'embarras du choix. Que faire si la causerie du professeur William Cohn sur le théâtre chinois coïncidait avec l'introduction à la musique byzantine d'Egon Wellesz ? Ou la causerie du professeur Jacobsthal sur la littérature grecque avec celle du professeur Goldmann sur la langue étrusque ? Peut-être se sentait-on plus enclin à entendre Zunz parler de *L'Odyssée* ou Friedenthal du théâtre de Shakespeare ?

Tous les soirs, on pouvait voir la même procession de centaines d'internés portant leur chaise à l'une des causeries et le souvenir de tous ces hommes en quête de culture est l'un des plus émouvants que je garde de cet étrange microcosme dans lequel j'ai vécu pendant de si longs mois.

Nous étions riches en professeurs et en peintres, mais pauvres en musiciens. Seuls Glass et Rawicz, tous deux excellents pianistes, pouvaient nous offrir de la musique sérieuse. Le camp central, à Douglas, était beaucoup mieux pourvu à cet égard. Il y avait là un orchestre complet dirigé par Franz Reizenstein, mais peu de professeurs. La grande « célébrité » était Jack Bilbo, qui donna un jour une conférence : « Pourquoi j'ai gardé si longtemps le silence, par Jack Bilbo, *alias* Traven ». Le lendemain, quelqu'un annonça une autre conférence : « Pourquoi j'ai gardé si longtemps le silence, par Moïse Rosenblatt, *alias* Goethe ».

La figure la plus fabuleuse de ce monde fantastique était le peintre Kurt Schwitters, dadaïste et fondateur du mouvement «Merz».

Qu'est-ce que le dadaïsme? Les réponses que donnaient les membres du mouvement laissaient penser que la question était anti-dadaïste et puérile. Si l'on insistait, ils disaient : «Dada est un microbe vierge», «un chien ou un compas», «affirmatif», «négatif», «stupide», «mort», bref, tout ce qui pouvait choquer la bourgeoisie détestée.

L'origine du mot Dada est inconnue. «Seuls les imbéciles et les professeurs espagnols peuvent y prendre quelque intérêt», écrivait Hans Arp, qui déclara plus tard que «Tristan Tzara avait trouvé le mot Dada le 8 février 1916 à 6 heures du matin. J'étais présent avec mes douze enfants lorsque Tzara prononça ce mot pour la première fois... Cela arriva au café de La Terrasse à Zurich et j'avais une brioche dans ma narine gauche...».

Les créateurs du mouvement se qualifiaient de pacifistes, mais leur vrai plaisir était la destruction. La guerre de 1914-1918 fut un triomphe du chaos sur la règle et l'ordre. Pourquoi ne pas y contribuer en détruisant tout ce qui restait de l'art, de la religion et de la littérature et, à leur place, instituer Dada, le culte de l'anarchie et de la négation?

Les dadaïstes organisèrent des conférences, des manifestes, des causeries, des soirées Dada, où, déguisés en pains de sucre ou la tête enfoncée dans un tuyau de poêle, ils exaspéraient la bourgeoisie suisse par leur musique bruyante et leurs danses sauvages, suivies de proclamations anarchistes et de «poèmes» accompagnés au timbre de bicyclette.

Pour faire de la poésie, Tzara donnait la recette suivante : prenez un journal et des ciseaux, choisissez un article, découpez-le, puis détachez chaque mot, mettez le tout dans un sac et secouez.

Leurs acrobaties réussirent : l'Église, la presse, le public se fâchèrent. À la fin de 1918, les dadaïstes avaient dépassé Zurich et le mouvement passa en France et en Allemagne, où il y eut plusieurs centres, y compris Hanovre, où Schwitters, ainsi que je l'ai dit, développa une branche spéciale qu'il appela «Merz», d'après un collage qui se trouvait représenter la partie centrale du mot *Kom-Merziell*.

Schwitters était grand et massif avec de larges épaules. Il avait une belle tête qui rappelait celle d'un acteur allemand, Gerhardt Hauptmann. Ses chaussettes étaient si trouées qu'on avait du mal à savoir il en portait ou non. Il était chaussé de gros souliers qui semblaient trop grands, même pour lui, et sa démarche me faisait penser à celle d'un paysan portant un lourd panier. Il disait s'être enfui de Norvège, emportant avec lui un couple de souris blanches, trop précieuses pour être laissées entre des mains allemandes. Un jour il s'arrêta devant une grange pour ramasser quelques grains de blé pour lui et ses souris. Tout à coup, les revolvers d'un groupe de Norvégiens gardant un câble électrique qui traversait le bâtiment furent pointés sur lui et seule la présence de ses souris le sauva d'une mort imminente. Les Norvégiens estimèrent qu'il était peu probable qu'un espion allemand pût circuler avec des souris dans sa poche, de sorte qu'ils le laissèrent fuir en Angleterre, où ses souris et lui furent mis en quarantaine.

Quand je le rencontrai pour la première fois, il logeait dans une mansarde de notre camp. Ses collages, accrochés aux murs, étaient faits de paquets de cigarettes, d'algues, de coquillages, de débris de bouchon, de ficelle, de fil de fer, de verre et de clous. Quelques statues se dressaient çà et là ; elles étaient faites de porridge, le matériau le plus éphémère connu de l'humanité, qui exhalait une faible mais écœurante odeur et avait une couleur de fromage : du bleu danois bien fait ou du roquefort. Sur le parquet, il y avait des assiettes, du pain rassis, du fromage et autres restes de nourriture et, parmi eux, quelques grandes pièces de bois, pour la plupart des pieds de tables et de chaises volés dans nos maisons, qu'il employait à la construction d'une grotte autour d'une petite fenêtre. Il y avait aussi un lit, une table, et peut-être une chaise dans cette chambre de cinq mètres sur deux. L'espace restant était occupé par des peintures de toutes sortes exécutées sur du lino qui provenait du plancher, faute de tout autre matériau. Schwitters portait toujours sur lui à cet effet un couteau bien aiguisé et, souvent, je l'ai vu découper avec soin un bon morceau de lino dans la maison de quelque infortunée dame manoise.

J'allai le voir un soir – ainsi que je le faisais souvent parce qu'il peignait alors mon portrait – quand j'entendis, venant de l'endroit où il logeait, des aboiements féroces, ce qui me surprit, les chiens et les femmes étant interdits dans notre camp. Quand j'entrai, je vis une scène extraordinaire. Au rez-de-chaussée, un homme d'affaires viennois d'un certain âge aboyait vers le haut des escaliers où était perché Schwitters, qui aboyait aussi de toutes ses forces. L'homme d'affaires avait un aboiement profond comme celui d'un dogue anglais et Schwitters préférait celui d'un basset allemand.

Ouah-ouah! aboyait le dogue.

Ouah-ouah-ouah! répondait le basset.

Ouah-ouah-ouah-ouah! aboyait l'homme d'affaires.

Ouah-ouah-ouah-ouah-ouah! répondait Schwitters avec fureur.

Cela se poursuivit un certain temps dans un crescendo effrayant jusqu'à ce que les deux hommes en fussent fatigués. L'homme d'affaires alla se mettre au lit comme il est normal pour les hommes d'affaires, mais Schwitters étant – je me risque à le suggérer – assez peu sûr de la limite où finissait le royaume humain et où commençait le monde animal, se retira dans une niche qu'il avait aménagée et pour lui et pour le basset qui était en lui. Il avait recouvert sa table de quelques couvertures, posé son matelas en dessous, et, rampant à quatre pattes, il y entrait pour dormir, ce qui représentait toujours un effort considérable, car il était gros et lourd. Je le vis souvent dans sa niche et il ne manquait jamais de s'endormir sans murmurer doucement un dernier ouah-ouah-ouah.

C'était le plus merveilleux des conteurs. Il enjolivait ses histoires avec le plus grand soin.

Sa voix était douce et, dans sa bouche, la langue allemande, qui peut paraître rude et gutturale, devenait riche et mélodieuse. Lorsqu'il donna sa première soirée dada, il était assez inquiet sur la façon dont elle serait reçue. Il craignait une répétition des scènes bruyantes du début des années vingt, mais, à sa grande surprise, tous les numéros furent accueillis par des applaudissements frénétiques. Le pauvre Schwitters avait oublié à quel point le monde avait changé depuis 1917, *tout le monde* menait maintenant une vie surréaliste. Après tout, que pouvait-il y avoir de plus dada que deux mille « étrangers ennemis » priant pour la victoire de « notre gracieux roi George VI et de notre gracieuse reine Élisabeth » ?

Je me rappelle un certain nombre de ses histoires, par exemple celle de l'énorme pierre noire qu'il avait une fois trouvée dans Hanovre après une journée de pluie. Au soleil, la pierre luisait et scintillait comme un merveilleux diamant noir. Il l'emporta à l'académie des Beaux-Arts, la posa sur le poêle, puis l'oublia complètement. Il sortit un moment et, tandis qu'il revenait à l'académie, il vit passer à grande vitesse des voitures de pompiers. Des flots de fumée noire sortaient des fenêtres, le directeur marchait de long en large, le poing tendu, et criait : « *Das Schwein ! Das Schwein !* Si je le tenais, le cochon qui a mis du goudron sur le poêle ! »

Il y avait aussi l'histoire de la façon dont il avait empoisonné sa famille avec des champignons (ils étaient indiqués comme vénéneux dans le livre des champignons, « mais j'ai tenté de l'emporter sur la nature »), l'histoire des punaises qui entrèrent à l'académie, l'histoire de l'Américaine et du Kaiser, mais, par-dessus tout, l'histoire du clou de cuivre.

« Un jour, disait Schwitters, dans Hanovre, un bègue m'arrêta dans la rue.

« "P… p… pourriez-vous, s'il vous p… p… p… laît, me dire où je p… p… p… pourrais acheter un clou de c… c… cuivre ?"

« Je lui indiquai le chemin pour allez chez le quincaillier et il me quitta. Mais je connaissais un raccourci et y arrivai longtemps avant lui.

« "Je v… v… v… veux acheter un clou de cuivre", dis-je en bégayant au quincaillier. Il produisit quelques clous de cuivre.

« "Sont-ils assez long ? demanda-t-il.

– N… n… non, dis-je, je les veux p… p… plus longs."

« L'homme apporta d'autres clous, mais aucun n'était assez long. Il en trouva enfin un énorme, de vingt-cinq centimètres.

« "Ou… Ou… Oui, dis-je, ce… ce.. celui-là est merveilleux. Je vous en p… p… prie, plan… plan… plantez-le dans votre derrière."

« Et je m'en allai. Une minute plus tard, le vrai bègue entra dans la boutique… et en ressortit en grande hâte. »

Quant à ses poèmes, je me rappelle l'un d'eux qu'il intitulait *Un poème symphonique*. Il paraissait beau lorsqu'il le récitait, mais, je le crains, perdait quelque chose de son charme une fois imprimé.

*Langetúrgl… Oká, Oká*
*Tsiuriuliutree… Tsiuka, Tsiuka,*
*Langetúrgle… Okaká… ka*
*Tsiuka… Tsiuka*
*Langetúrgl…*

Et ainsi de suite. Un autre poème commençait ainsi :

*Anna Blume*
*Tu es et précoce et attardée*
*A-n-n-a*
*A-n-n-a*
*Je t'aime.*

Il y avait aussi un poème qu'il récitait sans cesse. Il était intitulé *Leise* (doucement). Il commençait en murmurant « doucement, doucement ». Il augmentait peu à peu le volume du son, « doucement » devenait de plus en plus fort pour atteindre enfin une formidable intensité et exploser en un cri sauvage. À ce moment précis, il saisissait une tasse ou une soucoupe et la brisait en mille morceaux sur le sol. Ce « poème » avait toujours un grand succès. Plusieurs années auparavant, il l'avait récité interminablement à la terrasse des Deux Magots en présence de Tzara et de Breton… jusqu'à ce que le propriétaire du café intervînt.

Pendant son internement, Schwitters continua à réaliser ses collages, exactement comme il le faisait depuis vingt ans. Peut-être vivait-il dans le passé, peut-être trouvait-il difficile de faire quoi que ce soit d'autre. J'ai des raisons de le croire. En tout cas, il ne trouvait pas d'acheteur. Personne ne prenait ses collages au sérieux. Il se mit alors à peindre des portraits et des paysages de Norvège. Les portraits étaient excellents, mais les paysages rudimentaires. Ils me faisaient penser à des œufs pochés sur des épinards. Je suis convaincu qu'en dépit de son comportement il était loin d'être fou et était même un homme très avisé, et j'ai toujours eu l'impression qu'il jouait un rôle, qu'il cultivait avec soin sa personnalité dada comme étant la plus appropriée au personnage qu'il avait adopté depuis si longtemps et ne pouvait se permettre de perdre : le Till Eulenspiegel des peintres.

Il est mort en 1947 dans la misère. À la fin, il essayait de vendre ses collages une livre pièce. Aussitôt après les marchands de tableaux commencèrent à acheter les moindres parcelles de son œuvre sur lesquelles ils pouvaient mettre la main et, de temps à autre, une voix me demande au téléphone : « Pas de Schwitters à vendre ? » Ses collages, m'a-t-on dit, valent maintenant entre trois et quatre cents livres pièce et les prix montent encore : ils deviennent de plus en plus dada de jour en jour. Je me demande ce qu'aurait dit le pauvre Schwitters.

Ouah-ouah-ouah, je suppose.

Contrairement à ce qui s'était passé à Ascot, les lettres et les paquets arrivaient régulièrement dans l'île de Man. Mais les nouvelles étaient mauvaises et celles des bombardements de Londres plongeaient dans l'angoisse les réfugiés qui avaient là femmes et enfants. Ce souci m'était au moins épargné. Diana et notre fille – Caroline était née le 3 juillet 1940, peu de jours après mon internement – habitaient notre cottage, dans l'Essex, tandis que John Heartfield occupait notre maison de Hampstead. Je recevais régulièrement des lettres me racontant ce qui se passait à Londres, mais je ne pouvais imaginer ce que la vie y était en réalité. Y avait-il des taxis ? Le téléphone fonctionnait-il normalement ? La ville avait-elle beaucoup changé depuis que je l'avais quittée ?

Plusieurs fois, la sirène des alertes aériennes retentit chez nous lorsque les Allemands survolaient l'île de Man après avoir bombardé Liverpool. Un soir, les sirènes sonnèrent après le début du shabbat. Tout le camp fut immédiatement plongé dans l'obscurité, à l'exception d'une seule maison habitée par des Juifs orthodoxes. Le commandant essaya de leur téléphoner, mais il n'y eut pas de réponse, car un Juif orthodoxe ne soulève pas un récepteur pendant le shabbat. Le commandant envoya alors un messager avec ordre de couper cette foutue lumière. Le messager revint il avait tenté de débrancher le compteur, mais on l'en avait empêché parce qu'il était juif lui-même et les autres avaient refusé de le laisser commettre une transgression. Suffoquant presque de rage, le commandant s'était efforcé de trouver un non-Juif dans un camp où près de quatre-vingt-dix pour cent des internés étaient juifs, mais, avant qu'il y parvînt, l'alerte avait pris fin.

On m'a souvent demandé s'il y avait eu des nazis dans mon camp. Je n'en ai connu qu'un seul (peut-être y en avait-il davantage) : notre cuisinier. Il avait la vraie mentalité nazie : il était arrogant, intolérant, d'esprit étroit et n'avait aucun sens de l'humour.

Un soir, au début de septembre, il était plus agité qu'à l'ordinaire. Posté près de la fenêtre, il regardait la mer. J'étais derrière lui et je l'entendis chanter à voix basse, mais clairement, *Heut' fahren wir gegen Engelland*. Il se retourna, me regarda, sourit et regagna sa chambre. C'était, du moins le croyait-il, la nuit du débarquement allemand, la venue des heureux jours où il pourrait désigner à l'officier nazi commandant les forces d'invasion ceux qui devraient être exterminés. Je ne sais ce qu'il est devenu. Je crois que ce n'était pas un espion, mais simplement une brute nazie ordinaire.

Je doute qu'il y en ait eu beaucoup d'autres. Les habitants d'une seule maison avaient à notre égard une attitude distante et on les appelait les « nazis », mais peut-être n'étaient-ils que des antisémites ordinaires. Des années plus tard, au pays de Galles, on me présenta à un homme assez jeune et de bonne allure, un peintre. « Je vous connais », murmura-t-il. Je lui dis qu'il devait se tromper. « Oh non ! dit-il. Je vous ai déjà rencontré, et il ajouta à voix basse : Hutchinson Camp. »

Lorsque je lui demandai pourquoi lui, un artiste, s'était tenu à l'écart de ses confrères et n'avait jamais pris part à nos expositions, il répondit vaguement qu'il n'avait pas eu de raisons spéciales de le faire. Je suis certain que ce n'était pas un nazi, mais je soupçonne qu'il détestait les foules, et en particulier les foules de Juifs.

J'ai en tout cas la conviction que les officiers de l'Intelligence Service qui nous gardaient savaient tout ce qui se passait dans notre camp. Des indicateurs les tenaient bien au courant. Un petit espion vint me voir. À la nature de ses questions, je compris vite que sa tâche était de découvrir en quels termes j'étais avec mon beau-père. Je ne comprenais que trop bien les raisons de la curiosité de notre commandant.

On m'a souvent demandé comment nous étions traités. La réponse est : avec indifférence et souvent avec dureté au début, nettement mieux plus tard. (Je garde un souvenir reconnaissant du capitaine Jorgensen de l'Intelligence Service et du très populaire maréchal des logis Petterson.)

De temps à autre, des peines sévères étaient infligées pour des peccadilles. Était-il nécessaire de coller à B. trois jours de cachot pour avoir jeté des fleurs par-dessus les fils barbelés à sa fiancée qui l'attendait dehors ? Mais, en général, nos officiers faisaient de leur mieux pour rendre notre vie aussi agréable que possible dans des circonstances extrêmement difficiles.

Vers la fin de novembre, tous les professeurs et beaucoup de mes amis avaient été libérés. Charoux, Ehrlich, Rawicz avaient quitté le camp. Frank, qui avait partagé ma chambre et m'avait été d'un grand secours, était parti, lui aussi, et mon nouveau compagnon me donnait sur les nerfs. Non qu'il discutât politique avec moi – c'était pourtant un communiste convaincu – mais sa façon de se laver les dents était des plus irritantes, une sorte d'opération militaire, avec manœuvre en tenailles pour capturer les microbes :

gauche-droite, en haut-en bas, gauche-droite, en haut-en bas. Lorsqu'il en avait enfin terminé avec les préliminaires, il aspirait une énorme quantité d'eau, la tournait et la retournait dans sa bouche pour la cracher enfin avec violence et précision, comme si c'était à la figure d'un fasciste.

Nous ne parlions guère. J'avais depuis longtemps décidé de ne pas parler politique avec un communiste : c'était aussi insensé que discuter d'Allah avec un Arabe fanatique. Il était toujours poli et soucieux d'éviter de faire du bruit dans notre chambre, qu'il entretenait dans un état de propreté peu commun. Mais je savais que certains mots manquaient à son vocabulaire, des mots tels que pitié, tolérance, liberté. Le seul but de son existence était de préparer le monde à l'avènement du communisme et si, pour réaliser cet idéal, quelques millions d'êtres devaient mourir, tant pis pour eux. Après la guerre, il retournerait en Allemagne, ou partout ailleurs où on lui dirait d'aller, et obéirait sans discuter aux ordres qu'il recevrait.

Je savais qu'il se rendait en secret à des réunions du parti parce qu'il me dit un jour qu'il existait des cellules communistes dans le camp et qu'on y connaissait tous les nazis. Il me dit également qu'avant d'emménager dans ma chambre il avait fait une sérieuse enquête à mon sujet et que j'étais considéré comme *bien* à tous égards.

J'acceptai ce compliment avec une grande modestie.

Jusqu'à Noël et pendant les jours qui suivirent, tout ne fut que tristesse et dépression sans fin. Chaque jour, j'attendais avec crainte et avec espoir 5 heures de l'après-midi, heure à laquelle étaient annoncés les noms des libérés, puis je me traînais jusqu'à ma chambre, trop misérable pour manger. Je dormais très mal et, dès que j'étais au lit, toute la pièce semblait tourner autour de moi.

À Noël tout le monde fit des efforts désespérés pour rendre les choses aussi gaies que possible et feindre de n'avoir jamais joui de meilleure compagnie ou goûté des mets et des vins plus délicieux. Après, j'abandonnai toute espérance. De son côté, mon compagnon de cellule semblait parfaitement résigné. Il écrivait et lisait. Il s'armait pour la lutte suprême. Pourquoi ferait-il du sentiment pour un tas de sottises religieuses ou serait-il distrait de son devoir par une sollicitude bourgeoise envers sa femme et ses enfants ?

Le 30 décembre, le capitaine Jorgensen m'appela dans son bureau et me demanda si j'aimerais rentrer chez moi. Je le regardai. Je le regardai… et il sourit.

Le lendemain matin, je quittai le camp. Dans le train je restai à l'écart. Et si les autres voyageurs avaient vu que j'étais un ex-prisonnier ? J'arrivai à Londres quelques minutes avant la nouvelle année. Je pris un taxi pour aller chez moi. Si j'avais été absent cent ans et non six mois, Londres ne m'aurait pas paru plus étranger.

Le lendemain matin, de bonne heure, je téléphonai à ma femme pour lui dire que j'étais libre et lui demandai où nous pourrions nous retrouver.

« Viens ici tout de suite, dit-elle.

– Mais c'est impossible, objectai-je. Tu sais que c'est une zone interdite.

– Plus maintenant, dit-elle. Pas depuis aujourd'hui, le 1er janvier 1941. »

Je pris le premier train pour l'Essex.

# 17

# L'Essex

L'arrivée d'un Allemand barbu qui parlait à peine l'anglais fit sensation dans notre petit village. Tout le monde connaissait ma femme et mon enfant mais, moi, on ne m'avait guère vu. Néanmoins, on ne me fit jamais sentir que j'étais étranger. Je fus même autorisé à me joindre au petit groupe des guetteurs. J'étais exempté du couvre-feu – théoriquement, ma femme et moi aurions dû être rentrés chaque jour après le coucher du soleil – et, bientôt, on en arriva à cet amusant paradoxe : un étranger « ennemi » qui n'avait pas le droit de s'éloigner de plus de quelques miles ni de se servir d'une auto ou d'une bicyclette, sauf pour emporter des denrées au marché (et cela seulement par autorisation spéciale), était, après le départ des autres guetteurs, le seul à veiller à la sécurité du petit village.

Je continuais à monter la garde longtemps après les autres, en partie parce qu'il n'y avait rien de mieux à faire pour l'effort de guerre, mais surtout parce qu'un danger réel se présentait souvent. Mon cottage si «sûr» était en réalité loin de l'être. On aurait dit que les Allemands avaient une rancune particulière contre moi et une cible unique dans cette zone : mon cottage. Un jour, un avion lâcha un chapelet d'environ onze bombes à quelques centaines de mètres de nous. Une autre fois, une bombe de cinquante kilos explosa à trois cents mètres et deux ou trois autres tombèrent plus près encore. Heureusement, le sol de l'Essex est argileux et, à part quelques morceaux de plâtre qui se détachèrent de la maison, il n'y eut pas trop de dégâts chez nous.

(Après la guerre, j'ai lu que nous avions découvert un moyen de détourner les Allemands de leur route et qu'ils croyaient se trouver au-dessus de Birmingham ou de Sheffield, alors qu'ils étaient au-dessus de mon cottage. C'est la seule explication que je trouve à l'attention particulière qu'ils nous portaient.)

Plus tard, quand les Allemands durent quitter la France et se retirer en Hollande, nous devons nous être trouvés en droite ligne de leurs bases parce que chaque nuit, peu après minuit, des bombes volantes descendaient l'une après l'autre au-dessus de notre village. Cette partie de l'Essex étant très plate, on pouvait les voir venir à des kilomètres de distance.

Nous restâmes à Bambers Green jusqu'en 1944, entourés de terrains d'aviation, d'avions de chasse et autres accessoires de guerre. De temps à autre, un de nos avions s'écrasait et un nuage noir assombrissait le ciel bleu.

Mais la vie en général était assez morne. Je peignais, faisais pousser des légumes, élevais quelques centaines de lapins – selon Diana, produire de la viande de lapin était aussi valable que gagner une bataille –, sans parler d'une douzaine de poules et de quelques oies. Tous les après-midi, été comme hiver, on pouvait me voir parcourir la campagne et cueillir des quantités de pissenlits, de bourse-à-pasteur et autres herbes et, aujourd'hui encore, je ne puis me promener dans la campagne sans chercher automatiquement de la nourriture pour les lapins.

Les déplacements étaient sévèrement limités et nous ne pouvions voir que quelques voisins. À Great Bardfield ou aux environs se trouvaient Michael Rothenstein, Edward Bawden, Kenneth Rowntree et John

Armstrong, mais c'était une zone interdite et j'avais besoin d'un permis spécial du commissaire de police pour aller les voir. Mes proches voisins étaient assez bizarres. L'un d'eux me dit qu'il était moins désireux de gagner la guerre que de garder sa fortune intacte et qu'il aurait préféré Hitler plutôt qu'Attlee ou Bevin. Quand la Russie entra en guerre à nos côtés, il déclara ne plus savoir de quel bord il était. Quelle sorte de guerre était-ce donc où les soldats anglais devaient se battre pour les bolcheviques ? Un autre voisin, qui avait une belle ferme et élevait des chiens et des chevaux de race, me surprit encore plus. Il était de petite taille, trapu et d'une force exceptionnelle. Un soir, il nous invita à dîner, un excellent dîner, entre parenthèses. La maison était remplie de beaux meubles, de chandeliers d'argent et de jolies porcelaines. Après, notre hôte me pria de monter avec lui voir quelques peintures. Il me montra quelques pastels assez médiocres représentant un danseur de ballet et me demanda si je le reconnaissais. Je dis non, et il s'exclama : « Mais ce danseur, c'est moi ! J'étais avec Diaghilev à Monte-Carlo. »

Cet été-là, je l'aidai à charrier son foin. Quand j'admirais sa force, il disait : « Allons, tâtez mes muscles. Ce n'est pas pour rien que j'ai été dans la Légion étrangère, ou prisonnier en Indochine pendant cinq ans!»

Une autre fois, il se plaignit d'être pauvre. «Avant la guerre, dit-il, c'était différent. J'avais des cabarets à Bucarest et à Budapest et j'allais à Harlem engager des chanteurs et des danseuses nègres.»

Je n'ai jamais découvert la part de vérité et la part de fiction de ses propos. Tout ce que je peux dire, c'est que je ne me serais jamais attendu à voir un danseur de ballet, autrefois soldat dans la Légion étrangère et propriétaire de cabarets à Budapest, vivre dans une ferme de l'Essex. Sa femme possédait quelques persans bleus de pure race. Avant la guerre, elle en avait élevé pour l'exportation. Les chats avaient un bâtiment spécial à eux et chacun dormait dans un petit lit.

Percy Muir, le libraire, habitait à quelques miles de là. Derrière sa maison, il y avait de grands poulaillers où il gardait ses livres, des premières éditions et des manuscrits rares. Pendant un certain temps, il eut le manuscrit original de la *Symphonie Haffner* et les lettres de Venise assez particulières du baron Corvo. Non loin des Muir habitaient les Royle et les Simon, des imprimeurs, et une dame dont j'ai oublié le nom, qui était propriétaire d'un grand chalet sur les murs duquel il y avait des peintures de H. G. Wells, dont l'une représentait «Dieu le Père».

De temps à autre, nous avions des visiteurs : Eric Newton et sa femme, les Rowntree, John Armstrong, le jeune Maurice Cranston et beaucoup d'«anciens» de l'île de Man. Un autre de nos invités était un vieillard à l'air très distingué, Francesco Gali-Fabra, le peintre, ancien directeur général des Musées, y compris le Prado, en Espagne républicaine. Charmant, plein de dignité, c'était un dessinateur d'un talent extraordinaire qui connaissait Picasso et Miró. Je lui dois l'une des histoires les plus étranges que j'aie jamais entendues et, comme je n'ai jamais eu aucune raison de douter de sa sincérité, je ne vois pas pourquoi je douterais de la réalité de cette histoire.

Un matin, avant la guerre civile, il avait reçu un coup de téléphone d'un ami à Barcelone. «Écoutez, Gali, dit son ami, j'ai fait un rêve terrible. Je vous ai dit que j'allais prendre l'avion pour Paris, mais j'ai rêvé que mon avion s'écrasait en flammes. Je suis superstitieux... et je n'ai pas envie de partir. Si vous n'êtes pas superstitieux, vous, vous pouvez prendre mon billet et aller vous amuser à Paris.»

Gali prit le billet, alla à Paris et y fit un agréable séjour.

Son ami se rendit à son bureau, comme à l'habitude. Une femme qui voulait se suicider se jeta d'une fenêtre du quatrième étage à l'instant où il passait. Elle tomba sur lui et le tua. Elle survécut.

Dans l'ensemble, je trouvais la vie à la campagne assez ennuyeuse. Mon fils était né en 1943 et ma fille, une très jolie jeune personne de quatre ans, grandissait. Un jour, quelques bohémiens vinrent camper près de mon cottage et, à mon grand étonnement, je vis que leurs enfants avaient des livres! Mon intérêt anthropologique en fut éveillé. Je n'avais jamais vu de bohémiens avec des livres. L'un d'eux était *La Grande-Bretagne pré-romaine,* un autre une *Histoire de Londres* et un troisième *Totem et Tabou* de Freud. Ma fille avait pris ces livres de ma bibliothèque et leur en avait fait cadeau.

En 1941, j'exposai à la Leicester Gallery avec Epstein. En 1943, j'exposai seul à la Redfern et, en 1944, je partageai la Berkeley Gallery avec Henry Moore et Matthew Smith. Au cours de l'hiver 1944-1945, nous rentrâmes à Londres, qui paraissait finalement plus sûr que l'Essex, et c'est là que nous nous trouvions quand la paix fut signée. Le jour de la victoire, nous fîmes un tel feu de joie dehors que la chaussée en fut endommagée. Nos voisins se joignirent à nous, on poussa le piano au milieu de la rue et on offrit de la bière gratis à tous les passants. Après la fermeture des pubs, découvrant qu'il ne s'agissait pas d'une «soirée privée», tous les habitants du quartier vinrent se joindre à nous. Vers minuit, les mères se précipitèrent chez elles et revinrent avec leurs enfants en pyjama et en chemise de nuit. Tous les enfants dansèrent autour du feu, qui dévora un poirier, quelques fauteuils et une effigie de Hitler.

À l'aube, Stephen Murray, qui avait joué du piano, termina avec *God save the king* et *L'Internationale*. Ce fut une nuit mémorable et je me la rappelle chaque fois que je vois les pavés brûlés devant chez moi.

# 18

# Conclusion

C'est, je crois, le bon moment de finir. Non que les années depuis la guerre aient été sans intérêt – de fait, elles ont été les plus agréables, les plus faciles et, en même temps, les moins stimulantes de ma vie – mais parce que, comparées aux précédentes, elles semblent manquer un peu d'intensité, comme une rivière qui a traversé des gorges étroites et des chutes rapides et profondes finit par couler tranquillement, à loisir, paresseusement, dans des terres plaisantes et heureuses, avant de gagner la mer, où finissent toutes les rivières.

J'ai réalisé quelques-unes des ambitions de ma jeunesse. J'ai vu certaines villes dont je rêvais : Fès et Marrakech, Cnossos et Delphes, Héraklion, Famagouste, Spolète et Raguse, Venise et Ravenne, New York.

J'ai rencontré un grand nombre de gens intéressants, autre rêve de ma jeunesse.

J'ai échoué dans ma plus grande ambition, ma seule passion : être un grand artiste, échec qui m'a causé beaucoup de désespoir et de souffrance. D'un autre côté, j'ai des raisons d'être reconnaissant : je crois avoir plus d'amis que d'ennemis. J'ai conservé l'affection et la confiance de ma famille. J'ai trouvé non seulement un refuge, mais un vrai foyer en Angleterre, pays que j'aime plus que tout autre au monde. Je crois que si la tolérance, la bonté, la maturité et l'impartialité politiques sont les pierres de touche de la civilisation, la Grande-Bretagne est la nation la plus civilisée de toute la terre.

Après avoir été harcelé pendant des années, j'ai appris la valeur de la sécurité. Celui qui n'a pas vu agir la police allemande ou la police française ne peut apprécier l'honnêteté du policier anglais moyen. Il ne saurait apprécier suffisamment la protection qu'offrent les lois anglaises contre la diffamation s'il n'a pas lu des journaux tels que le *Stürmer* et le *Volkischer Beobachter* ou *Gringoire* et *Candide*.

Il est vrai qu'il faut payer le prix de toute chose en ce monde. La vie en Angleterre, du moins me semble-t-il, manque d'intensité, les gens ne s'amusent pas et l'ennui est chose courante. Mais, en prenant de l'âge, je trouve que le prix à payer n'est pas excessif. Au lieu d'être roussi par la flamme ardente et dévorante de la France, je me chauffe les mains à un feu continu, modéré, qui, je l'espère, me tiendra au chaud pendant de nombreux hivers encore. « Mieux vaut petit feu qui chauffe que grand feu qui brûle », comme disent les Français eux-mêmes.

C'est à dessein que j'ai laissé de côté certains événements dont le récit aurait pu causer quelque gêne à des gens encore en vie. Si je n'ai pas parlé de sexe, ce n'est pas parce que je suis prude, au contraire. Comme les Grecs, je crois que l'amour physique peut ou devrait être une occupation agréable et inoffensive. Cette omission n'aura d'importance que pour les lecteurs qui ne peuvent supporter un livre sans une pincée d'aphrodisiaque. (Dans une autobiographie, par ailleurs excellente, que je lisais l'autre jour, l'auteur s'étendait sur la prodigieuse question de savoir à quel âge il avait commencé à se masturber, combien de temps cette période avait duré, etc. Cette sorte de chose me paraît traduire un sentiment exagéré et absurde de sa propre importance.)

Si je n'ai pas souligné mes défauts, c'est qu'ils ne sont que trop évidents : manque de décision, de détermination, de lucidité, souvent de courage, défauts qui auraient pu être corrigés dans un véritable foyer si j'en avais eu un dans mon enfance. Si je me suis rarement conduit en héros, ce doit être parce que je n'étais pas prédestiné à être un héros ; d'autre part, lorsqu'il était nécessaire d'agir comme un héros, je l'ai fait en dépit de mes craintes et cela me semble être tout ce qu'on peut espérer d'un homme facilement blessé et, plus facilement encore, déprimé, qui a besoin de toutes ses forces pour conserver une apparence de bonne humeur.

Ce qui m'afflige le plus, c'est de voir que le peu de sagesse que j'ai acquis pendant plus d'un demi-siècle d'existence n'a en réalité guère d'application dans ma vie. Je suis d'accord avec Paracelse :

*Es fliessen ineinander Traum und Wachen*
*Wahrheit und Lüge. Sicherheit ist nirgends,*
*Wir wissen nichts von andern, nichts von uns*
*Wir spielen immer, wer es weisst ist klug.*

*Rêve et veille, vérité et mensonge,*
*Se mêlent l'un à l'autre. Nulle part n'est la sécurité.*
*Nous ne savons rien des autres, rien de nous-*
*[mêmes.*
*Nous jouons toujours un rôle. Sage est celui qui le*
*[sait.*

Je sais que le grand Churchill lui-même est redevenu poussière et sera un jour oublié, et que l'on ne se souviendra guère de moi quelques semaines après ma mort. Le sachant, croyant que toute vie *sub specie aeternitatis* est absurde, je suis aussi absurde que jamais, blessé et malheureux pendant des jours lorsqu'un membre important du conseil des Beaux-Arts ne me parle pas ou si l'un des jeunes «loups» de notre époque fait semblant de ne pas me reconnaître. Au lieu de cultiver mon jardin, j'aspire à avoir de la compagnie. Au lieu de reconnaître la vanité de mes ambitions, je désire encore la gloire. Au lieu de me contenter de mes possessions, tout comme Faust, «je me jette du désir à la réalisation du désir et, dans l'acte de la réalisation, j'aspire de nouveau au désir».

*So taum'l ich von Begierde zu Genuss*
*Und im Genuss verschmacht'ich nach Begierde.*

Au lieu de jouir calmement du reste de ma vie et de dire, comme George Moore : « À quoi bon l'immortalité quand je serai mort ? » je suis parfois trop déprimé pour voir le cerisier en fleur dans mon jardin, la lune au-dessus de la bruyère et le sourire de mes enfants.

Si j'ai écrit ce récit de ma vie, ce n'est pas parce que j'avais à rendre compte de faits exceptionnels, mais parce que c'est l'histoire d'un homme moyen et de son époque, un homme qui, pris dans l'un des ouragans les plus furieux de l'histoire, a survécu à un désastre qui a englouti des continents entiers et des millions d'êtres meilleurs mais moins fortunés que lui. C'est l'histoire d'un homme qui, égoïstement peut-être, croyait qu'il est plus important d'écrire de bons livres que de courir autour du monde en quatre-vingts heures, plus important de peindre de bons tableaux que d'acquérir une grande fortune et dont la seule ambition – hélas, irréalisable – était de s'élever jusqu'aux étoiles, non pas à bord d'une fusée, mais par la vertu de son art.

# Appendice

Dans mon enfance, environ dix mille Juifs habitaient le Wurtemberg, dont quelque quatre mille quatre cents à Stuttgart. Quelques-uns étaient des artisans, mais, pour la plupart, il s'agissait de commerçants. Les avocats et les médecins étaient relativement nombreux, ces deux carrières restant les plus accessibles aux Juifs. Ils appartenaient, pour la majorité, aux classes moyennes et j'ai l'impression que, dans l'ensemble, ils étaient plutôt prospères (il n'y avait que quelques cas de véritable pauvreté). Certains Juifs étaient extrêmement riches, et cela dans l'une des villes les plus riches de toute l'Allemagne. Les relations entre Juifs et non-Juifs étaient, dans l'ensemble, amicales, mais les rapports sociaux restaient restreints et, généralement, les Juifs se tenaient à l'écart et préféraient se fréquenter entre eux. (Tous les clubs de tennis excluaient officiellement les Juifs, mais quelques exceptions étaient permises.)

Lorsque j'écris que les Juifs préféraient se fréquenter entre eux, je ne veux pas dire qu'il n'existait pas de différences sociales entre juif et juif. Dans aucune société, au contraire, on n'aurait pu se heurter davantage à l'esprit de caste ni être plus snob et nulle part la hiérarchie n'était plus stricte.

En haut de l'échelle venait la «noblesse», un petit groupe très fermé d'une douzaine de familles. C'étaient *die Altangesessenen*, des familles qui s'étaient installées à Stuttgart au début du XIXe, siècle, surtout des avocats, des banquiers, un ou deux juges dont les pères avaient déjà occupé des positions similaires, et se considéraient comme supérieures non seulement du fait de leur plus longue résidence, mais à cause de leur niveau culturel plus élevé. Elles pouvaient se permettre de dédaigner le commerce, collectionnaient les tableaux, envoyaient leurs enfants à l'université, avaient de l'argent et méprisaient ceux qui devaient commencer à en acquérir laborieusement. Certaines de ces familles évitaient autant que possible tout contact social avec d'autres Juifs, et même avec leurs propres parents, comme le neveu de ma grand-mère, Fritz Elsas, par exemple. Elles faisaient baptiser leurs enfants et déployaient des efforts acharnés pour entrer dans la société des non-Juifs, efforts qui n'étaient pas infructueux dans certains cas.

À un degré plus bas de l'échelle venait le groupe le plus nombreux : il se composait principalement d'hommes d'affaires riches, de médecins, d'avocats, dont les familles vivaient à Stuttgart depuis deux ou trois générations, qui se connaissaient, se fréquentaient et se mariaient entre eux. Peut-être avaient-ils quelques relations chez les non-Juifs, mais ils préféraient leurs parents et amis juifs. Leur famille était réduite : avoir plus d'un ou deux enfants était inhabituel.

Plus bas encore venaient les Juifs les plus pauvres et les nouveaux venus, *die Dorfjuden*, surtout d'anciens marchands de bétail et de petits commerçants. Et, tout au bas de l'échelle, venaient *die Pollacken*, les Juifs de Pologne et de Russie. (Je me rappelle encore une scène que mon père m'a faite parce que j'avais amené à la maison un *Pollack*, un camarade d'école qui, entre parenthèses, enseigne aujourd'hui à l'université de Harvard.)

Parmi les familles les plus riches, il y avait les Wolf, les Strauss et les Heilner, qui possédaient de vastes entreprises et entretenaient des relations d'affaires dans le monde entier, mais qui, en dépit de leur fortune, n'appartenaient pas à la « noblesse » juive, parce qu'ils étaient trop « nouveaux riches » pour elle.

Les Wolf, qu'on surnommait les *Lumpen* Wolf, étaient de loin les plus riches Juifs de Stuttgart – probablement de toute l'Allemagne – et je me souviens d'un sujet qui revenait toujours et était toujours discuté avec passion : combien d'argent les Wolf possédaient-ils ? Étaient-ce deux cents millions de marks ou peut-être même trois cents millions ? Tout ce que nous savions avec certitude était que *die Lumpen* Wolf avaient des entreprises partout : en Inde, en Scandinavie, en Chine, et que la majorité des filatures de Suisse leur appartenaient. En dépit de leur fortune, les Wolf, comme la plupart des Juifs et des non-Juifs de Stuttgart, vivaient modestement et sans ostentation. Il leur suffisait de fréquenter les cercles possédants : faire parade de sa fortune eût été considéré de mauvais goût. Lorsque le fils de l'un des Wolf se fit construire une villa magnifique surplombant la ville, il se passa des années avant que son père ne consentît à s'y rendre. Les voitures étaient regardées comme un luxe et surtout utilisées pour les voyages d'affaires. Je me rappelle la colère des frères de mon père lorsqu'il prit une ou deux fois la voiture de la firme pour nous emmener faire un tour en Forêt-Noire. La voiture de la *firme*! Et pour le *plaisir*! L'argent était là non pour être dépensé, mais bien accumulé. Il n'était plus essentiel pour acheter la protection d'un prince; il signifiait maintenant prestige et pouvoir, et, si ce n'était suffisant en soi, on pouvait acheter un titre : vingt ou trente mille marks donnés à un hôpital ou à un musée pouvaient procurer le titre de *Königlicher Kommerzienrat*, conseiller commercial royal, ou, si ce n'était pas encore assez, on pouvait dépenser un peu plus et devenir *Wirklicher Königlicher Kommerzienrat*, un *vrai* conseiller commercial royal! Et, pour la petite somme de cinq mille marks, on pouvait être consul du Panamá!

La religion ne jouait guère de rôle dans la vie de la communauté juive et, presque toute l'année, la synagogue était déserte. Deux fois seulement, le jour du nouvel an et le jour du Grand Pardon, elle était bondée. La plupart des Juifs appartenaient à la synagogue libérale, mais un certain nombre d'entre eux étaient orthodoxes, ne mangeaient que des aliments casher, observaient le shabbat et refusaient de faire le moindre travail ce jour-là. Ils ne voyageaient pas, ne soulevaient pas le récepteur du téléphone, ne portaient rien, pas même des bretelles pour soutenir leur pantalon (une ceinture les remplaçait), et ainsi de suite. Mais, en majorité, les Juifs trouvaient que ces puristes étaient des maniaques, des survivances ataviques ou des caricatures. (En tout cas, probablement n'étaient-ils que des *Pollacken*.)

À la fin des années vingt néanmoins, beaucoup de Juifs libéraux s'inquiétaient de l'apparente décadence morale de leurs coreligionnaires : ils étaient sans foi ou n'avaient qu'une foi tiède, ils avaient peu d'enfants et parfois aucun, le taux des suicides allait croissant, ils contractaient des mariages mixtes. Ils tentèrent donc d'arrêter *den Untergang der Deutschen Juden*, le déclin des Juifs allemands, en soutenant que *leurs* enfants devraient savoir au moins *pourquoi* ils étaient Juifs. Mais c'était déjà trop tard.

Comme les Juifs presque partout ailleurs, les Juifs allemands étaient excessivement patriotes. Ils se vantaient – à un degré presque risible – d'être allemands d'abord et juifs ensuite. C'est ainsi qu'ils donnaient à leurs enfants des noms à consonance germanique, à tel point que les prénoms Siegfried et Sigmund devinrent presque exclusivement juifs.

Mais tout cela n'a aucun intérêt historique car Hitler a « résolu » le problème. Après la guerre, pour autant que je le sache, il ne restait que onze ou douze Juifs dans tout Stuttgart.

Les autres, les survivants des chambres à gaz, avaient émigré.

# Table des matières

DANS LA MÊME COLLECTION
(Extrait du catalogue)

**Abé Kôbô**
La face d'un autre.
La femme des sables.
L'homme-boîte.
Le plan déchiqueté.

**Allende Isabel**
Les contes d'Eva Luna.

**Amado Jorge**
La bataille du Petit-Trianon.
Cacao.
Les deux morts de Quinquin-la-Flotte.
Le vieux marin.

**Anderson Sherwood**
Tar.

**Ariyoshi Sawako**
Kaé ou les deux rivales.
Les dames de Kimoto.
Les années du crépuscule.

**Baldwin James**
Si Beale Street pouvait parler.
Harlem Quartet.

**Ballard J.G.**
La bonté des femmes.
Fièvre guerrière.

**Bang Herman**
Tine.
Maison blanche. Maison grise.

**Barnes Julian**
Le perroquet de Flaubert.
Le soleil en face.

**Bellatin Mario**
Salon de beauté.

**Bernières Louis de**
La guerre des fesses de don Emmanuel.
Señor Vivo et le baron de la coca.
La calamiteuse progéniture du cardinal Guzman.

**Blixen Karen**
Sept contes gothiques.

**Bounine Ivan**
Le monsieur de San Francisco.
Le village.
Le sacrement de l'amour.

**Brink André**
Un turbulent silence.
Le mur de la peste.

**Capek Karel**
La vie et l'œuvre du compositeur Foltyn.

**Carver Raymond**
Les vitamines du bonheur
Tais-toi, je t'en prie.
Parlez-moi d'amour.

**Claus Hugo**
L'étonnement.

**D'Annunzio Gabriele**
Terre vierge.
Triomphe de la mort.

**Desai Anita**
Un héritage exorbitant.

**Ditlevsen Tove**
Printemps précoce.

**Fujiwara Tomomi**
Le conducteur de métro *suivi de* Échec au roi.

**Garcia Morales Adelaïda.**
Le silence des sirènes.

**Geiszler Horst**
Cher Augustin.

**Gorki Maxime**
Tempête sur la ville.

**Goytisolo Juan**
Paysages après la bataille.
Chasse gardée.
Les royaumes déchirés.

**Graves Robert**
King Jesus.

**Hackl Erich**
Le mobile d'Aurora.

**Haïk Farjallah**
L'envers de Caïn.
Joumana.

**Han Suyin**
Ton ombre est la mienne.

**Herlihy James Leo**
Macadam cow-boy.

**Hesse Hermann**
Demian.

**Hoffmann E.T.A.**
Nouvelles musicales.
Les Élixirs du diable.

**Inoué Yasushi**
Confucius
Les chemins du désert.
Combat de taureaux.
Le faussaire.
Le fusil de chasse.
Histoire de ma mère.
Le maître de thé.
La chasse dans les collines.
Pluie d'orage.

**Jacobsen Jen Peter**
Niels Lyhne.

**James Henry**
L'autel des morts.
Les papiers de Jeffrey Aspern.
Le regard aux aguets.
Daisy Miller.
Le tour d'écrou.
Impressions d'une cousine.
L'Américain.
Roderick Hudson.

**Johnson Eyvind**
Le roman d'Olof.

**Kadaré Ismail**
Récits d'outre-temps.
Les adieux du mal.
Le firman aveugle.
Concours de beauté masculine.
La ville sans enseignes.

**Kaniuk Yoram**
Confessions d'un bon Arabe

**Kästner Erich**
Trois hommes dans la neige.

**Kazan Elia**
America, America.

**Kesey Ken**
Vol au-dessus d'un nid de coucou.

**Kharitonov Mark**
Prokhor Menchoutine.

**Kiš Danilo**
Le luth et les cicatrices.

**Kivi Aleksis**
Les sept frères.

**Lagerkvist Pär**
Le bourreau.
Contes cruels.
La mort d'Ahasverus.
Le nain.
La sibylle.
L'exil de la terre.

**Lagerlöf Selma**
L'anneau du pêcheur.
Les écus de messire Arne.
L'empereur du Portugal.
Jérusalem en Dalécarlie.
Jérusalem en Terre sainte.
La légende de Gösta Berling.

**Lange Hartmut**
Une fatigue.

**Lawrence D.H.**
Ile, mon île.
Le renard.
Matinées mexicaines.

**Luxun**
Journal d'un fou.

**McCarthy Mary**
L'oasis et autres récits.

**McCullers Carson**
Le cœur hypothéqué.
Frankie Addams.
Reflets dans un œil d'or.
La ballade du café triste.
L'horloge sans aiguilles.

**Malerba Luigi**
Clopes.
Le feu grégeois.
Les pierres volantes.

**Mann Thomas**
Tonio Kröger.
La mort à Venise.

**Mansfield Katherine**
Cahier de notes.
La garden-party.
Lettres.
Pension allemande.

**Martinson Harry**
Voyages sans but.

**Meras Icchokas**
La partie n'est jamais nulle.

**Meyrink Gustav**
Le Golem.

**Miller Henry**
Virage à 80.
Max et les phagocytes.
Dimanche après la guerre.
Entretiens de Paris.
Tropique du Capricorne.

**Nabokov Vladimir**
Don Quichotte.
Austen, Dickens, Flaubert, Stevenson.
Proust, Kafka, Joyce.
Gogol, Tourguéniev, Dostoïevski.
Tolstoï, Tchekhov, Gorki.

**Nasreen Taslima**
Lajja.
Scènes de mariage.

**Nicolson Nigel**
Portrait d'un mariage.

**Nin Anaïs**
Les miroirs dans le jardin.
Les enfants de l'Albatros.
Les chambres du cœur.
Une espionne dans la maison de l'amour.
La séduction du Minotaure.

**Oates Joyce Carol**
Solstice.
Confessions d'un gang de filles.
Nous étions les Mulvaney.

**O'Brien Edna**
Qui étais-tu Johnny ?
Les grands chemins.
Lanterne magique.

**O. Henry**
New York tic tac.

**Olivia**
Olivia par Olivia.

**Ozick Cynthia**
La galaxie cannibale.

**Pa kin**
Le secret de Robespierre.

**Penn Warren Robert**
La grande forêt.
Les fous du roi.

**Perutz Leo**
Turlupin.

**Pingwa Jia**
Le porteur de jeunes mariées.

**Prawer Jhabwala Ruth**
Chaleur et poussière.
La vie comme à Delhi.
Cette lutte incertaine.

**Purdy James**
L'oiseau de paradis.

**Queiroz Rachel de**
L'année de la grande sécheresse.

**Radičević Branko**
Le trou de la serrure.

**Ribeiro Aquilino**
Casa Grande.

**Sackville-West Vita**
Escales sans nom.

**Savinio Alberto**
La maison hantée.

**Schnitzler Arthur**
Madame Béate et son fils.
Mademoiselle Else.
Mourir.
La pénombre des âmes.
La ronde.
Vienne au crépuscule.
L'étrangère.

**Scott Walter**
La fiancée de Lammermoor.

**Singer Isaac Bashevis**
Amour tardif.
La corne du bélier.
Le domaine.
Le manoir.
Ennemies.
Yentl.
L'esclave.
Le fantôme.
Au tribunal de mon père.
Le blasphémateur.
Le beau monsieur de Cracovie.

**Spark Muriel**
Le pisseur de copie.
L'unique problème.
Memento mori.
L'appropriation.
Robinson.
L'abbesse de Crewe.
Demoiselles aux moyens modestes.

**Stangerup Henrik**
Lagoa Santa.
Le séducteur.

**Tanizaki Junichiro**
Deux amours cruelles.

**Tekin Latife**
Contes de la montagne d'ordures.

**Tevis Walter**
La couleur de l'argent.

**Thomson Rupert**
L'Église de Monsieur Eiffel.

**Tolstoï Léon**
La mort d'Ivan Ilitch.
Un cas de conscience.

**Tolstoï Comte Léon L.**
La vérité sur mon père.

**Tourguenieff Ivan**
L'abandonnée.
L'exécution de Troppmann.
Fumée.
Journal d'un homme de trop.
Dimitri Roudine.

**Traven B.**
Le visiteur du soir.

**Tyler Anne**
Toujours partir.

**Uhlman Fred**
Il fait beau à Paris aujourd'hui.
La lettre de Conrad.

UNDSET SIGRID
L'âge heureux.
Jenny.
Printemps.
Vigdis la farouche.

VANDERBEKE BIRGIT
Le dîner de moules.
Apocalypse non!

WERFEL FRANZ
Le passé ressuscité.

WIECHERT ERNST
La servante du passeur.

WILDE OSCAR
Intentions
De profundis.
Nouvelles fantastiques.

WILSON ANGUS
Saturnales.

WOLF CHRISTA
Cassandre.
Aucun lieu, nulle part.
Scènes d'été.
Ce qui reste.
Incidence.
Trois histoires invraisemblables.
Changement d'optique.
Médée.

WOLFE THOMAS
De la mort au matin.

WOOLF VIRGINIA
Orlando.

YAMATA KIKOU
Masako.
La dame de beauté.

ZWEIG STEFAN
Amok.
La confusion des sentiments.
Le joueur d'échecs.
Vingt-quatre heures de la vie d'une femme.
Nietzsche.

Cet ouvrage a été composé en Bembo corps 12
par In Folio, Paris

*Achevé d'imprimer en octobre 2001*
*sur presse Cameron*
*par* **Bussière Camedan Imprimeries**
*à Saint-Amand-Montrond (Cher)*
*pour le compte des Editions Stock*
*27, rue Cassette, 75006 Paris*

Imprimé en France
Dépôt légal : octobre 2001
N° d'Edition : 15986. N° d'Impression : 014154/1
54-5428-5
ISBN 2-234-05428-1